Schriften des Vereins für Sozialpolitik

Gesellschaft für Wirtschafts- und Sozialwissenschaften

Neue Folge Band 6/II

SCHRIFTEN
DES VEREINS FÜR SOZIALPOLITIK
Gesellschaft für Wirtschafts- und Sozialwissenschaften
Neue Folge Band 6/II

Untersuchungen zum deutschen Vertriebenen- und Flüchtlingsproblem

Herausgegeben von Prof. Dr. Bernhard Pfister

Erste Abteilung: GRUNDFRAGEN

Finanzierungsprobleme im Zusammenhang mit der wirtschaftlichen Eingliederung der Heimatvertriebenen

Von Prof. Dr. Günter Schmölders
unter Mitarbeit von H. Müller und H. Friederichs

VERLAG VON DUNCKER & HUMBLOT
BERLIN 1955

Finanzierungsprobleme im Zusammenhang mit der wirtschaftlichen Eingliederung der Heimatvertriebenen

Von

Prof. Dr. Günter Schmölders

unter Mitarbeit von H. Müller und H. Friederichs

VERLAG VON DUNCKER & HUMBLOT

BERLIN 1955

Gedruckt 1955 bei Alfa-Druck. Berlin W 35

Inhalt

Zweiter Teil

Die Beschaffung der Mittel für die Eingliederung der Heimatvertriebenen

Einleitung

Der zweite Weltkrieg hat für die ganze Welt, besonders aber für Deutschland ein Problem aufgeworfen, das tief in die Bereiche des Staates, der Wirtschaft und letztlich auch in das Privatleben des Einzelnen hineingreift — die Eingliederung der Vertriebenen. Von seiner Lösung hängt die Zukunftsgestaltung Deutschlands ab. Eine Aufgabe, die nicht gerade zu den leichtesten zu rechnen ist, denn die vielseitigen Auswirkungen der Ausweisung, in ihrer Tragweite kaum zu erkennen, haben Fragen aufgeworfen, für die es zunächst keine Beantwortung gab; das Flüchtlingsproblem von heute unterscheidet sich von denen der Vergangenheit nicht nur durch seinen Katastrophencharakter und seine politischen Hintergründe, sondern vor allem durch die gewaltigen Ausmaße. Es wäre daher abwegig, Parallelen in der Geschichte zu suchen und dadurch die aufgeworfenen Fragen lösen zu wollen. Eine wissenschaftliche Erforschung der Vertriebenenfrage wurde aus diesem Grunde dringend erforderlich; Volkswirtschaft, Finanzwissenschaft, Soziologie, Psychologie, Volkskunde und Raumforschung sind nunmehr an der Lösung dieses außerordentlich bedeutsamen Problems beteiligt. Die mit ihrer Hilfe gewonnenen Ergebnisse müssen die Grundlage für alle Maßnahmen bilden, die zur Lösung der Vertriebenenfrage vorgenommen werden sollen. Der weitaus größte Teil dieser Maßnahmen beginnt und endet jedoch im finanziellen Sektor. — Damit werden der Bundesrepublik riesige Lasten auferlegt, deren Gewicht eine befriedigende Lösung bisher unmöglich machte.

Die Entstehung des Vertriebenenproblems und damit die Zusammenballung der Bevölkerung überhaupt beruht einerseits auf der im Potsdamer Abkommen beschlossenen Ausweisung von 6,65 Mio. Menschen, andererseits auf der gleichzeitig einsetzenden Heimkehr der ehemaligen Wehrmachtsangehörigen und Evakuierten. Art. XIII des Potsdamer Abkommens sagt: „Die drei Regierungen erkennen nach allseitiger Überprüfung der Frage an, daß eine Umsiedlung der in Polen, der Tschechoslowakei und Ungarn verbliebenen deutschen Bevölkerung oder eines Teiles dieser Bevölkerung erfolgen muß. Sie stimmen überein, daß jede Umsiedlung, die stattfinden wird, auf organisierte und humane Weise vorgenommen werden soll." Der Kontrollausschuß wurde angewiesen, „der gerechten Verteilung dieser Deutschen auf alle Besatzungszonen besondere Aufmerksamkeit zu schenken".

Die tatsächliche Bevölkerungsbewegung betrug dagegen 9 476 000. Frankreich hielt, da es am Potsdamer Abkommen nicht beteiligt war, den auf Grund dieser Vereinbarung Ausgewiesenen die Zone verschlossen. Die sowjetische Besatzungszone nahm einen Anteil von 3,6 Mio. auf, von denen inzwischen jedoch viele als Flüchtlinge in die westdeutsche Bundesrepublik gekommen sind.[1]

Die Bundesrepublik mußte seit Beginn der Ausweisung bis Ende 1953 rund 8,5 Mio. Vertriebene und weitere 2,2 Mio. Menschen aus der sowjetischen Besatzungszone aufnehmen. Der genaue Zugang seit 1946 wird in folgender Tabelle wiedergegeben:

Tabelle 1

Die Entwicklung der Vertriebenen-Bevölkerung und der Zugewanderten aus der sowjetischen Besatzungszone und Berlin

Berichtszeit	Bevölkerung insgesamt	Einheimische		davon Vertriebene		Zugewanderte	
		Zahl	v.H. (Sp.1)	Zahl	v.H. (Sp.1)	Zahl	v.H. (Sp.1)
29. Oktober 1946 ..	43 942 000	36 965 782	84,1	5 955 404	13,6	1 021 014	2,3
1. Juli 1948	46 958 000	40 011 017	85,2	6 946 983	4,8	—	—
31. Dezember 1949	47 679 000	38 715 114	61,2	7 674 739	16,1	1 289 147	2,7
13. September 1950	47 695 672	38 264 386	80,2	7 876 211	16,5	1 555 075	3,3
1. Oktober 1951 .	48 195 000	38 393 502	79,6	8 082 598	16,8	1 718 900	3,6
1. April 1952.....	48 370 900	38 441 600	79,5	8 143 600	16,8	1 785 700	3,7
1. Oktober 1952 .	48 593 500	38 522 000	79,3	8 214 400	16,9	1 857 100	3,8
1. Juli 1953	48 993 900	38 597 300	78,7	8 355 700	17,1	2 040 900	4,2
1. Oktober 1953 .	49 148 000	38 645 000	78,6	8 403 000	17,2	2 100 000	4,3
1. Januar 1954 ..	49 278 000	38 674 000	78,5	8 451 000	17,1	2 153 000	4,4
1. März 1954	49 388 000	38 701 000	77,3	8 445 000	17,1	2 242 000	5,6

Nach § 1 des Gesetzes über die Angelegenheiten der Vertriebenen und Flüchtlinge (Bundesvertriebenengesetz — BVFG) ist Vertriebener, „wer als deutscher Staatsangehöriger oder deutscher Volkszugehöriger seinen Wohnsitz in den zur Zeit unter fremder Verwaltung stehenden deutschen Ostgebieten oder in den Gebieten außerhalb der Grenze des Deutschen Reiches nach dem Gebietsstand vom 31. Dezember 1937 hatte und diesen im Zusammenhang mit den Ereignissen des zweiten Weltkrieges infolge Vertreibung, insbesondere durch Ausweisung oder Flucht, verloren hat". Es handelt sich hierbei in der Hauptsache um frühere Bewohner der Gebiete jenseits der Oder-Neiße-Linie, ferner

[1] Frings, Paul: Das internationale Flüchtlingsproblem 1919—1950, Frankfurt 1951, S. 130.

aus Danzig, den baltischen Ländern, aus Polen, der Tschechoslowakei, Ungarn, Rumänien, Bulgarien, Jugoslawien und Albanien, also um die sogenannten „Volksdeutschen". Der Strom dieser Vertriebenen brach, wie auch aus den obigen Zahlen hervorgeht, 1945/46 mit Unwetterplötzlichkeit in die Bundesrepublik herein. Diesem folgte in den nächsten Jahren die nicht endenwollende Kette der Flüchtlinge aus der sowjetisch besetzten Zone Deutschlands. Nach § 3 BVFG ist S o w j e t z o n e n f l ü c h t l i n g, wer als Staatsangehöriger oder deutscher Volkszugehöriger seinen Wohnsitz in der sowjetischen Besatzungszone oder im sowjetisch besetzten Sektor von Berlin hat oder gehabt hat und dort wegen einer unmittelbaren Gefahr für Leib und Leben oder die persönliche Freiheit flüchten mußte.

Sickerten bis zum Dezember 1952 „nur" jährlich 200 000 bis 250 000 Personen über die „grüne Grenze", so gaben die Sperrmaßnahmen an der Zonengrenze und damit die Kanalisierung auf Westberlin dem Flüchtlingsstrom einen Massencharakter. Seit Dezember 1952 nahm die Zahl der Flüchtlinge überraschend zu und erreichte im März 1953 mit 16 000 Flüchtlingen in der Woche ihren Höhepunkt. Im Jahre 1953 wurden insgesamt 327 644 Personen in den Berliner Notlagern aufgenommen und von dort aus auf die einzelnen Länder der Bundesrepublik verteilt.

Es ist verständlich, wenn man das Vertriebenenproblem im Ausland zunächst als selbstverschuldete Kriegsfolge und innerdeutsches Problem betrachtete und daraus den Schluß zog, Deutschland müsse sich allein helfen, zumal man die politische Bedeutung und das Ausmaß dieser modernen Völkerwanderung nicht übersehen konnte. Von den Besatzungsmächten war anläßlich der Währungsreform ausdrücklich betont worden, daß es sich bei der Eingliederung der Heimatvertriebenen um eine spezifisch deutsche Angelegenheit handele. Inzwischen hat sich jedoch die Überzeugung durchgesetzt, daß die Leistungsfähigkeit der Bundesrepublik allein nicht ausreicht, die Lösung des Vertriebenenproblems herbeizuführen. Allerdings ist von der Erkenntnis der Notwendigkeit ausländischer Hilfe bis zu ihrer Verwirklichung noch ein weiter Weg, wobei jedoch die Leistungen von ausländischen Verbänden, Kirchen und Einzelpersonen nicht unerwähnt bleiben dürfen.[2] Die Rückwirkungen, die aus einer Lösung dieses Problems auf die Wirtschaft Westdeutschlands zwangsläufig ausgehen mußten, begegneten auch im Ausland um so größerem Interesse, je mehr Westdeutschland ein wichtiger Teil der europäischen Wirtschaft wurde; eine Entwicklung, die besonders durch die im Rahmen des Marshallplans sich bildende europäische Zusammenarbeit gefördert wurde. — Zu bedenken ist auch, daß es für das Ausland nicht nur „das deutsche Vertriebenenproblem"

---

[2] s. S. 155 Die Hilfe des Auslands.

gibt, sondern, daß die Gesamtzahl der Flüchtlinge und Vertriebenen in der Welt auf 60 Mio. geschätzt wird, wovon die deutschen Flüchtlinge mit rund 12 Mio. den fünften Teil bilden. Jedoch betreffen die Umsiedlungen in den übrigen Teilen der Welt hauptsächlich agrarische Länder, während ein hochindustrialisiertes Land, wie Westdeutschland, das überdies wohl am meisten von Kriegsschäden betroffen wurde, hier besonderen Schwierigkeiten hinsichtlich der Eingliederung der Vertriebenen gegenübersteht. Diese Tatsache ist daher zweifellos eine der schwächsten Stellen im Gefüge Europas. — Je größer die Aufgabe ist, um so mehr bedarf sie der zentralen Regelung. Nicht der einzelne Bürger, nicht Gemeinde und Land sind in der Lage, sie letztlich zu bewältigen. Die Leitung aller Maßnahmen fällt daher naturnotwendigerweise an den Staat bzw. den Bund. Unter seiner Lenkung und durch die Zusammenarbeit aller Gebietskörperschaften kann die Größe der Schwierigkeiten überwunden werden.

Die Lösung des Vertriebenenproblems bildet die Eingliederung der Heimatvertriebenen und Flüchtlinge in die westdeutsche Gemeinschaft, d. h. nicht nur die wirtschaftliche, sondern auch die rechtliche und kulturelle Eingliederung. Entscheidend für alle Formen der Eingliederung ist, daß ausreichende Mittel bereitgestellt werden. Das Ziel der vorliegenden Untersuchung ist die Darstellung der finanziellen Maßnahmen der gesamten öffentlichen Hand, die der wirtschaftlichen Eingliederung der Heimatvertriebenen und Flüchtlinge dienen. Zunächst werden die bereits abgeschlossenen oder noch laufenden Programme erläutert. Darüber hinaus jedoch soll der Versuch unternommen werden, die Probleme aufzuzeigen, welche dadurch entstehen, daß der Flüchtlingsstrom aus der Ostzone heute keineswegs versiegt ist; im Gegenteil, die Berliner Auffanglager erfahren täglich einen Zugang von 400 bis 500 Personen, die sich in Westdeutschland Aufnahme und bessere Lebensbedingungen erhoffen.

Tabelle 2

Zuwanderung aus der Ostzone nach Westberlin in den letzten Wochen

	Personen		Personen
28. 12. 53 — 3. 1. 54	2247	15. 3. 54 — 21. 3. 54	2863
4. 1. 54 — 10. 1. 54	2256	22. 3. 54 — 28. 3. 54	2939
11. 1. 54 — 17. 1. 54	2248	29. 3. 54 — 4. 4. 54	2507
18. 1. 54 — 24. 1. 54	2218	5. 4. 54 — 11. 4. 54	2549
25. 1. 54 — 31. 1. 54	2009	12. 4. 54 — 18. 4. 54	2426
1. 2. 54 — 7. 2. 54	1183	19. 4. 54 — 25. 4. 54	1869
8. 2. 54 — 14. 2. 54	1569	26. 4. 54 — 2. 5. 54	3218
15. 2. 54 — 21. 2. 54	1521	3. 5. 54 — 9. 5. 54	2384
22. 2. 54 — 28. 2. 54	2150	10. 5. 54 — 16. 5. 54	2695
1. 3. 54 — 7. 3. 54	1961	17. 5. 54 — 23. 5. 54	2620
8. 3. 54 — 14. 3. 54	2446		

Ein Ende oder wenigstens ein Abnehmen dieser Zahlen ist, zumal hinsichtlich der Wiedervereinigung vorläufig noch keine positiven Ergebnisse zu erwarten sind, nicht abzusehen. Rund 11 Mio. Menschen aus den Ländern jenseits des eisernen Vorhangs sind nunmehr seit 1945 nach Westdeutschland eingeströmt, die Ostzone zählt heute 18 Mio. Einwohner. Wieviele dieser 18 Mio. werden noch den gleichen Weg einschlagen? Hierbei ist allerdings zu berücksichtigen, daß der Teil der Bevölkerung, welcher der älteren Generation angehört, also keine berufliche Tätigkeit mehr ausübt, nicht mehr gewillt und in der Lage ist, das Risiko einer Flucht in den Westen einzugehen. Auf der anderen Seite aber drängen jedes Jahr eine große Zahl von Schulentlassenen in den Beruf; wo sie nicht die entsprechenden Möglichkeiten finden, werden viele durch das ständige Wachsen und Aufblühen der westdeutschen Industrie veranlaßt, den Weg in die Bundesrepublik einzuschlagen. Wie Bundesvertriebenenminister Prof. Dr. Oberländer ausführt,[3] sind fast 50 % der im Augenblick aus der Sowjetzone kommenden Flüchtlinge unter 25 Jahre alt. Sie alle rechnen mit der Chance, Wohnung und Eigentum sowie eine entsprechende soziale Position zu erhalten. Diese Erwartungen dürfen nicht enttäuscht werden, wenn schwerwiegende Schäden volkswirtschaftlicher, politischer und soziologischer Art vermieden werden sollen.

Das zweite große Problem liegt daher in der Frage: auf welche Weise und in welcher Höhe können auf vorläufig unabsehbare Zeit hinaus für die Eingliederung dieses nicht abreißenden Menschenstroms die Mittel bereitgestellt werden, so daß die durch das Einströmen dieser Volksmassen hervorgerufenen Spannungen beseitigt und andererseits eine Massenauswanderung, die ein gefährlicher Verlust für die biologische und wirtschaftliche Substanz des deutschen Volkes wäre, verhindert werden?

Was ist nun unter wirtschaftlicher Eingliederung zu verstehen? Dieses Wort hat bis heute noch keine eindeutige Begriffsbestimmung gefunden. Das BVFG sagt in § 13 Ziff. 1: „Rechte und Vergünstigungen als Vertriebener und Sowjetzonenflüchtling kann nicht mehr in Anspruch nehmen, wer in das wirtschaftliche und soziale Leben in einem nach seinen früheren wirtschaftlichen und sozialen Verhältnissen zumutbaren Maß eingegliedert ist.“ Eingliederung würde also allgemein Beseitigung des Flüchtlingselends und Einordnung in einen normalen Lebensbereich bedeuten, also nicht nur die Bereitstellung einer Unterkunft und die Sicherung des Existenzminimums. Unterhalt aus Fürsorgemitteln, aus Arbeitslosenversicherung u. a. sind wertvolle, über eine Million Vertriebener notdürftig am Leben haltende Versorgung,

---

[3] Das Parlament Nr. 16, 21. April 1954, S. 7.

aber keine Eingliederung.[4] Auch die Flüchtlinge, die in Notunterkünften und Lagern untergebracht sind, können nicht im entferntesten als eingegliedert angesprochen werden. Manche bezeichnen den Vertriebenen, der irgendeine Beschäftigung gefunden hat, als eingegliedert, so den als Hilfsarbeiter beschäftigten ehemals selbständigen Handwerker oder gar den mit einem industriellen begrenzten Forschungsauftrag bedachten ehemaligen Ordinarius. Eingliederung der Heimatvertriebenen in einem nach seinen früheren wirtschaftlichen und sozialen Verhältnissen zumutbaren Maß ist ein Begriff, der unverkennbar eine gewisse Dehnungsfähigkeit aufweist. Er umfaßt: Schaffung des notwendigen Wohnraums, Unterbringung in einem entsprechenden Beruf bzw. bei Nichtarbeitsfähigkeit eine ausreichende Unterstützung, und zwar so, daß ein Abgleiten des sozialen Niveaus möglichst verhindert wird, verbunden mit dem Bewußtsein, nicht nur geduldet, sondern ein vollwertiges Glied in der Kette des Wirtschaftsprozesses zu sein; kein „Einschieben" in die gerade freien, von der einheimischen Bevölkerung nicht begehrten Arbeitsplätze. — Dies alles in einem Land, das mit 160 Menschen pro Quadratkilometer auch ohne Flüchtlinge und Vertriebene schon als übervölkert angesprochen werden kann; nun sollen pro Quadratkilometer noch jeweils 40 Personen hinzukommen, also insgesamt 200, das bedeutet Teilen, Teilen der Produktions- und Vertriebskapazitäten, abgesehen von jeder finanziellen Teilung, und auf der anderen Seite Einfügen der Heimatvertriebenen nach Fähigkeit und bereits bewiesener Leistung.

Darüber hinaus aber bedeutet Eingliederung: Alle wirtschaftspolitischen Maßnahmen müssen so vorgenommen werden, daß sich der gesamte Wirtschaftsablauf der vergrößerten Bevölkerung anzupassen vermag. Neben den Finanzierungsproblemen der für die wirtschaftliche Eingliederung erforderlichen Maßnahmen kommen für den öffentlichen Haushalt noch solche hinzu, die sich aus der durch den Zustrom der Vertriebenen herbeigeführten Bevölkerungsumschichtung ergeben. Jede Bevölkerungsumschichtung bringt eine Änderung der allgemeinen Bedarfsordnung mit sich, das Schwergewicht der einzelnen Bedürfnisse verändert sich. Alte Einnahmequellen versagen und neue Bedarfsdeckungsmittel werden notwendig. Der starke Bevölkerungszugang, wie wir ihn zur Zeit immer noch zu verzeichnen haben, verursacht infolge der steigenden Bevölkerungsmassierung eine progressive Steigerung der Verwaltungskosten und darüber hinaus außergewöhnliche Aufwendungen für die Erweiterung von Schulen, Kanalisierungs-, Kraft- und Wasserwerken. Aus den Veröffentlichungen des Bundes-

[4] Dr. Nahm: Die Bedeutung des Wortes Eingliederung. Das Parlament Nr. 11, 17. März 1954, S. 8.

finanzministeriums über die Hilfeleistungen für die Flüchtlinge in den Rechnungsjahren 1949 bis 1954 sind neben den Sonderausgaben die außergewöhnlichen Aufwendungen für die obengenannten Zwecke zu entnehmen, die für die Jahre 1950 und 1951 mit je 462 Mio. DM, 1952 mit 500 Mio. und für 1953/54 mit je 310 Mio. DM für die Flüchtlinge in Ansatz gebracht wurden.

Tabelle 3

Die Hilfeleistungen für die Flüchtlinge in den Rechnungsjahren 1949—1954
(Beträge in Mill. DM)

Art der Belastung	1949	1950	1951	1952	1953/54
1. Im reinen Finanzbedarf der öffentl. Verwaltung (Bund, Länder, Gem.) enth. anteil. Aufw. f. Flüchtlinge					
a) Kriegsfolgenhilfe	492	365	425	393	510
b) Leistgen. im Sinne Art 131 GG	107	175	345	347	480
c) Kriegsopferversorgung	322	435	590	631	665
d) Wohn- und Durchgangslager		100	80	173	185
e) Umsiedlung und Auswanderung	180	12	30	24	35
f) produktive Flüchtlingsfürsorge ohne LA		100	100	100	550*)
g) Arbeitslosenfürsorge	325	450	360	575	455
h) Flüchtlingsrenten, soweit im Finanzbedarf d. Bundes u. d. Länder enthalten	70	100	410	410	410
i) Außergewöhnl. Aufw. f. d. Ausbau v. Schulen, Kanalisation, Wasserwerken usw. (Mittelbare Flüchtlingslasten)	413	462	462	500	310
Summe 1	1909	2199	2802	3153	3600
k) Aus Soforthilfe, LA einschl. Umstellungsgrundschulden	680	1352	1350	1370	2060
Insgesamt:	2589	3551	4152	4523	5660

*) einschließlich Wohnungsbaumittel für die Sowjetzonen-Flüchtlinge.

Hinzu kommt, daß die in Westdeutschland gegenüber der Vorkriegszeit um mehr als ein Drittel vergrößerte Zahl der Nichterwerbstätigen von einer nur um wenige Prozent stärkeren aktiven Bevölkerung getragen werden muß. (Der Anteil der nicht erwerbstätigen Vertriebenen an der Gesamtzahl der Arbeitslosen in Westdeutschland beträgt 28 %, der Anteil der Vertriebenen an der Gesamtbevölkerung 21 %.) Dies bedeutet eine gestiegene Zahl der Arbeitslosen gegenüber einer geringeren Zahl von Einkommensträgern und damit eine Schwächung der Steuerkraft. Diese Situation wird jedoch in Zukunft mehr und mehr eine Änderung erfahren (vgl. S. 18), da der Prozentsatz der Erwerbsfähigen unter den immer noch einströmenden Ostflüchtlingen sich weiter vergrößert.

Bei dieser hohen Belastung, die die Heimatvertriebenen darstellen, darf aber nicht übersehen werden, daß die Flüchtlinge ein bedeutendes Aktivum bilden. Schon von jeher waren es gerade die aktiven Elemente, die sich einem ihnen nicht gemäßen ideologischen Druck zu entziehen suchten, daher befinden sich besonders in letzter Zeit unter den Zugewanderten die tätigsten und vitalsten Schichten, die dem Kollektivismus entfliehen: Bauern, qualifizierte Industriearbeiter, Handwerker, leitende Techniker, Ingenieure und Persönlichkeiten aus der Industrie und den freien Berufen. Für den Osten ist diese Abwanderung ein großer Substanzverlust. Diese Kräfte dürfen jedoch unserer Volkswirtschaft nicht verlorengehen. Sie bilden einen Zuwachs an Arbeitskraft, der zur Erhöhung des Sozialproduktes beiträgt. Entsprechend ihrem Einkommen wächst auch ihre Nachfrage als Verbraucher und ihre Steuerleistung, ganz abgesehen von den kulturellen und soziologischen Werten.

Die Tatsache, daß es sich bei einer Vielzahl von Heimatvertriebenen um Facharbeiter, Techniker, Handwerker und andere qualifizierte Berufe handelt, wurde von weitsichtigen Gemeinden und Städten rasch erkannt, und sie versuchten, ihre oft einseitige Wirtschaftsstruktur durch Ansiedlung neuer und geschlossener Gewerbezentren zu erweitern. Dies ist in vielen Fällen gelungen, und eine Reihe von ehemals ostdeutschen Unternehmen oder ganzen Gewerbezweigen haben ihre Bedeutung auch weit über die Grenzen hinaus wiedererlangt.

Die mittelstädtische Struktur Bayerns zog besonders die sudetendeutschen Einwanderer an. Die Gablonzer Schmuckwarenindustrie befindet sich heute in Kaufbeuren, Bayreuth und Mühldorf, die Musikinstrumentenmacher in Kraiburg und im Werdenfelser Land.

Ein großer Teil der Flüchtlingsindustrien hat sich auch nach Nordrhein-Westfalen verlagert. Hier ist das Bild noch vielfältiger. Die Tradition und die Struktur des Landes spielten für die Neugründungen der Industrien eine wesentliche Rolle. Als Beispiele seien die Spinnereien, Webereien und Textilmaschinenfabriken in Mönchen-Gladbach und Rheydt und die Tuchfabriken im Aachener Raum genannt. Daneben haben sich aber auch gerade in Nordrhein-Westfalen völlig neue Standorte gebildet, so in Gelsenkirchen, das jetzt zum Mittelpunkt der westdeutschen Bekleidungsindustrie geworden ist, weiterhin die nordböhmische Glasindustrie bei Rheinbach, die Spielkartenindustrie in Detmold, die Lodzer Textilindustrie in Düsseldorf und ein neues Textilzentrum im Münsterland und im Raum von Lippstadt. Für die Länder, denen das Aufkommen an Einkommen- und Körperschaftssteuer zu 62 % zufließt, sind diese Niederlassungen ein erwünschter Zuwachs.

Es gelingt jedoch nicht, in die gegenwärtige Standortverteilung der Flüchtlingsindustrien einen großen inneren Sinn und Zusammenhang hineinzuinterpretieren. Sie entspricht keineswegs den ökonomischen Gesetzen. Eine gelenkte Expansion ist daher mehr als notwendig, damit die Standorte über die Ländergrenzen hinweg an lebensfähigen Schwerpunkten, die aber nicht in Industriezentren zu liegen brauchen, errichtet werden. Diese Forderung muß bei allen neuzuverteilenden Investitionskrediten berücksichtigt werden. Die Standortverteilung darf jedoch, wie immer wieder seitens der Raumforschung betont wird, nicht nur nach ökonomischen Gesichtspunkten, sondern muß im Interesse einer ausgewogenen Wirtschafts- und Sozialstruktur Westdeutschlands auch unter wirtschafts- und sozialpolitischen Aspekten betrachtet werden.

Von einer solchen Lenkung konnte in den Jahren 1945/46, als sich der erste Vertriebenenstrom in die Bundesrepublik ergoß, keine Rede sein; zunächst waren die Länder mit dieser Aufgabe betraut, und die Verteilung der Flüchtlinge wurde nach dem Vorhandensein von Wohnraum vorgenommen. So mußten die Agrarländer Niedersachsen, Bayern und Schleswig-Holstein die meisten Heimatvertriebenen aufnehmen, da sie die wenigsten Kriegszerstörungen erlitten hatten. Hier saßen die Vertriebenen nun infolge der Zuzugssperren und Wohnraumbewirtschaftung fest. Auf diese Weise entstand eine Streuung der Flüchtlingsindustrien über das ganze Bundesgebiet. Diese zufälligen Standorte dürfen nicht sanktioniert werden. Jegliche Neugründungen bedürfen einer Lenkung. Hinsichtlich des einzelnen Arbeiters, der zugewandert ist, müssen entweder dort, wo sich der Flüchtling befindet, neue Arbeitsmöglichkeiten geschaffen werden oder umgekehrt zusätzlicher Wohnraum in jenen Gegenden, in denen die Nachfrage nach Arbeitskräften das Angebot übersteigt.[5]

So stellt die Zuwanderung der Heimatvertriebenen auch eine allerdings mit vielen Problemen verbundene Bereicherung dar, und ihr Anteil am wirtschaftlichen Wiederaufbau Deutschlands sollte nicht übersehen werden. — Auf der anderen Seite jedoch darf man die Vorteile der Zuwanderung nicht überschätzen. Im Ausland wurde zum

[5] Arndt: Die volkswirtschaftliche Eingliederung eines Bevölkerungszustroms S. 115.

Teil die Ansicht vertreten, daß die wirtschaftliche Entwicklung Westdeutschlands ohne die Heimatvertriebenen gar nicht denkbar gewesen wäre; man begründete diese Behauptung damit, daß erst die Heimatvertriebenen die durch den Krieg entstandenen „Bevölkerungslücken" ausgefüllt hätten und das damit verbundene vergrößerte Angebot an Arbeitskräften eine Erweiterung des inneren Marktes zur Folge gehabt hätte.[6]

Die Statistiken ergeben ein anderes Bild. Nach wie vor bildet der Flüchtlingszustrom für Westdeutschland eine zusätzliche Belastung, welche zu den westdeutschen Kriegsschäden hinzukommt, da die Kriegsverluste rund 3 Mio., der Zustrom der Vertriebenen jedoch 11 Mio. Menschen beträgt, wobei die Lücke der aktiven männlichen Altersgruppen trotz der Einwanderung nicht ausgefüllt wurde. Aus den Zahlen des statistischen Bundesamtes ist zu ersehen, inwieweit sich die Altersgruppen in Westdeutschland im Gegensatz zu 1939 verschoben haben. Eine sichtliche Minderung ist im Gegensatz zu allen anderen Altersgruppen bei den 25- bis 40jährigen eingetreten, wohingegen die älteren Jahrgänge relativ angewachsen sind.

Tabelle 4

Die Wohnbevölkerung im Bundesgebiet nach Altersgruppen am 17. Mai 1939 und 1. Januar 1952

Altersgruppen	17. 5. 1939 1000	11. 1. 1952 1000	Veränderg. 1000	(+ —)
Männer				
unter 20 Jahren	6 539	7 576	+1037	+16
20 bis 25 Jahre	1 159	1 816	+ 657	+57
25 „ 30 „	1 788	1 535	— 253	—14
30 „ 40 „	3 457	2 605	— 852	—25
40 „ 45 „	1 241	1 707	+ 466	+38
45 „ 50 „	1 034	1 771	+ 737	+71
50 „ 60 „	1 893	2 653	+ 755	+40
60 „ 65 „	852	952	+ 100	+12
65 und mehr	1 367	2 043	+ 676	+50
Insgesamt	19 335	22 658	+3323	+17
Frauen insgesamt	20 002	25 643	+5646	+28
Männer und Frauen insg.	39 337	48 306	+8969	+23

Aus der zweiten Tabelle sind die Lücken im Leistungspotential gegenüber dem theoretischen Soll besonders deutlich zu ersehen.

---

[6] Edding: Die Flüchtlinge als Belastung und Antrieb der westdeutschen Wirtschaft, S. 15, Kiel 1952.

Tabelle 5

Defizit oder Überschuß der Altersgruppen 1952 bei Annahme gleicher Altersrelationen wie 1939

Altersgruppen	Bevölkerung 1. 1. 1952 1000	theoret. Soll d. Altersgruppen 1000	Differenz (+ —) 1000
Männer			
unter 40	13 532	15 844	—2313
über 40	9 126	7 874	+1252
Frauen			
unter 40	14 483	15 506	—1023
über 40	11 165	9 081	+2064
Insgesamt			
unter 40	28 015	31 350	—3335
über 40	20 290	16 955	+3335

Viele von ihnen wurden in einem Lebensalter entwurzelt, in dem es ihnen nicht mehr möglich war, nach der Vertreibung neu anzufangen; sie werden entweder von ihren Angehörigen oder durch die öffentliche Fürsorge unterstützt. Der Anteil der Vertriebenen an der öffentlichen Fürsorge beträgt im Durchschnitt 24 %, der Anteil der Zugewanderten 3 %.

Tabelle 6

Anteil der Vertriebenen und Zugewanderten an der öffentlichen Fürsorge

Bundesgebiet	In der offenen Fürsorge laufend unterstützte Personen				
	insgesamt	Vertriebene		Zugewanderte	
	Anzahl	Anzahl	v.H.	Anzahl	v.H.
1952					
31. März	989 234	239 112	24,2	27 694	2,8
31. Juli	935 525	224 427	24,0	27 384	2,9
30. September .	939 259	224 927	23,9	28 828	3,1
31. Dezember .	978 901	237 732	24,3	30 625	3,1
1953					
31. März	1 004 740	246 705	24,6	34 128	3,4
30. Juni	967 337	233 970	24,2	39 242	4,1
30. September .	977 079	234 400	24,0	41 851	4,3

(Statistisches Bundesamt)

Verfolgt man jedoch die Zuwanderung in der letzten Zeit, so ist erkennbar, daß sich der Prozentsatz der älteren Zuwanderer ständig verringert.

Tabelle 7

Die Zuwanderung aus der sowjetischen Besatzungszone und dem sowjetisch besetzten Sektor von Berlin nach Geschlecht und Altersgruppen *)

Altersgruppe in Jahren	1. Vierteljahr 1953 insges. Anzahl	v.H.	männlich	weiblich	2. Vierteljahr 1953 insges. Anzahl	v.H.	männlich	weiblich	3. Vierteljahr 1953 insges. Anzahl	v.H.	männlich	weiblich	4. Vj. 53 insges. Anzahl
unter 6	10 138	9,3	5 206	4 932	10 150	9,4	5 273	4 887	3 719	9,2	1 948	1 771	4 056
6—14	16 346	15,0	8 425	7 921	14 950	13,8	7 698	7 252	4 660	11,5	2 469	2 191	5 060
14—18	10 408	9,5	6 053	4 355	12 932	12,0	7 456	5 476	6 415	15,8	4 090	2 325	5 648
18—21	7 318	6,7	4 049	3 269	8 169	7,5	4 700	3 469	3 918	9,7	2 490	1 428	3 299
21—25	6 203	5,7	3 163	3 040	6 670	6,2	3 449	3 221	3 274	8,1	1 882	1 392	2 649
25—45	33 357	35,7	14 145	19 212	31 660	29,2	14 023	17 637	12 576	31,0	6 466	6 119	12 323
45—65	22 999	21,0	11 147	11 852	21 235	19,6	10 800	10 435	5 490	15,5	3 163	2 327	5 401
65 und mehr	2 569	2,3	1 215	1 354	2 524	2,3	1 227	1 297	494	1,2	219	275	420
	109 338	100	53 403	55 935	108 300	100	54 626	53 674	40 546	100	22 727	17 819	38 856

*) Statistisches Bundesamt.

Dies ist darauf zurückzuführen, daß es sich bei den Zugewanderten jetzt weniger um mit Gewalt Vertriebene handelt, wie in den ersten Jahren, als um die schon erwähnten aktiven Schichten der Bevölkerung, die teils dem ideologischen Druck weichen, teils in Westdeutschland beruflich größere Chancen erwarten, während die älteren Jahrgänge das Risiko des Weges in den „goldenen Westen" nur dann eingehen, wenn wirklich Gefahr für Leib, Leben oder persönliche Freiheit besteht. Bei einem gleichbleibenden Flüchtlingsstrom, wie in der letzten Zeit, ist daher ein relatives Abnehmen der Zahl der Nichtarbeitsfähigen zu erwarten, was allerdings vorerst noch keine wesentlichen Auswirkungen auf die Summe der Unterstützungen mit sich bringt. Edding führt weiter an, daß langfristig gesehen kein Mißverhältnis zwischen vorhandenen Arbeitsplätzen und Arbeitskräften in Westdeutschland gegeben war, da die Arbeitskapazität im gleichen Verhältnis zerstört wurde, wie Arbeitskräfte im Krieg fielen. Partielle Lücken entstanden nur durch Kriegs- und Zivilgefangene, mit deren Rückkehr ja doch in kürzerem Zeitraum zu rechnen war. Diese zeitweiligen Lücken hätten durch Rationalisierung überbrückt werden können; die Behauptung des Auslandes, daß der wirtschaftliche Aufbau Deutschlands ohne die Flüchtlinge nicht denkbar gewesen sei, trifft demnach nicht zu. Eine schnelle produktive Eingliederung des nicht abreißenden Flüchtlingsstroms ist daher dringend notwendig, damit durch ihren Beitrag das Sozialprodukt vergrößert wird, denn nur auf diese Weise ist die hohe Belastung zu mildern. In dieser Hinsicht bildet die 8 %ige Steigerung des Sozialproduktes 1953 (im ganzen 134 Mrd. DM) ein erfreuliches Ergebnis.[7] Der größte Teil dieser Zunahme beruht auf der erhöhten Produktivität der Wirtschaft. Die Zahl der unselbständig Beschäftigten stieg von Ende 1952 bis Ende 1953 von 14,95 auf fast 15,60 Mio., also sogar stärker als zur Zeit der Korea-Hausse (600 000). Der Neuzugang an Arbeitskräften, der nach wie vor ungewöhnlich hoch war, einmal auf Grund der verhältnismäßig hohen Geburtenziffern der Vorkriegsjahre, zum anderen aber durch verstärkten Einstrom der Flüchtlinge aus der sowjetischen Besatzungszone, konnte völlig absorbiert werden und die Zahl der Arbeitslosen, die noch immer auf dem Zustrom von rund 11 Mio. Heimatvertriebener beruht, weiter verringert werden (vgl. Tabelle 9, S. 22).

---

[7] vgl. Geschäftsbericht der Bank Deutscher Länder für das Jahr 1953, S. 2.

Erster Teil

Der Finanzbedarf für die soziale Eingliederung der Heimatvertriebenen

Vorbemerkung

Bis zum 1. Januar 1954 hatte die westdeutsche Bundesrepublik 10,6 Mio. Menschen aufgenommen; darunter waren Heimatvertriebene, Flüchtlinge und ehemalige Zwangsverschleppte, die sogenannten „displaced persons". Die letztgenannte Gruppe wurde seit 1947 durch die IRO[1] betreut, eine große Anzahl von ihnen ist inzwischen ausgewandert, der Rest hat meist schon durch die IRO, ausländische Organisationen oder mit deutscher Hilfe Existenz und Heimat gefunden.

Der Schwerpunkt aller Hilfsmaßnahmen lag daher bei der Sorge für die Heimatvertriebenen und Flüchtlinge. Da die Flüchtlinge aus der sowjetischen Besatzungszone durch das BVFG den Vertriebenen gleichgestellt worden sind — der Hauptunterschied besteht nur in den verschiedenen rechtlichen Ansprüchen auf die Leistungen aus dem Lastenausgleich —, können wir für die Zwecke der vorliegenden Untersuchung die Begriffe „Flüchtling" und „Vertriebener" synonym verwenden; zumal die Probleme, die sich für die westdeutsche Bundesrepublik aus der Eingliederung der Vertriebenen ergeben, durch die Gesamtheit der Zugewanderten entstanden sind.

Eine Lösung des Vertriebenenproblems durch Auswanderung ist keine Lösung. Auswanderung bedeutet Verlust an wirtschaftlicher und biologischer Substanz, bedeutet Herausziehen junger gelernter Arbeiter und Handwerker aus dem geschwächten deutschen Volkskörper und würde das Gewicht der unproduktiven Volksteile noch untragbarer machen, zumal an qualifizierten jüngeren Facharbeitern, die zur Steigerung der Produktivität beitragen, in Westdeutschland geradezu Mangel herrscht. Anders wäre die Lage, wenn die europäische Integration rasch fortschreiten würde; dann könnte eine Abwanderung der Arbeitskräfte an den Ort ihres lohnendsten Einsatzes innerhalb des größeren Wirtschaftsraumes den Wohlstand nur fördern. Hinzu kommt, daß Auswanderungen in Größenordnungen, die eine

[1] International Refugee Organisation.

ins Gewicht fallende Entlastung des Bevölkerungszuwachses herbeiführen könnten, mit Rücksicht auf die hohen Ansiedlungskosten im Aufnahmeland nicht zu erwarten sind.

Die Aufgabestellung: „Wie können die Flüchtlinge in die westdeutsche Wirtschaft und das Sozialleben eingegliedert werden?" bleibt daher die gleiche. Der Weg hierzu geht über die Steigerung der Produktivität und die Schaffung neuer Arbeitsplätze; erst mittels einer Steigerung des Sozialproduktes im ganzen kann die Aufbringung der sozialen Lasten, die auf der Bundesrepublik ruhen, ermöglicht werden.

Über die berufliche und soziale Struktur der Vertriebenenbevölkerung und ihre Veränderungen sind seit 1946 laufend statistische Erhebungen durchgeführt worden. Aus den Ergebnissen dieser Erhebungen über die berufliche und soziale Gliederung der Vertriebenen, die soziale Umschichtung und die Entwicklung der Arbeitslosigkeit lassen sich die Fortschritte der Eingliederung ablesen. Aus der folgenden Gegenüberstellung ist zu entnehmen, daß rund zwei Drittel der Vertriebenen ihre ehemalige Selbständigkeit verloren haben.

Tabelle 8

Volks- und Berufszählung vom

	17. 5. 1939 Erwerbspersonen			13. 9. 1950 Erwerbspersonen		
					davon	
	im heutigen Bundesgebiet	in den Geb. östl. d. Oder-Neisse	im Sudetenland	im Bundesgebiet	Vertriebene	Übrige Bevölkerung
Insgesamt	20 064 945	4 491 498	1 526 816	22 074 007	3 346 101	18 727 906
davon in %						
Selbständige ...	14,8	14,8	17,7	14,7	5,2	16,5
mithelfende Familienangehörige	18,4	20,3	17,1	14,4	1,8	16,7
Beamte	5,1	5,4	1,9	4,0	3,7	4,0
Angestellte	13,2	10,3	10,3	16,0	14,3	16,3
Arbeiter	48,5	49,2	53,0	50,9	75,0	46,5

Ob und inwieweit von einem vollen Erfolg der Eingliederung die Rede sein kann, wenn alle ehemals Selbständigen auch wieder eine selbständige Existenz in der Bundesrepublik gefunden haben, wird in anderem Zusammenhang zu erörtern sein.

Zunächst ist über die Maßnahmen zu berichten, die der Beseitigung der unmittelbaren Lebensnot der Vertriebenen und ihrer Eingliederung in den Produktionsprozeß dienen sollten und die notgedrungen aus allgemeinen Haushaltmitteln finanziert werden mußten.

I. Maßnahmen zur Beseitigung der Arbeitslosigkeit

Die wichtigste Aufgabe der Bundesrepublik gegenüber den Heimatvertriebenen besteht darin, ihnen den Weg zu ebnen, auf dem sie von Unterstützungsempfängern wieder zu Steuerzahlern werden können. Je eher dies gelingt, um so früher kann die öffentliche Hand von Hilfeleistungen für konsumtive Zwecke zu produktiven Aufwendungen für die Eingliederung der Heimatvertriebenen übergehen, die die endgültige Lösung des Eingliederungsproblems anbahnen können. Der erste Schritt auf diesem Wege ist die Bekämpfung der Arbeitslosigkeit.

Tabelle 9

Entwicklung der Arbeitslosigkeit in den Jahren 1949—1952

	Jahr				
	1949	1950	1951	1952	1953
Anteil d. Arbeitslosen an d. Bevölkerung d. Bundesgeb.	3,4%	3,3%	3,0%	2,8%	2,0%
Arbeitslose Vertriebene	7,2%	6,7%	5,7%	5,1%	2,6%
Übrige Arbeitslose	2,6%	2,6%	2,4%	2,4%	1,4%

Die verschiedenen Abhilfemaßnahmen, die seit 1949 getroffen worden sind, haben, wie aus der obigen Tabelle hervorgeht, bereits erkennbare Erfolge gezeigt. Während der prozentuale Anteil der Vertriebenen an den Arbeitslosen der Bundesrepublik 1949 noch annähernd dreimal so hoch war wie derjenige der übrigen Bevölkerung, konnte dieses Verhältnis bis 1953 bedeutend gemildert werden.[3] Dennoch ist der Anteil der Heimatvertriebenen an der Gesamtzahl der Arbeitslosen noch so hoch, daß alle Maßnahmen, die Bund, Länder und Gemeinden zur Beseitigung der Arbeitslosigkeit treffen, zu einem wesentlichen Teil unter dem Aspekt der Wiedereingliederung der Vertriebenen in den Arbeitsprozeß gesehen werden; hierzu gehören in erster Linie das Umsiedlungs- und das sogenannte Schwerpunktprogramm, der Kostplan und die Gewährung von Darlehen zur Schaffung von Dauerarbeitsplätzen, sämtlichst Aufwendungen, die unmittelbar oder mittelbar im Dienste der Arbeitsbeschaffung standen. Aber auch diese Maßnahmen wären ohne Erfolg geblieben, wenn nicht die Bereitstellung von Wohnraum hinzugekommen wäre. Die Förderung der Wohnungsbauprogramme steht daher in unlösbarem Zusammenhang mit der Arbeitsbeschaffung.

---

[3] Quelle: Geschäftsbericht der LA-Bank 1952.

Tabelle 10

Das Verhältnis der arbeitslosen Vertriebenen in Prozentzahlen zu den Arbeitslosen der Hauptaufnahmeländer insgesamt

Aufnahmeland	insgesamt 31. 12. 49	Vertriebene v.H.	insgesamt 31. 12. 50	Vertriebene v.H.	insgesamt 31. 12. 51	Vertriebene v.H.	insgesamt 31. 12. 52	Vertriebene v.H.	insgesamt 1. 10. 53	Vertriebene v.H.	insgesamt 1. 3. 54	Vertriebene v.H.
Schleswig-Holstein ...	222 000	58,5	218 000	54,1	185 000	51,9	165 000	45,7	90 000	43,9	110 348	41,5
Niedersachsen	368 000	43,4	384 000	40,3	375 000	39,2	349 000	39,6	187 000	39,7	247 146	37,1
Hessen	133 000	27,3	131 000	28,7	129 000	27,5	144 000	27,1	86 000	26,9	112 331	25,4
Baden-Württemberg .	68 000	34,9	69 000	38,7	64 000	36,5	114 000	35,5	58 000	31,9	80 863	32,4
Württemberg-Hohenzollern	12 000	44,4	14 000	41,3	14 000	40,7						
Bayern	406 000	39,9	425 000	32,3	415 000	33,5	439 000	33,0	233 000	32,6	316 726	30,4

Quelle: Statistisches Bundesamt

Da die Arbeitslosigkeit besonders in den Hauptaufnahmeländern in Erscheinung trat (siehe S. 23), mußte zunächst dort Abhilfe geschaffen werden.

Es entstand das Problem, ob die arbeitslosen Vertriebenen an den Arbeitsplatz oder umgekehrt die Arbeitsplätze an die Wohnorte der Heimatvertriebenen herangeführt werden sollten, letzteres scheiterte meist schon am Kapitalmangel, daneben auch an der Wirtschaftsstruktur. Es handelt sich bei den Hauptaufnahmegebieten überwiegend um Agrarländer mit geringer Verkehrsdichte, die ihre rasche Industrialisierung sehr erschwert. Im Rahmen der Industrialisierung dieser Gebiete kämen infolgedessen zu den hohen Anlageinvestitionen noch Aufwendungen für die Erstellung von Verkehrsanlagen und Kraftwerken. Diese hohen Finanzierungskosten müßten sich letztlich im Preis der Erzeugnisse niederschlagen, so daß ihre Wettbewerbsfähigkeit beeinträchtigt wäre. Wenn auch trotz aller Schwierigkeiten einzelne Versuche der Industrialisierung von Flüchtlingsgebieten, beispielsweise im Rahmen des sogenannten Schwerpunktprogramms, in Angriff genommen und zum Teil durchgeführt worden sind, mußte im großen und ganzen doch der zweite Weg, die Lenkung der Vertriebenen an den Arbeitsplatz, beschritten werden. Es galt, die Hauptflüchtlingsländer, neben der örtlichen Arbeitsbeschaffung durch das Schwerpunktprogramm, in erster Linie durch Umsiedlung der Heimatvertriebenen in andere Teile der Bundesrepublik zu entlasten.

1. Die Umsiedlungsprogramme

Als sich 1945/46 der erste große Strom der Vertriebenen in die Bundesrepublik ergoß, war an ihre planmäßige Aufteilung auf Zonen, Länder und Gemeinden nicht zu denken. Der zunächst allein in Betracht kommende Aufnahmegesichtspunkt war das Vorhandensein von Wohnraum; daher wurden die Vertriebenen in erster Linie in den weniger zerstörten Agrarländern untergebracht, wobei der Nachteil in Kauf genommen werden mußte, daß eine echte wirtschaftliche Eingliederung der Neubürger infolge mangelnder Arbeitsplätze kaum möglich war. Für die Hauptaufnahmeländer Niedersachsen, Schleswig-Holstein und Bayern bedeuteten die Heimatvertriebenen daher eine starke Belastung. Diese anfängliche Fehlverteilung der Vertriebenen mußte in langwierigen Umsiedlungsprozessen, die bis heute noch nicht abgeschlossen sind, durch eine planvolle Verteilung der Heimatvertriebenen auf die Länder der Bundesrepublik nach dem Gesichtspunkt der Beschaffung von Arbeit und Wohnraum bereinigt werden; gerade der Mangel an Wohnraum in den Industriegebieten hat sich als das schwerste Hindernis für eine ökonomisch richtige Verteilung der

Tabelle 11

Anteil der Heimatvertriebenen an der Gesamtbevölkerung in der Entwicklung von 1946 bis Oktober 1953 nach Ländern

(Ohne Berücksichtigung der Zugewanderten)

Land	Gesamtbevölkerung in 1000 am Jahresbeginn									
	1946	1947	1948	1949	1950	1951	1952	1953	1. 10. 1953	1. 1. 1954
Schleswig-Holstein	2 491	2 655	2 683	2 698	2 665	2 566	2 491	2 425	2 362	2 344,7
Hamburg	1 400	1 420	1 467	1 515	1 562	1 621	1 685	1 687	1 715	1 722,8
Niedersachsen	5 833	6 462	6 645	6 789	6 846	6 779	6 711	6 651	6 617	6 605,2
Bremen	462	488	506	529	549	569	581	594	604	607,9
Nordrhein-Westfalen ...	10 992	11 865	12 251	12 677	13 011	13 277	13 599	13 878	14 177	14 268,9
Hessen	3 519	4 093	4 174	4 259	4 285	4 346	4 394	4 431	4 468	4 478,0
Rheinland-Pfalz	2 631	2 767	2 799	2 852	2 912	3 049	3 114	3 170	3 216	3 225,2
Baden-Württemberg ...	5 254	5 971	6 092	6 245	6 370	6 487	6 592	6 697	6 818	6 863,2
Bayern	8 254	9 126	9 235	9 304	9 244	9 219	9 188	9 185	9 168	9 162,0
	40 978	44 846	45 853	46 868	47 443	47 915	48 327	48 708	49 147	49 278,0

Tabelle 12

Von 100 Personen der Gesamtbevölkerung waren Heimatvertriebene

	1946	1947	1948	1949	1950	1951	1952	1953	1. 10. 1953	1. 1. 1954
Schleswig-Holstein......	27	32	33	33	33	32	31	30	34	34
Hamburg.............	2	5	5	6	7	8	8	9	15	15
Niedersachsen..........	12	23	25	26	27	27	27	26	32	32
Bremen	4	5	6	7	8	9	10	11	16	16
Nordrhein-Westfalen	2	7	8	9	10	10	11	12	17	17
Hessen	3	14	15	16	16	17	17	17	22	23
Rheinland-Pfalz	1	2	2	3	3	6	7	8	10	11
Baden-Württemberg	1	10	11	11	12	14	14	15	19	19
Bayern	1	19	20	21	21	21	21	21	21	21,5
	6	14	15	16	16	17	17	17	32	23,5

Heimatvertriebenen erwiesen. Hierzu liefern die Angaben des „Statistischen Jahrbuchs 1953“ klare Beweise (s. S. 25). Besonders augenfällig ist der hohe Prozentsatz der Vertriebenen in Schleswig-Holstein, Bayern und Niedersachsen, mit geringem Abstand folgen Hessen und Baden-Württemberg.

Nachdem durch das Grundgesetz 1949 die Voraussetzungen für einen Bevölkerungsausgleich geschaffen worden waren, bemühten sich die einzelnen Länder, zu einem Übereinkommen über die Umsiedlung zu gelangen.

Das erste Umsiedlungsprogramm vom 29. November 1949 sah die Umsiedlung von 300 000 Vertriebenen vor. Aus Schleswig-Holstein sollten 150 000, aus Bayern und Niedersachsen je 75 000 Flüchtlinge in folgende Aufnahmegebiete verteilt werden:

Tabelle 13

Bremen	2 000
Hamburg	5 000
Hessen	8 000
Nordrhein-Westfalen	90 000
Rheinland-Pfalz	90 000
Baden	48 000
Württemberg-Baden	8 000
Württemberg-Hohenzollern	49 000

Das Programm war noch nicht ganz abgeschlossen, als mit dem Beschluß des Bundestages vom 4. Mai 1950 schon das zweite Umsiedlungsprogramm in Angriff genommen wurde, das eine weitere Umsiedlung von 600 000 Vertriebenen plante. Dieses Programm wurde später durch das Gesetz vom 23. September 1952 ergänzt, das die Umsiedlung für weitere 300 000 Vertriebene in Aussicht nahm, die allerdings durch Finanzierungsschwierigkeiten im Wohnungsbau verzögert wurde.

Nach diesem Programm sollten 150 000 Vertriebene aus Schleswig-Holstein, 85 000 aus Niedersachsen und 65 000 aus Bayern umgesiedelt werden. Als Aufnahmeländer wurden bestimmt: Baden-Württemberg (79 000), Bremen (4000), Hamburg (11 000), Hessen (7000), Nordrhein-Westfalen (179 000) und Rheinland-Pfalz (20 000).

Das durch die Verordnung vom 13. Februar 1953 geregelte laufende Umsiedlungsprogramm sieht die weitere Umsiedlung von 150 000 Personen aus den Ländern Bayern, Niedersachsen und Schleswig-Holstein in die übrigen Länder des Bundesgebietes vor, und zwar sollen die noch in Lagern und Notwohnungen Lebenden bevorzugt umgesiedelt werden. Um auch dieses Programm abzuwickeln, wurden den Ländern aus den allgemeinen Haushaltsmitteln des Bundes 200 Mio. DM für den Wohnungsbau zur Verfügung gestellt. Von den für die Durchführung des Programms benötigten 37 000 Wohnungen waren am 31. März 1954 bereits 32 000 entweder bezugsfertig (rund 11 000), im Bau (rund

19 000) oder bewilligt (rund 2000). Es ist daher bis Ende 1954 mit dem Abschluß dieses Programms zu rechnen. Eine nunmehr in Kraft tretende Verordnung plant die Umsiedlung weiterer 165 000 Personen. Ihre Durchführung erfordert die Bereitstellung von rund 350 Mio. DM nachstelliger Wohnungsbaumittel durch den Bund.[5] Von diesen stehen 150 Mio. DM, nämlich 75 Mio. DM Wohnraumhilfemittel 1954 gemäß Verfügung des Präsidenten des Bundesausgleichsamtes vom 26. Januar 1953 und 75 Mio. DM Bundeshaushaltsmittel 1954 und 1955 in Übereinstimmung mit dem Beschluß der Konferenz der Wohnungsbauminister der Länder vom 16. Oktober 1953, bereit. Diese Mittel sind in den Wohnungsbauprogrammen der Länder für das Jahr 1954 bereits berücksichtigt. Die restlichen 200 Mio. DM werden durch eine Umsiedlungsanleihe aufgebracht. Sie werden den Ländern so verfügbar sein, daß die benötigten Wohnungen im Laufe des Jahres 1955 bezugsfertig erstellt werden können.

Bis Ende 1953 wurden insgesamt 620 000 Vertriebene umgesiedelt. Aus der folgenden Aufstellung ist zu entnehmen, daß die Länder Nordrhein-Westfalen und Baden-Württemberg mit 41,8 und 31,4 % in den letzten vier Jahren die größte Zahl der Umsiedler aufgenommen haben.

Tabelle 14

Die in den Jahren 1949 bis 1953 durchgeführten Umsiedlungen aus dem Umsiedlungsprogramm 1949/50, 1951/52 und 1953

(Quelle: Bundesministerium für Vertriebene, Flüchtlinge und Kriegsgeschädigte)

Länder	1949	1950	1951	1952	1953	1949—1953 Anzahl	1949—1953 %
aus d. Abgabeländern							
Schleswig-Holstein .	15 200	98 098	45 910	55 617	78 883	293 708	47,3
Niedersachsen	8 998	47 413	24 326	49 746	40 497	170 980	27,5
Bayern	7 967	48 803	26 273	36 518	36 564	156 125	25,2
Summe	32 165	194 314	96 509	141 881	155 944	620 813	100,0
i. d. Aufnahmeländern							
Hamburg	—	3 755	4 414	7 363	6 461	21 993	3,5
Bremen	—	1 280	545	3 187	4 631	9 643	1,6
Nordrhein-Westfalen	—	36 508	49 916	79 330	93 996	259 750	41,8
Hessen	—	6 889	4 414	5 443	6 510	23 256	3,8
Rheinland-Pfalz	104	86 312	15 921	6 307	2 696	111 340	17,9
Bd.-Württemberg...	32 061	59 570	21 299	40 251	41 650	194 831	31,4
Summe	32 165	194 314	96 509	141 881	155 944	620 813	100,0

[5] Bulletin vom 3. Juni 1954.

Während dieser Zeit hat sich jedoch neben der offiziellen Umsiedlung eine, der Privatinitiative der Flüchtlinge entspringende, starke Wanderbewegung innerhalb der Bundesrepublik vollzogen, so daß die Zahl von 620 000 Umsiedlern noch weit überschritten sein dürfte.

Da die Finanzierung der Umsiedlerprogramme 1953/55 sichergestellt ist, kann mit einer Durchführung des letzten Programmes bis Ende 1955 gerechnet werden. Insgesamt sollen 915 000 Menschen umgesiedelt werden, hierin sind 22 500 Evakuierte einbezogen. Dazu sind 225 000 Neubauwohnungen erforderlich; der Förderungsbeitrag des Bundes beträgt 6000 bis 8000 DM je Wohnung, der Gesamtaufwand 1,3 bis 1,8 Mrd. DM. Das Hauptabgabeland ist Schleswig-Holstein mit 429 500 Vertriebenen, dies ist, wie die Statistik zeigt, die doppelte Zahl der Umsiedler aus dem Abgabeland Bayern.

Tabelle 15

Die Umsiedlungsprogramme von 1949 bis 1955

Abgabeland	1. Ums.-Progr. 29. 11. 49		2. Ums.-Progr. 23. 9. 51		3. Ums.-Progr. 13. 2. 53 1. Teil		3. Ums.-Progr. 2. Abschn. geplant		zusammen	
	Anz.	v.H.	Anz.	v.H.	Anz.	v.H.	Anz.	v.H.	Anz.	v.H.
Schlesw.-Holst.	150 000	50,0	150 000	50,0	65 000	43,3	64 500	39,1	429 500	46,9
Niedersachsen	75 000	25,0	85 000	28,3	50 000	33,3	58 000	35,2	268 000	29,3
Bayern	75 000	25,0	65 000	21,7	35 000	23,4	42 500	25,7	217 500	23,8
	300 000	100,0	300 000	100,0	150 000	100,0	165 000	100,0	915 000	100,0

davon 22 500 Evakuierte

Eine Repräsentativerhebung des Hauptaufnahmelandes Nordrhein-Westfalen über 15 235 Umsiedler aus 11 verschiedenen Kreisen des Landes brachte das Ergebnis, daß die Umsiedlung zu einer wesentlich besseren Lage der umgesiedelten Vertriebenen geführt hat; der Erfolg der Umsiedlung läßt sich aus der Veränderung der wirtschaftlichen und sozialen Tatbestände im Aufnahmeland gegenüber dem Abgabeland ersehen. Vor der Umsiedlung standen 32,8 % der Umsiedler, nach der Umsiedlung dagegen 37,4 % im Erwerbsleben; der Prozentsatz der Arbeitslosen ist von 50 % auf 5 % zurückgegangen. Ebenso haben sich die Wohnverhältnisse und die Berufsstruktur der Umsiedler erheblich verbessert. Auch die statistischen Erhebungen der Hauptflüchtlingsländer lassen eine Abnahme der Arbeitslosigkeit in diesen Gebieten deutlich erkennen, wie das nachstehende Schaubild beweist.

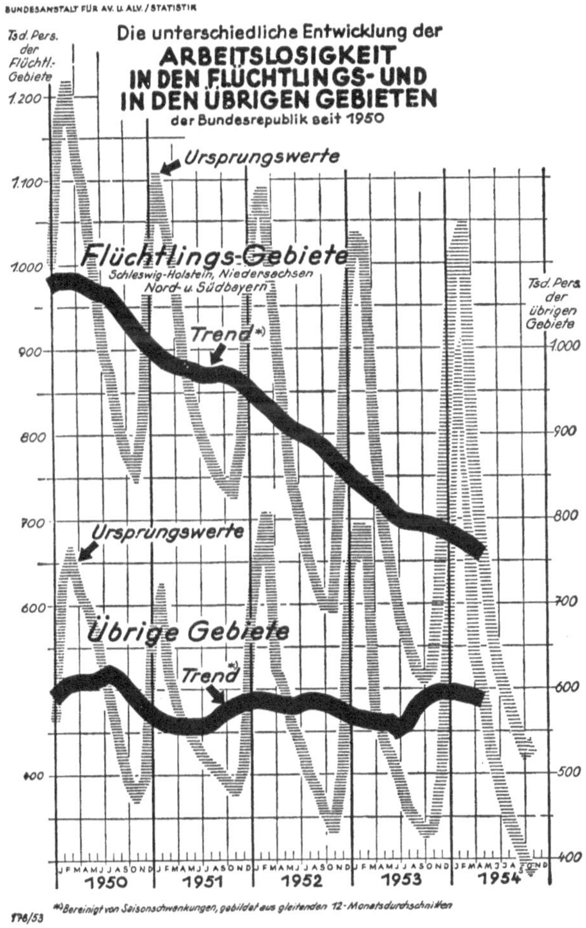

In den Aufnahmeländern dagegen konnte die Arbeitslosigkeit nur wenig verringert werden, da das Angebot nicht nur durch die Umgesiedelten, sondern auch durch die fortwährend einströmenden Sowjetzonenflüchtlinge weiterhin anstieg. Der Trend der Arbeitslosigkeit hält sich in den Aufnahmegebieten fast in der Waagerechten.

Soweit dürften die Umsiedlungsprogramme als Positivum zu werten sein. Ob jedoch der nationalökonomische Grundsatz, mit gegebenen Mitteln ein Maximum zu erzielen, realisiert wurde, erscheint fraglich. Mößner stellt in diesem Zusammenhang fest,[6] daß die bundesamtliche

[6] Mößner: Über die Grenzen der modernen Finanztheorie. Aufgezeigt am Beispiel der Flüchtlingsfrage (aus: Beiträge zur Finanzwissenschaft und zur Geldtheorie; Göttingen 1953), S. 174 ff.

Umsiedlung von Flüchtlingen überwiegend Facharbeiter und Arbeitskräfte mit „wenig Sozialgepäck" erfaßte. Soweit also in den Flüchtlingsabgabeländern durch die einsetzende Reorganisation Facharbeiterkräfte benötigt wurden, bedeutete deren Abwanderung einen klaren Verlust. Mößner erwähnt in diesem Zusammenhang eine Eisengießerei in Delligsen (Niedersachsen), die 1949 noch Hunderte von Hilfsarbeitern hätte beschäftigen können, wenn die notwendigen Gießereifacharbeiter greifbar gewesen wären; diese waren jedoch aus dem Harz und der Lüneburger Heide nach Nordrhein-Westfalen und Württemberg ausgewandert; jeder ausgewanderte Facharbeiter bedeutete also in diesem Falle für das Flüchtlingsabgabeland die Schaffung von 4 bis 5 weiteren dauerarbeitslosen Hilfsarbeitern. — An anderen Stellen der Bundesrepublik lag ein so großes Angebot an Facharbeitern vor, daß diese sich teilweise mit Hilfsarbeiterstellen begnügen mußten.

Aus ähnlichen Erwägungen wurden 1949 und 1950 seitens der betroffenen Flüchtlingsländer Schritte unternommen, die Umsiedlungsfinanzierung des Bundes dahin abzuändern, daß die umzusiedelnden Flüchtlinge sozusagen einen Gutschein der öffentlichen Hand für ein Wohnungsbaudarlehen in die Hand bekommen sollten, damit sie selbst den besten Arbeitsplatz auswählen könnten. Der Bund lehnte jedoch diese Abänderung der Finanzierung ab.

Ein weiterer Nachteil ergab sich, wie in vielen anderen Gebieten, auch in dem engen Wirtschaftsraum der Reichswerke Watenstedt-Salzgitter. Entgegen der Hoffnung, durch die Umsiedlung eine Entlastung zu erfahren, zeigte sich bald, daß nur die jungen Arbeiter und Facharbeiter abwanderten und die freiwerdenden Wohnräume schnell von zuwandernden Asozialen, Kranken und Arbeitslosen belegt wurden. Daraufhin ging der Bund von der Umsiedlungs- auf die Investitionspolitik über. Es wurden Bundesinvestitionen von mehreren 100 Mill. DM vorgenommen, was auf der anderen Seite wieder eine Rücksiedlung der mit Bundesmitteln ausgesiedelten Facharbeiter notwendig macht. Die Finanzierungsprobleme ergeben sich in diesem Falle (nach Mößner) aus der Tatsache, daß die gleichen öffentlichen Ausgaben an verschiedenen Punkten des Wirtschaftsraumes eingesetzt, verschiedene Wirkung haben können. Sie können zu einer Verbesserung oder Verschlechterung der sozialen Struktur führen. Jedenfalls können von einer interventionistischen Finanzpolitik niemals die reinen Ergebnisse einer Vollbeschäftigungspolitik erwartet werden.

2. Die Arbeitsbeschaffung für die Heimatvertriebenen

Neben der Umsiedlungsaktion wurden Maßnahmen der öffentlichen Hand zur Arbeitsbeschaffung für die Heimatvertriebenen in Angriff genommen, deren Finanzierung durch Bereitstellung von Mitteln seitens des Bundes, weiterhin aus ERP-Geldern und aus Mitteln der Bundesanstalt für Arbeitsvermittlung und Arbeitslosenversicherung sichergestellt wurde.

a) Das sogenannte „Schwerpunktprogramm"

Die Bundesregierung beschloß im Frühjahr 1950 zur Arbeitsbeschaffung das sogenannte Schwerpunktprogramm durchzuführen, dessen Hauptziel die Schaffung neuer Arbeitsplätze in den Hauptflüchtlingsländern war (vgl. Tabelle S. 23). Zu diesem Zweck wurden im Jahre 1950 300 Mio. DM für Wiederaufbaukredite an lohnintensive wirtschaftliche Unternehmungen in den Notstandsländern Bayern, Hessen, Niedersachsen und Schleswig-Holstein zur Verfügung gestellt; dieser Betrag wurde im Jahre 1951 noch um 15 Mio. DM aufgestockt. Die Mittel wurden ausschließlich für wirtschaftsfördernde Maßnahmen zur Erschließung neuer D a u e r arbeitsplätze unter besonderer Berücksichtigung von Betrieben Heimatvertriebener sowie zur Durchführung von schnell anlaufenden besonders arbeitsintensiven öffentlichen Arbeiten, landwirtschaftlichen Siedlungen usw. bestimmt; bei letzteren sollten Heimatvertriebene bevorzugt eingesetzt werden.[7] Besonderer Wert wurde dabei auf die Schließung von Produktions- und Bedarfslücken und die Unterstützung von exportfördernden Industriezweigen gelegt. Für die Verteilung der Mittel, die im einzelnen einem interministeriellen Ausschuß oblag, waren sozial- und arbeitspolitische Gesichtspunkte maßgebend, wobei von der Belastung der beteiligten Länder ausgegangen wurde.

Die gebietliche Verteilung der Mittel [8]

Bayern	105,0 Mio. DM
Hessen	15,0 Mio. DM
Niedersachsen	102,5 Mio. DM
Schleswig-Holstein	77,5 Mio. DM

Die Finanzierung des Programms wurde hauptsächlich durch die Kreditanstalt für Wierderaufbau in Frankfurt durchgeführt, und zwar in Höhe von 263,89 Mio. DM. Der Rest von 36,11 Mio. DM ging direkt über die Länder. Von der Aufstockungssumme in Höhe von 15 Mio. DM gingen ebenfalls 9 Mio. DM durch die Kreditanstalt für Wiederaufbau.

Eine Refinanzierung wurde durch die kreditgebenden Landesbanken und die sonstigen Kreditinstitute über die Kreditanstalt für Wiederauf-

---

[7] 1. Jahresbericht der LA Bank, 1950.

[8] Bundesminister für Arbeit: Schlußbericht über die Abwicklung des 300-Mio.-DM-Arbeitsbeschaffungsprogramms, 1952.

bau bei der Bank Deutscher Länder (BDL) vorgenommen. Die endgültige Finanzierung erfolgt mit Hilfe von Anleihen. Diese sollen innerhalb von fünf Jahren bis 1956 am Kapitalmarkt untergebracht werden.

Die Endfinanzierung des 300 Mio.-DM-Programms ist noch recht unklar. Die Vorfinanzierung der BDL wurde im Dezember 1950 durch die Übernahme von 200 Mio. 5½%iger Schuldverschreibungen der Kreditanstalt für Wiederaufbau abgelöst. Bis die Kredite wieder zurückfließen, kommt die Vorfinanzierung seitens der BDL einer vorübergehenden Kreditschöpfung gleich.

Die Durchführung des Programms selbst wurde jedoch etwas verzögert, da bestimmte regional-wirtschaftliche und arbeitsmarktpolitische Gesichtspunkte berücksichtigt werden mußten. Ein großer Teil der gewerblichen Kreditnehmer waren Vertriebene und Betriebe in Notstandsgebieten, wo sich die mangelnden Absicherungsmöglichkeiten als besonders hinderlich erwiesen. Die durchleitenden Kreditinstitute waren daher zunächst nicht bereit, trotz der Zusicherung einer 90%igen Ausfallbürgschaft seitens der Länder und einer Rückbürgschaft von 70 % seitens des Bundes ein eigenes Obligo von 10 % zu übernehmen.

Eine weitere Schwierigkeit lag darin, daß die Flüchtlingsbetriebe bei geringem Eigenkapital nur über wenig Betriebsmittel verfügten. Die Arbeitsbeschaffungskredite sollten jedoch grundsätzlich nur als Investitionskredite eingesetzt werden, bei der besonderen Lage der Flüchtlingsbetriebe wurde seitens des interministeriellen Ausschusses beschlossen, daß für die Vertriebenenbetriebe und Betriebe in Notstandsgebieten bis zu 40 % der Kreditsumme als Betriebsmittel verwandt werden könnten.

Inzwischen kann das Schwerpunktprogramm als abgeschlossen betrachtet werden. Sein Erfolg läßt sich allerdings zahlenmäßig nicht vollständig erfassen, da die Schaffung neuer Arbeitsplätze durch Erweiterung und Aufbau von Betrieben mittelbar zugleich eine weithin reichende Belebung der Nachfrage und des Arbeitsmarktes auslöste und dazu beigetragen hat, die Sozialstruktur der Bevölkerung zu verbessern. Finanziell bedeutet diese mittelbare Auswirkung der Arbeitsbeschaffung eine wesentliche Verringerung der Zahl der Unterstützungsempfänger und eine Zunahme des Lohnsteueraufkommens. Die Einsparungen an Unterstützungsgeldern betragen nach Schätzungen des Bundesarbeitsministeriums jährlich mehr als 100 Mio. DM, hinzu kommen jährlich noch fast 10 Mio. DM Lohnsteuer.

Der sichtbare Erfolg des Schwerpunktprogramms besteht in der Schaffung von 100 000 neuen Dauerarbeitsplätzen innerhalb des industriellen Bereichs, davon zwei Drittel für Vertriebene; allein in Schleswig-Holstein wurden rund 11 000 Dauerarbeitsplätze geschaffen.

Von den 300 Mio. DM waren 40 Mio. DM den Ländern global für Handwerks- und Kleinbetriebe zugeteilt worden, mit denen etwa 11 000 neue Arbeitsplätze fertiggestellt werden konnten. Diese Kleinkredite ermöglichten den Wiederaufbau vieler kleiner Existenzen und damit eine Stärkung des Mittelstandes, der für eine gesunde volkswirtschaftliche Struktur unentbehrlich ist. Insgesamt konnten demnach rund 65 000 zusätzliche Arbeitsplätze geschaffen werden, bei deren Besetzung die Vertriebenen bevorzugt wurden. Von den 300 Mio. DM wurden allein zur Förderung der Eingliederung der Vertriebenen rund 62 Mio. DM an Krediten für die gewerbliche Wirtschaft einschließlich der freien Berufe sowie über 35 Mio. DM für die Landwirtschaft ausgegeben. Insgesamt wurden auf dem landwirtschaftlichen Sektor Siedlungsbauten, wasserwirtschaftliche Meliorations- und Forstarbeiten in Höhe von 60 Mio. DM durchgeführt und 4245 ländliche Siedlungen geschaffen (Bayern 927, Hessen 203, Niedersachsen 1315, Schleswig-Holstein 1800). Nimmt man einen Durchschnitt von 2 Beschäftigten je Siedlung an, so ergeben sich daraus weitere 8500 neue Arbeitsplätze. Damit sich die Gebiete auch wirtschaftlich weiter entwickeln können, mußten neue Anlagen für Gas, Wasser und Elektrizität erstellt werden, zu diesem Zweck wurden ebenfalls 9 Mio. DM bereitgestellt.

Eine genaue Aufteilung der Mittel ist aus der folgenden Aufstellung zu entnehmen:

Tabelle 16

I. Gewerbliche Wirtschaft	174,05 Mio. DM	
1. Industrieprojekte		133,14 Mio. DM
Bayern		58,80 „ „
Hessen		9,84 „ „
Niedersachsen		42,00 „ „
Schleswig-Holstein		22,50 „ „
2. Handwerks- und Kleinbetriebe		
a) Vertriebenen-Handwerks- und Kleinbetriebe		34,86 „ „
Bayern		10,00 „ „
Hessen		1,66 „ „
Niedersachsen		11,20 „ „
Schleswig-Holstein		12,00 „ „
b) Einheimisches Handwerks- und Kleingewerbe		6,05 „ „
Bayern		2,25 „ „
Niedersachsen		1,80 „ „
Schleswig-Holstein		2,00 „ „
II. Schiffbau	30,50 Mio. DM	
a) Hochseeschiffbau		25,00 „ „
Niedersachsen		12,50 „ „
Schleswig-Holstein		12,50 „ „
b) Kleinschiff- und Fischerfahrzeugbau		5,50 „ „
Niedersachsen		2,50 „ „
Schleswig-Holstein		3,00 „ „

III. Landwirtschaftliche Siedlungen und Meliorationen, Forsten, Wasserversorgung und Küstenschutz 59,65 Mio. DM		
Bayern	16,15	Mio. DM
Hessen	3,50	„ „
Niedersachsen	24,50	„ „
Schleswig-Holstein	15,50	„ „
IV. Öffentliche Versorgungsbetriebe ...... 9,00 Mio. DM		
Bayern	3,50	„ „
Niedersachsen	2,00	„ „
Schleswig-Holstein	3,50	„ „
V. Verkehr ...... 24,00 Mio. DM		
Bayern	14,00	„ „
Niedersachsen	3,50	„ „
Schleswig-Holstein	6,50	„ „
VI. Verschiedenes ...... 2,80 Mio. DM		
Bayern		
Privatbahnen	0,30	„ „
Niedersachsen		
a) Torfindustrie	1,00	„ „
b) Fremdenverkehr	1,50	„ „

b) Das 200-Mio.-DM-Sofortprogramm[9]

Als weitere Maßnahme zur Beseitigung der Arbeitslosigkeit wurde das 200-Mio.-DM-Sofortprogramm (im folgenden kurz Sofortprogramm genannt) ausgearbeitet. Im Gegensatz zum Schwerpunktprogramm, das durch freie Vereinbarung zwischen Bundesregierung, Bank Deutscher Länder und Kreditanstalt für Wiederaufbau entstand, beruht das Sofortprogramm auf gesetzlicher Grundlage. Am 27. Dezember 1951 wurde vom Bundestag das „Gesetz über die Finanzierung eines Sofortprogrammes zur Arbeitsbeschaffung im Rechnungsjahr 1951"[10] verabschiedet. Ein weiterer Gegensatz zum Schwerpunktprogramm besteht darin, daß die im Rahmen des Sofortprogrammes aufgebrachten Mittel nicht für die gewerbliche Wirtschaft, sondern nur für Arbeiten vorgesehen sind, die durch die öffentliche Hand vergeben werden, im wesentlichen Notstandsarbeiten wie Meliorationen, Küstenschutzarbeiten, Besserung der Versorgungsanlagen von Gas, Wasser, Elektrizität, Kanalisation, Brücken-, Wegebau usw. Die Mittel sollen nach § 1, Abs. 1 des obengenannten Gesetzes vor allem „zum Zwecke der Arbeitsbeschaffung für die Empfänger von Arbeitslosenunterstützung und Arbeitslosenfürsorgeunterstützung" bereitgestellt werden, und zwar „insbesondere in

[9] Die beiden folgenden Kapitel sind einer unveröffentlichten Untersuchung des Finanzwissenschaftlichen Forschungsinstitutes entnommen:

Eisenkopf, W.: Die Aufbringung der Mittel für die Eingliederung der Flüchtlinge und Vertriebenen.

[10] BGBl. I, 1951, S. 1006.

den Arbeitsamtbezirken mit einer den Bundesdurchschnitt übersteigenden Arbeitslosigkeit". Besondere Berücksichtigung sollen die Gebiete mit Dauerarbeitslosigkeit, also die Hauptflüchtlingsländer, finden.

Das Sofortprogramm ist hauptsächlich zur Ergänzung und Vorbereitung der gesamtwirtschaftlichen Planung zur Beseitigung der Arbeitslosigkeit gedacht. Daher wird auf eine Koordinierung mit anderen Plänen, wie dem Schwerpunktprogramm und dem gleich noch zu besprechenden Sanierungsprogramm, größter Wert gelegt, da durch die Zusammenfassung mehrerer Maßnahmen ein größerer Effekt erzielt wird.

Durch das bereits erwähnte Gesetz ist als Finanzierungsträger dieses 200-Mio.-DM-Projektes die am 1. Mai 1952 errichtete Bundesanstalt für Arbeitsvermittlung und Arbeitslosenversicherung in Nürnberg (im folgenden kurz Bundesanstalt genannt) bestimmt worden. Sie hat nach § 1, Abs. 1 des Gesetzes diese 200 Mio. DM zur Verfügung zu stellen. Die Vorfinanzierung ist ebenfalls gesetzlich geregelt; und zwar bestimmt der § 2 des Gesetzes, daß der Bundesminister der Finanzen ermächtigt wird, „dem Bundesminister für Arbeit zur sofortigen Inanspruchnahme der Maßnahmen . . . einen Kassenkredit im Betrage von 80 Mio. DM zur Verfügung zu stellen". Die daraus in Anspruch genommenen Beträge hat die Bundesanstalt bis zum 1. August 1952 an den Bundesminister der Finanzen zurückzuzahlen, was inzwischen erfolgt ist.

Der Gesamtförderungsbetrag beläuft sich auf 202 528 967,— DM, wurde also um über 2,5 Mio. DM überschritten. Diese Summe konnte aus laufenden Haushaltmitteln gedeckt werden, da es sich hierbei um Ausgaben handelte, die als Anteil der Empfänger von Arbeitslosenversicherung aus den laufenden Haushaltmitteln deckungsfähig sind.

Die Erfolge des Sofortprogrammes hinsichtlich der Schaffung neuer Arbeitsplätze sind zahlenmäßig nicht zu erfassen, zeigen sich aber darin, daß die durch das Programm in Bewegung gebrachte Bausumme insgesamt über 680 Mio. DM beträgt und die Dauerarbeitslosigkeit z. B. in Schleswig-Holstein unter den tiefsten Stand des Jahres 1951 gesunken ist, wobei die Vertriebenen in größtem Umfang berücksichtigt wurden. Nach Schätzungen des Bundesarbeitsministeriums betragen die durch die Förderungsmaßnahmen eingetretenen Einsparungen an Unterstützungsbeträgen und Mehreinnahmen an Arbeitslosen- und Sozialversicherungsbeiträgen und Steuern etwa das Dreifache der verlorenen Zuschüsse.

Durch ein zum 5. August 1953 verkündetes Gesetz wird die Bundesanstalt zu einer verstärkten Förderung von Arbeitsbeschaffungsmaßnahmen in Form von Darlehen und Zinszuschüssen für Notstandsarbeiten ermächtigt. Zur Aufbringung der hierfür benötigten Mittel haben

die Bundesanstalt	105 Mio. DM
der Bund	50 Mio. DM
die Länder	50 Mio. DM

bereitgestellt, so daß für die nächste Zeit 205 Mio. DM zur Verfügung stehen und die in der letzten Zeit etwas in den Hintergrund getretenen öffentlichen Arbeiten wieder forciert werden können.

c) Das „Sanierungsprogramm"

Eine weitere Maßnahme zur Besserung des strukturellen Mißverhältnisses zwischen den Erwerbsmöglichkeiten und der Bevölkerungszahl stellt das Sanierungsprogramm der Bundesregierung, für das bisher 125 Mio. DM bereitgestellt wurden, dar. Erstmals für das Jahr 1951/52 aufgestellt, wurde es für die Jahre 1952/53 und 1953/54 verlängert und soll auch in der Zukunft weitergeführt werden. Ziel des Sanierungsprogrammes ist vor allem die Schaffung von zusätzlichen D a u e r arbeitsplätzen in den Sanierungsgebieten, sei es durch die Gewährung von Krediten an gewerbliche Unternehmer zur Erstellung von Bauten und zur Beschaffung von Maschinen unter besonderer Berücksichtigung von exportintensiven Betrieben, sei es durch Hingabe von Zuschüssen und Darlehen zur Durchführung landwirtschaftlicher Maßnahmen (Meliorationen, Flurbereinigung, Elektrifizierung landwirtschaftlicher Bezirke usw.) oder durch Gewährung von Zuschüssen und Darlehen für die gewerbliche Erschließung (Ausbau von Verkehrsverbindungen, der Elektrizitäts-, Gas- und Wasserversorgung), die die Grundlage für die Errichtung neuer oder die Erweiterung bereits bestehender Unternehmungen bildet. Voraussetzung ist auch hier die gute Zusammenarbeit mit den anderen bereits besprochenen Arbeitsbeschaffungsprogrammen, besonders mit dem 200-Mio.-DM-Sofortprogramm. Die Auswahl der Sanierungsgebiete bestimmt sich nach Notstandsmerkmalen. Diese Merkmale sind nach Angaben des Bundeswirtschaftsministeriums folgende:

1. In einem Gebiete von mindestens 100 000 Einwohnern muß der Anteil der Arbeitslosen an den unselbständigen Erwerbspersonen einen bestimmten Durchschnitt erreichen bzw. überschreiten. Dieser Prozentsatz betrug 1951 25 %, für 1952 23 % und für 1953 19 %. An der Herabsetzung des für die Anerkennung erforderlichen Satzes an Arbeitslosen zeigt sich, in welchem Maße sich die Lage auf dem Arbeitsmarkt gebessert hat, nicht zuletzt eine Folge der Sanierungsaktion. Sanierungsgebiete sind besonders Schleswig-Holstein, der Bayerische Wald, Oberfranken, Oberpfalz, die Rhön, Nordhessen und Ostfriesland.

2. Es muß struktureller landwirtschaftlicher Notstand gegeben sein, d. h. auf je 100 000,— DM landwirtschaftlichen Betriebsvermögens, errechnet nach dem Einheitswert, müssen mindestens 80 landwirtschaftliche Berufszugehörige (einschließlich Familienangehörige) entfallen, für die keine Nebenerwerbsmöglichkeiten vorhanden sind. Hierzu zählen vor allem der Bayerische Wald, die Rhön, der Fränkische Wald, der Hunsrück und die Eifel.

3. Zu Sanierungsgebieten werden auch die Bezirke erklärt, deren Schadenssumme durch Kriegszerstörungen Anfang 1951 mindestens 30 % des gesamten landwirtschaftlichen Vermögens, ebenfalls berechnet nach dem Einheitswert, betrug. Zu dieser sogenannten „Roten Zone" gehören hauptsächlich die westlichen Grenzgebiete. Die Sanierung dieser Gebiete wird voraussichtlich in diesem Jahr eingestellt, da die Kriegszerstörungen zum größten Teil beseitigt sind.

Besonders die beiden ersten Merkmale treffen in starkem Maße auf die Hauptflüchtlingsländer zu. Aus diesem Grunde tragen die Erfolge des Programms wesentlich zur Eingliederung der Vertriebenen bei. Eine zahlenmäßige Erfassung der Mittel, die den Heimatvertriebenen direkt oder indirekt zugute kommen, ist aus technischen Gründen nicht möglich.

Die Finanzierung des Sanierungsprogramms liegt ganz in den Händen des Bundes, und zwar stehen die benötigten Mittel in einem Titel des Etats des Bundeswirtschaftsministeriums. Die Aufbringung der Mittel stieß zunächst auf Schwierigkeiten, da sich der Bundesfinanzminister der Bewilligung von Bundesgeldern für diese Sanierungszwecke mit der Begründung widersetzte, daß diese Aktion unter die Kriegsfolgelasten falle und damit Sache der Länder sei.

Schließlich einigte man sich doch, und so stellte der Bund Haushaltsmittel zur Durchführung des Programms bereit. Für die einzelnen Jahre wurden folgende Beträge zur Verfügung gestellt:

1951/52	25 Mio. DM
1952/53	50 Mio. DM
1953/54	50 Mio. DM
insgesamt	125 Mio. DM

Nähere Aufteilung siehe Tabelle 17, Seite 38.

Gemessen an den beiden vorher erwähnten Programmen erscheint diese Aktion von jährlich 25 bzw. 50 Mio. DM auf den ersten Blick gering. Zu berücksichtigen ist aber, daß es sich hierbei um reine Bundesmittel handelt, die ohne Hilfe der Bank Deutscher Länder oder der Bundesanstalt für Arbeitsvermittlung und Arbeitslosenversicherung oder anderer öffentlicher Körperschaften aufgebracht wurden. Außerdem soll dieses Programm in der Hauptsache zur Ergänzung der ande-

Tabelle 17

Verteilung der Mittel aus dem Sanierungsprogramm der Bundesregierung

Land bzw. Verwendungszweck:	Rechnungs-jahr 1951/52 (in Mio. DM)	Rechnungs-jahr 1952/53 (in Mio. DM)	Rechnungs-jahr 1953/54 (in Mio. DM)
Baden-Württemberg	0,15	0,25	0,25
Bayern	5,00	7,80	8,0
Hessen	1,40	2,00	1,8
Rheinland-Pfalz	4,70	5,00	3,6
Niedersachsen	4,70	7,70	7,2
Nordrhein-Westfalen	—	0,25	—
Schleswig-Holstein	9,00	15,00	11,7
Zusammen:	24,95	38,00	32,55
Kehl-Hilfe	—	5,00	5,00
Wiederaufbau Helgolands	—	5,00	5,00
Frachthilfe Ostbayern	—	2,00	2,00
Deutsches Heimatwerk (für bäuerliche Kleinhandwerker in den Sanierungsgebieten)	0,05	—	0,05
Instandsetzung kriegszerstörter Brükken an der deutsch-luxemburgischen Grenze	—	—	0,70
Erstattung von Umwegfrachten im Ostzonengrenzgebiet	—	—	0,30
Rheinland-Pfalz Nachzahlung für 1952/53	—	—	1,00
Reserve	—	—	3,40*)
Insgesamt:	25,00	50,00	50,00

* Über die Verwendung des Reservebetrags von 3,4 Mio. DM wurde noch nicht endgültig entschieden. Der Betrag wird voraussichtlich für das „Nord-Programm" (Schleswig-Holstein) verwendet werden.

ren Programme dienen. Dies geht schon aus den Richtlinien[11] hervor, die das Bundeswirtschaftsministerium herausgebracht hat. Danach soll das Sanierungsprogramm nur zur Spitzenfinanzierung herangezogen werden, nachdem alle übrigen Finanzierungsmöglichkeiten ausgeschöpft sind. Weiter wird darin bestimmt, daß Vorhaben, die ihrem Charakter nach aus Mitteln des Sofortprogramms für Notstandsarbeiten finanziert werden können, nicht aus dem Sanierungsfonds bezahlt werden sollen. Vor allem dürfen die Länder die ihnen aus dem Sanierungsprogramm

[11] Richtlinien für die Sanierungsaktion der Bundesregierung (Teil-Abschnitt 1953/54, S. 7).

für die Durchführung der Sanierungsmaßnahmen übertragenen Mittel nicht dazu benutzen, „den bei den Notstandsarbeiten (Sofortprogramm) verlangten Landesanteil zu ersetzen". Auch ist eine Ablösung bereits bestehender Kredite durch Mittel des Sanierungsprogrammes nicht gestattet. Dagegen ist die Verrechnung der Sanierungsmittel zur Bestreitung des geforderten Eigenanteils an der Gesamtfinanzierung der Vorhaben möglich. Durch die vorstehenden Verwendungsbeschränkungen können die einzelnen Länder ihre Sozialetats nicht auf Kosten des Sanierungsprogramms entlasten und auf diesem Wege einen „kalten Finanzausgleich" durchführen.

d) Der Kost-Plan[12]

Der nicht abreißende Flüchtlingsstrom aus der sowjetisch besetzten Zone bildet eine große Gefahr für die systematische Eingliederung der Heimatvertriebenen, denn immer noch leben Vertriebene ohne Arbeit und Heim in den Flüchtlingslagern Bayerns, Niedersachsens und Schleswig-Holsteins. Bei den Neuflüchtlingen handelt es sich vielfach um jüngere, unabhängige und bereits ausgebildete Kräfte, die relativ schnell vom Arbeitsmarkt aufgenommen werden. Sie versperren damit den auf ihre Wiedereingliederung schon lange wartenden alten Heimatvertriebenen den Weg. Die psychologischen Schäden, die ein Lagerleben auf die Dauer bei den Altflüchtlingen hervorruft, sind nicht abzusehen. Sie gipfeln in der Lähmung des Lebenswillens schlechthin und bedeuten eine große Gefahr für unsere Wirtschafts- und Gesellschaftsordnung. Von diesen Überlegungen ausgehend, hat der Vorsitzende der Deutschen Kohlenbergbauleitung, Generaldirektor Dr. Kost, Vorschläge zur Auflösung der Lager der Altflüchtlinge, insbesondere in Schleswig-Holstein, Niedersachsen und im Bayrischen Wald ausgearbeitet, die jetzt als Kost-Plan von der Bundesvereinigung der deutschen Arbeitgeberverbände weiter bearbeitet und durchgeführt werden.

So beklagenswert auch das Schicksal der Neuflüchtlinge sein mag, sie kommen in mancherlei Hinsicht doch in bessere Verhältnisse als ihre Leidensgenossen in den Jahren 1945/46, die noch immer in Lagern leben. Aus diesem Grunde muß zunächst den Altflüchtlingen geholfen werden. Nach den Ausführungen von Kost befinden sich zur Zeit in den Flüchtlingslagern noch rund 300 000 Vertriebene, und zwar in Bayern 60 000, in Niedersachsen 125 000 und in Schleswig-Holstein 107 000, zusammen also 292 000 Vertriebene. Hierunter sind rund 50 000 arbeitslose Erwerbsfähige, die sich zu einem Drittel aus Frauen und zu zwei Dritteln aus Männern zusammensetzen. Nach ihren Er-

[12] Vgl. zum folgenden Kapitel: Bundesvereinigung des deutschen Arbeitgeberverbandes. Kostplan März 1953.

fahrungen rechnen die Arbeitsbehörden damit, daß in Wirklichkeit nur 25 % der Frauen und 75 % der Männer ein konkretes Arbeitsangebot annehmen werden. Die 50 000 Erwerbslosen würden sich somit auf 30 000 verringern. Diesen 30 000 Erwerbsfähigen und -willigen soll mit Hilfe der Wirtschaft Dauerarbeitsplätze beschafft werden; die Aufgabe kann gelöst werden, wenn die deutschen Unternehmer auf etwa 500 beschäftigte Arbeiter und Angestellte e i n e n arbeitslosen Vertriebenen einstellen. Erklärt der Unternehmer sich dazu bereit, einen Arbeitsplatz zur Verfügung zu stellen, so wird ihm von den zuständigen Stellen ein geeigneter Flüchtling überwiesen.

Gleichzeitig sind am künftigen Ort der Beschäftigung den Bedürfnissen der Arbeiter und ihrer Familien entsprechend Wohnungen zu bauen, denn die Aktion der Arbeitsbeschaffung kann nur dann entscheidenden Erfolg haben, wenn gleichzeitig Wohnungen für die Arbeitswilligen bereitgestellt werden. Dies dürfte großen Betrieben ohne weiteres möglich sein, kleinere Betriebe — insbesondere Handwerksbetriebe und Landwirte — sollten sich zusammenschließen.

Mit der Räumung der Lager ist eine entsprechende Umsiedlung verbunden, die erforderlichen Wohnungen am künftigen Arbeitsplatz müssen daher bereits vor der Umsiedlung finanziert und fertiggestellt sein. Damit sich die eingesessene Belegschaft, die zum Teil selbst noch unter Wohnungsnot leidet, nicht benachteiligt fühlt, sind Neu- und Altbauwohnungen vorgesehen, und zwar sollen, wenn Altbauwohnungen nicht zur Verfügung stehen, Neubauwohnungen nach den Richtlinien des sozialen Wohnungsbaus und auf Grund der gesetzlichen Bestimmungen des Lastenausgleichs erstellt werden. Zur Finanzierung von Neubauten wird z. B. folgender Vorschlag gemacht:

Gesamtkosten je Wohnung	12 000 bis 15 000 DM
davon als 1. Hypothek über den allgem. Kapitalmarkt	3 500 DM
als Landes-Baudarlehen seitens der Länder	6 000 bis 7 000 DM
über LAG, 7-c-Gelder, Eigenleistung	4 000 bis 5 000 DM

Der Unternehmer müßte also den Betrag von 4000 bis 5000 DM je Wohnung übernehmen, wobei es seiner freien Entscheidung überlassen bleibt, wie die Finanzierung im Einzelfall gelöst wird. Er kann die Mittel gemäß § 7 c EStG bereitstellen oder durch die Möglichkeit eines Vorgriffs auf solche Leistungen des Lastensausgleichs zugunsten des Vertriebenen, die von den ausgleichspflichtigen Unternehmen im Wege der Vorfinanzierung (Ablösung) ihrer Ausgleichsschuld zur Verfügung gestellt werden.

Der Vertriebene, der einen sicheren Arbeitsplatz nachweisen kann, ist berechtigt, beim zuständigen Ausgleichsamt ein Darlehen zu beantragen, das er als Baukostenzuschuß in die Wohnung einbringt.[13] Diese Aufbaudarlehen können, wenn der Darlehnsnehmer einen Anspruch auf Hauptentschädigung hat, wie alle anderen Aufbaudarlehen (vgl. gewerbliche Wirtschaft) gegen diesen nach der Feststellung aufgerechnet werden. Der Zinssatz ist von 4 auf 2 % gesenkt worden. Die Mittel für die Aufbaudarlehen sind jedoch entsprechend der verfügbaren Lastenausgleichsmittel beschränkt. Diese Einschränkung entfällt, wenn die Mittel von der Wirtschaft im Wege der Vorleistung aufgebracht werden. Um dem Unternehmer einen Anreiz zur Vorleistung zu geben, sieht das LAG einen Bonus von 10 % vor (§ 199 Ziff. 3 a). Kleinere Betriebe, Handwerksbetriebe usw., bei denen der gesamte Betrag der Lastenausgleichsschuld niedriger ist, sollen die Bereitstellung von Wohnung und Arbeitsplatz als Gemeinschaftsaufgabe innerhalb ihrer Gemeinde oder Stadt ansehen.

Mit diesen 30 000 Männern und Frauen würde auch für deren Angehörige gesorgt, nach den Berechnungen von Dr. Kost für insgesamt 110 000 Menschen, wobei auch die älteren Angestellten, die sich unter den Vertriebenen befinden, eine Beschäftigung erhalten würden. Gerade im Hinblick auf die Arbeitsbeschaffung für die älteren Angestellten ist der Kost-Plan besonders wichtig. Die Tatsache, daß 50 % der zur Zeit einströmenden Flüchtlinge unter 25 Jahre alt ist, bedeutet, daß junge und verhältnismäßig billige Arbeitskräfte ohne Sozialgepäck hereinströmen, die von der Industrie viel rascher absorbiert werden als die älteren Arbeiter und Angestellten mit Familie, die heute noch in den Lagern leben.

Das Echo, das der Kost-Plan bisher in den Kreisen der Wirtschaft gefunden hat, ist sehr erfreulich und zeigt, daß die Unternehmer bereit sind, an dieser Aufgabe mitzuarbeiten und aktive Sozialpolitik durch die Schaffung von Arbeitsplätzen zu betreiben.

3. Der Wohnungsbau für die Heimatvertriebenen[14]

Eines der schwierigsten Probleme im Rahmen der Vertriebeneneingliederung ist die Wohnraumbeschaffung, schwierig vor allen Dingen nicht nur wegen des unabsehbaren Flüchtlingsstroms, sondern weil in Westdeutschland schon allein durch die Kriegszerstörungen 2,3 Mio. Wohnungseinheiten, das sind 21 % aller 1939 vorhandenen Wohnungen, fehlten.

---

[13] Vgl. hierzu: Weisung über Aufbaudarlehen vom 21. Oktober 1952. Bundesanzeiger Nr. 211 vom 30. Oktober 1952, S. 4, und LAG § 254 (3).

[14] Zum Teil entnommen aus Eisenkopf: Die Aufbringung der Mittel für die Eingliederung der Flüchtlinge und Vertriebenen. Finanzwissenschaftliches Forschungsinstitut Köln.

Den Verlust an Wohnungen in den einzelnen Ländern zeigt die folgende Tabelle:

Tabelle 18

Verlust an Wohnungen durch den Luftkrieg[15]

Land	Total zerstörte und durch schwere Beschädigung unbewohnbar gewordene Wohnungen in 1000	in v.H. des Wohnungsbestandes vor Kriegsausbruch
Schleswig-Holstein	59	14
Hamburg	300	54
Niedersachsen	181	16
Nordrhein-Westfalen	900	27
Bremen	79	48
Hessen	173	18
Württemberg-Baden	193	22
Bayern	276	16
Rheinland-Pfalz	142	24
Baden	17	6
Württemberg-Hohenzollern	20	7
Bundesgebiet	2340	22

Zu diesen Kriegszerstörungen kommt der normale Wohnungsbedarf, der sich aus den laufenden Neugründungen von Haushalten abzüglich der Haushaltsauflösungen jährlich in Höhe von 200 000 Wohnungseinheiten ergibt.

In den anderen vom Krieg betroffenen Ländern ist der Prozentsatz an zerstörten Wohnungen bei weitem geringer. Er beläuft sich zum Beispiel für die Niederlande und Italien auf 4 %, für Frankreich auf 3 % und für Belgien und Großbritannien auf nur 2 % des Wohnungsbestandes der Vorkriegszeit.

Bei der Ermittlung des Wohnungsbedarfs in der Bundesrepublik legt der Sonneplan[16] eine Zahl von vier Personen je Wohnungseinheit zugrunde und nimmt folgende Berechnung vor:

11,9 Mio. Wohnungseinheiten werden für die Gesamtbevölkerung von 47,6 Mio. Menschen benötigt,

8,9 Mio. bewohnbare Wohnungseinheiten gab es im Oktober 1948 in Westdeutschland,

0,5 Mio. Wohnungen wurden in der Zeit von Oktober 1948 bis 1950 erbaut, so daß

[15] Dr. W. Fey: Der Wohnungsbau in der Bundesrepublik, S. 46.

[16] Die Eingliederung der Flüchtlinge in die deutsche Gemeinschaft, Bericht der ECA Technical Assistance Commission für die Eingliederung der Flüchtlinge in die Deutsche Bundesrepublik, S. 39.

9,4 Mio. bewohnbare Einheiten Ende 1950 zur Verfügung standen.

2,5 Mio. Wohnungseinheiten waren demnach 1950 noch notwendig, um die gesamte Bevölkerung Westdeutschlands unterzubringen. Davon sollte etwa die Hälfte, also rund 1,25 Mio. Einheiten, für Vertriebene bereitgestellt werden.

Fey[17] errechnet das Wohnungsdefizit unter Berücksichtigung des durch Haushaltsgründungen (Eheschließungen), Geburten usw. ständig neu entstehenden Wohnungsbedarfs für Anfang 1953 noch mit rund 4 Mio. Wohnungen, also bedeutend höher als die Sonne-Kommission. Für den vordringlich abzudeckenden Bedarf der Familien (ausschließlich der zur Unterbringung von Einzelpersonen notwendigen Einraumwohnungen) werden noch annähernd 3 Mio. Wohnungseinheiten benötigt. Fey schätzt, daß bei einer jährlichen Baukapazität von 400 000 bis 450 000 Wohnungseinheiten der vordringliche Bedarf an Wohnungen für Familien in etwa zehn Jahren befriedigt sein wird. Hierbei ist der laufend neu entstehende Bedarf durch Familiengründung usw. berücksichtigt worden, nicht aber der stetige Zustrom von Flüchtlingen aus der Sowjetzone. Um das gesamte Wohnungsdefizit (einschließlich der Einzelpersonen) abzudecken, werden noch etwa dreizehn bis fünfzehn Jahre vergehen.

Im Rahmen des Soforthilfegesetzes wurden zunächst Wohnungsbauhilfen in Darlehnsform gewährt, die besonders dem sozialen Wohnungsbau zugute kamen. Es handelte sich hierbei einmal um erststellige und nachrangige Förderungsmittel, zum anderen um Finanzierungsbeihilfen zur Restfinanzierung. Maßgebend war das „Erste Wohnungsbaugesetz" vom 24. April 1950.

Diese Darlehen sollten in erster Linie Ersatz für das fehlende Eigenkapital bilden, um damit den Vertriebenen, die meist an diesem Punkt scheiterten, doch ihre Bauvorhaben zu ermöglichen. Die Quellen dieser Finanzierung nach dem SHG waren folgende:

1. Mittel des Hauptamtes für Soforthilfe aus der Soforthilfeabgabe, die den Ländern zum Wohnungsbau zur Verfügung gestellt wurden (vgl. Zweiter Teil: Abschlußbericht der SH).
2. Nach dem 31. Dezember 1949 fällig gewordene Zinsen und Tilgungsbeträge aus Umstellungsgrundschulden.
3. Zurückgezahlte Wohnungsbaudarlehen, die die Länder bereits gewährt hatten.

Die Gesamthöhe der ausgezahlten Beträge im Rahmen der Soforthilfe liegt nach Angaben des Statistischen Jahrbuchs 1953 bei 2584,0 Mio. DM[18], der Anteil der Heimatvertriebenen an den auf

---

[17] Fey, W.: Das Wohnungsdefizit (Bundesblatt Heft 1, 20. Januar 1953, S. 3).

[18] Einschließlich der den Ländern verbleibenden Umstellungsgrundschulden.

diese Weise erstellten Wohnungen wird auf 60 % geschätzt. Das Bundesvertriebenenministerium nimmt an, daß von diesen 2½ Mrd. DM den Heimatvertriebenen 1362,2 Mio. DM zugute gekommen sein dürften. Die Zahl der geförderten Wohnungen ist nur für die damalige Bi-Zone bekannt, sie beträgt dort 500 000, entsprechende Angaben für die französische Zone fehlen.

Zur Förderung des Wohnungsbaus wurde das „Erste Wohnungsbaugesetz"[19] am 24. April 1950 im August 1953 mit einer Reihe von Änderungen und Ergänzungen als „Erstes Wohnungsbaugesetz in der Fassung vom 25. August 1953"[20] erlassen. Als vordringliche Aufgabe wird das Ziel gesehen, „in den Jahren 1951 bis 1956 möglichst 2 Mio. Wohnungen" zu schaffen und dabei insbesondere die Vertriebenen, Kriegssach- und sonstigen Geschädigten zu berücksichtigen. Zur Erfüllung dieser Aufgabe wird nach § 2 u. a. der Einsatz öffentlicher Mittel, die Übernahme von Bürgschaften und Steuervergünstigungen verordnet. Nicht als öffentliche Mittel im Sinne dieses Gesetzes gelten die für den Wohnungsbau bestimmten Mittel des Ausgleichsfonds sowie die gemäß § 7 c EStG steuerbegünstigten Zuschüsse und Darlehen von Steuerpflichtigen.

Nach § 4 Wohnungsbaugesetz werden zur Finanzierung des Wohnungsbaues auch die Kapitalsammelstellen herangezogen. Ferner ist die Bundesregierung auf Grund des § 5 ermächtigt, Bürgschaften und Gewährleistungen zur Förderung des Wohnungs- und Siedlungswesens bis zu einer Höhe von 100 Mio. DM zu übernehmen. Das gleiche gilt zugunsten einzelner Vorhaben auch für die Länder. § 4 Wohnungsbaugesetz behandelt die Bereitstellung von Bundesmitteln. Danach hat sich der Bund „an der Finanzierung des von den Ländern mit öffentlichen Mitteln geförderten sozialen Wohnungsbaus" zu beteiligen, indem er in den Rechnungsjahren 1953 bis 1956 „hierfür jährlich einen Betrag von mindestens 500 Mio. DM im Bundeshaushalt zur Verfügung" stellt.

Diese gesetzliche Verpflichtung zur jährlichen Zahlung von ½ Mrd. DM zeigt, in welchem Maße die Finanzierung des Wohnungsbaues von der öffentlichen Hand abhängig ist. Im Vergleich zu den Mitteln, die der Bund für die bereits besprochenen Arbeitsbeschaffungsmaßnahmen aufzubringen hatte, erscheint diese Summe unverhältnismäßig hoch. Man muß jedoch berücksichtigen, welche umfangreichen Zerstörungen und Schäden gerade die Wohnungswirtschaft erlitten hat und daß die Errichtung von Wohnungen erst die Voraussetzung für die Schaffung neuer Arbeitsplätze ist. Insofern gebührt dem Wohnungsbau der Vor-

---

[19] BGBl. I, Nr. 16, vom 26. April 1950, S. 83 ff.

[20] BGBl. I, Nr. 54, vom 29. August 1953, S. 1047 ff.

rang vor den anderen Maßnahmen zur Eingliederung der Heimatvertriebenen, zumal sich der Prozentsatz der Vertriebenen, wie aus der folgenden Tabelle zu entnehmen ist, unter den Inhabern von Notwohnungen und Notunterkünften noch 1950, als schon rund 1 Mio. Wohnungen wiederhergestellt oder neu gebaut worden waren, als unverhältnismäßig hoch erwies.

Tabelle 19

Die Personen nach Art ihrer Unterbringung in Wohnungen und Unterkünften

(Ergebnisse der Wohnungszählung vom 13. September 1950)

Quelle: Bundesministerium für Vertriebene

Art der Unterbringung in	Insgesamt		davon Vertriebene		davon Übrige	
	Zahl	%	Zahl	%	Zahl	%
1. Normalwohnungen						
a) Inhaber	32 881 050	69,5	2 223 200	29,5	30 657 850	77,1
b) Untermieter	12 184 050	25,8	4 394 050	58,3	7 790 000	19,6
2. Notwohnungen						
a) Inhaber	1 727 800	3,7	662 550	8,8	1 065 250	2,7
b) Untermieter	196 650	0,4	84 300	1,1	112 350	0,3
3. Unterkünfte außerhalb von Wohnungen	305 650	0,6	174 300	2,3	131 450	0,3
Summe	47 295 200	100	7 538 300	100	39 756 900	100

Die Finanzierung des Wohnungsbaues ist dreiteilig:

1. öffentliche Mittel (Bund, Länder, Gemeinden und Gemeindeverbände, Soforthilfe- und Lastenausgleichsmittel, die im Gegensatz zum Wohnungsbaugesetz hier hinzugerechnet werden sollen).
2. Kapitalmarkt (Sparkassen, Hypothekenbanken, Bausparkassen, Versicherungsunternehmen, Sozialversicherungsträger).
3. Sonstige Mittel (echtes Eigenkapital, selbst eingebrachte Grundstücke, ferner Arbeitgeber- und Mieterzuschüsse und Darlehen sowie Privat-, Verwandtschafts- und Gefälligkeitsdarlehn u. ä.).

Besonders erfreulich ist das ständige Anwachsen des Anteils der „sonstigen Mittel“ an der Finanzierung des Wohnungsbaus, wobei der Prozentsatz an Eigenkapital relativ hoch ist, besonders beim steuerbegünstigten und frei finanzierten Wohnungsbau. Während das Aufkommen an „sonstigen Mitteln“ 1950 14,2 % betrug, war es 1952 schon auf das Doppelte (28,1 %) gestiegen. Diese Entwicklung weiter zu fördern, muß eines der Hauptziele der zukünftigen Wohnungsbaupolitik sein.

Die Anteile des Kapitalmarktes waren durch das Absinken der Spartätigkeit infolge der Koreakrise starken Schwankungen unterworfen, die sich erst Mitte 1951 wieder beruhigten. Um den Ausfall des Kapitalmarktes in etwa auszugleichen, war die öffentliche Hand gezwungen, ihren Anteil an der Gesamtfinanzierung zu erhöhen. Dem kam zugute, daß die Arbeitslosenversicherung finanziell in der Lage war, ihren Zuschuß für den Wohnungsbau von 90 Mio. DM (1950) auf 155 Mio. DM 1951 zu erhöhen. Auch der Anteil der Länder und Gemeinden war 1951 um rund 100 Mio. DM höher als 1950 (im ganzen 700 Mio. DM). Diese Mittel wurden zum Teil auf dem Anleihewege beschafft.

In welchem Umfang die Investitionssummen für die einzelnen Jahre den Vertriebenen zugute gekommen sind, läßt sich zahlenmäßig nicht genau angeben. Nach der Bestimmung des Wohnungsbaugesetzes sind die nach § 1 zu fördernden Wohnungen des sozialen Wohnungsbaues zu einem großen Teil für Vertriebene bestimmt. Von den im Rahmen des sozialen Wohnungsbaues getätigten Investitionen waren folgende Länderanteile zugunsten der Flüchtlinge festgesetzt:

Bayern	70 %
Bremen	22 %
Hamburg	10 %
Hessen	65 %
Niedersachsen	75 %
Nordrhein-Westfalen	26 %
Schleswig-Holstein	80 %

Eine entsprechende Regelung gilt für die Länder der französischen Zone. Ob und in welchem Maße sich die Länder bei der Verteilung der Mittel an diesen Vorschlag gehalten haben, ist nicht festzustellen. Nach Schätzungen des Bundesvertriebenenministeriums sind bis Mitte 1954 rund 400 000 Wohnungen für Vertriebene = 25 % der insgesamt 1,8 Mio. Neubauwohnungen errichtet worden. Bei Zugrundelegung eines Satzes von vier Personen je Haushalt haben damit rund 1,6 Mio. Flüchtlinge neue Wohnungen erhalten. Darüber hinaus sind 500 000 Altbauwohnungen von Vertriebenen bezogen worden, so daß insgesamt 3,6 Mio. Heimatvertriebene mit relativ gutem Wohnraum versorgt sind.

Der Anteil der Flüchtlinge am sozialen Wohnungsbau ist noch höher. Das Bundesvertriebenenministerium nimmt an, daß durchschnittlich 40 % der Wohnungen im Rahmen des sozialen Wohnungsbaus den Vertriebenen zur Verfügung gestellt wurden, das sind jährlich mehr als 100 000 Wohnungen. Hierbei wurde das Schwergewicht auf die Beschaffung von Wohnraum für die umgesiedelten Vertriebenen gelegt. Im Jahre 1950 wurden vom Bund hierfür 170,9 Mio. DM, 1951 229,2 Mio. DM und 1952 171,5 Mio. DM zur Verfügung gestellt. Hinzu kamen noch 30 Mio. für erststellige Hypotheken.

Insgesamt wurden in den Jahren 1950 bis 1953 23 Mrd. DM für den Wohnungsbau aufgewendet. Rund 60 % aller Wohnungen wurden durch öffentliche Mittel in Gesamthöhe von 9 Mrd. DM gefördert.[21]

Das Ergebnis dieser Aufwendungen zeigt sich in der folgenden Tabelle. Zum Vergleich sind die Vorkriegsjahre mit den höchsten Bauziffern vorangeschickt, um zu verdeutlichen, welche Ausmaße der Wohnungsbau in der Bundesrepublik 1950 bis 1953 angenommen hat. Diese Leistungen sollen weiter gesteigert werden; man plant für die Jahre 1954 bis 1957 eine mittlere Jahresbauleistung von 550 000 Wohnungen.

Tabelle 20

Zugang an Wohnungen in der Bundesrepublik in den Jahren 1928, 1929, 1936 und 1949 bis 1954

Jahr	Anzahl Absolut	auf 10 000 der Bevölkerung
1928	196 800	54
1929	196 500	53
1936	183 000	48
1949	rund. 215 000	45
1950	rund. 360 000	75
1951	rund. 430 000	89
1952	rund. 440 000	91
1953	rund. 515 000	105

1954—57 geplant eine mittlere Jahresbauleistung von 550 000 Wohnungen.

Hierbei muß noch berücksichtigt werden, daß die Baukosten in der Zeit von 1950 bis 1952 durch höhere Lohn- und Materialkosten und durch qualitativ bessere Wohnungsaussattungen um rund 30 % gestiegen sind.

Eine genaue Verteilung der Mittel läßt sich aus der umseitigen Darstellung entnehmen.

Die öffentliche Hand finanzierte allein 57 % (1951) bzw. 56 % (1952) der gesamten Investitionen des sozialen Wohnungsbaues. Demgegenüber ist ihr Anteil am steuerbegünstigten und frei finanzierten Wohnungsbau mit 8 bzw. 7 % naturgemäß weit geringer. Hier aber schaltet sich dann der Kapitalmarkt ein.

[21] Bundesbaublatt Heft 9, 15. September 1953. Wandersleb: Vier Jahre Arbeit für den Wohnungsbau.

Tabelle 21

Investitionen im öffentlich geförderten sozialen Wohnungsbau und im übrigen Wohnungsbau und ihre Aufbringung

(Schätzung der Größenordnungen)

	1951				1952			
	Öffentl. geförd. soz. Wohngsb.		Übriger (nur steuerl. begünst. u. frei fin. Wohngsb.)		Öffentl. geförd. soz. Wohngsb.		Übriger (nur steuerl. begünst. u. frei fin. Wohngsb.)	
	Mio. DM	%	Mio. DM	%	Mio. DM	%	Mio. DM	%
I. Öfftl. Mittel	1950	57	100	8	2300	56	100	7
II. Mittel d. Kap.-Sammelst. einschl. ERP-Mittel	700	21	600	50	850	21	650	43
III. Übrige Mittel	750	22	500	42	950	23	750	50
Investitionen insgesamt	3400	100	1200	100	4100	100	1500	100

Quelle: Bundesbaublatt Heft 2, 1952, Heft 4, 1953.

Das Programm der Bundesregierung sieht eine weitere Steigerung des Wohnungsbaues vor. In den nächsten vier Jahren sollen 2,2 Mio. Wohnungen, also jährlich durchschnittlich 550 000 Wohnungen gebaut werden. Dieses Projekt ist nach der Überzeugung der Bundesregierung realisierbar. Den wichtigsten Punkt bildet wiederum die Finanzierung; wenn die Kosten und sonstigen Verhältnisse die gleichen wie 1953 bleiben, so würde die öffentliche Hand in diesen 4 Jahren rund 12 bis 13 Mrd. DM aufzuwenden haben, also wesentlich mehr als die rund 9 Mrd. DM, die sie in den fünf Jahren seit der Währungsreform hierfür eingesetzt hat.[22] Für das Jahr 1954 dürften an öffentlichen Mitteln 2,1 Mrd. DM zu erwarten sein, die sich zusammensetzen aus 500 Mio. DM des normalen Bundeshaushaltes, 100 bis 120 Mio. DM aus Bundesmitteln für verschiedene Wohnungsbauprogramme, 330 Mio. DM aus der Wohnraumhilfe und 460 Mio. DM als Aufbaudarlehen. Hinzu kommen schätzungsweise noch 800 Mio. DM öffentlicher Mittel der Länder und Gemeinden. Die Vertreter der Kapitalsammelstellen haben zugesichert, daß auch in diesem Jahr mindestens 50 % der aufkommenden Spargelder zur Verfügung stehen werden, wovon drei Viertel dem sozialen Wohnungsbau zugute kommen sollen. Staatssekretär Dr. Wandersleb nimmt an, daß insgesamt 7 Mrd. DM in diesem Jahr im Wohnungsbau investiert werden. Auch ist

[22] Bundesverband der Deutschen Industrie, Drucksache 23, S. 34.

beabsichtigt, eine Bundesanleihe von $^1/_2$ Mrd. DM aufzulegen und diesen Betrag dem Wohnungsbau zur Verfügung zu stellen.

Die Aufbaudarlehen können genau wie in der gewerblichen Wirtschaft, der Landwirtschaft und im Rahmen des Kost-Plans, sofern der Darlehnsnehmer einen Hauptentschädigungsanspruch hat, nach dessen Feststellung in Eigenkapital umgewandelt werden. Aufbaudarlehen werden zum Wiederaufbau oder ersatzweisen Neubau des verlorenen Hausbesitzes gegeben; außerdem werden zum Zwecke des Vorratsbaus Aufbaudarlehen an Dritte bewilligt und ausgezahlt, wenn die Wohnung zugunsten eines berechtigten Geschädigten erstellt wird, dessen Person zur Zeit der Bewilligung jedoch noch nicht feststand.

Die Verteilung der Darlehen ist aus der umseitigen Tabelle zu entnehmen.

Nach § 254 Abs. 3 LAG kann aber nur derjenige ein Aufbaudarlehen erhalten, für den die Wohnung am Ort des gesicherten Arbeitsplatzes gebaut wird; Rentner, Pensionäre usw. werden dadurch ausgeschlossen; es sind jedoch bereits im Bundestag Anträge gestellt worden, diese Bestimmung zu lockern.

Der stetig aus der Sowjetzone in die Bundesrepublik einfließende Strom der Flüchtlinge erforderte darüber hinaus die Aufbringung weiterer Mittel, da ein Abzweigen von Geldern aus den laufenden Wohnungsbauprogrammen deren Erfolg in Frage stellen würde. Aus diesem Grunde wurde in einer Konferenz zwischen Bundes- und Ländervertretern am 6. Februar 1953 beschlossen, zur Erstellung von Wohnungen des sozialen Wohnungsbaus für die Unterbringung dieser Neuflüchtlinge zusätzlich 180 Mio. DM aus dem Bundeshaushalt bereitzustellen. Damit hofft man der Gefahr, für die Neuflüchtlinge Baracken errichten zu müssen, erfolgreich entgegentreten zu können.

Ein anderer Weg, den Flüchtlingen den Übergang aus dem Lagerleben in die Eigenwirtschaft zu erleichtern und das Barackendasein zu verkürzen, wurde von dem Berliner Senator für Arbeit Kreil eingeschlagen. Mit Bundesmitteln in Höhe von 65 Mio. DM wurden Wohnblöcke für sogenannte Selbstwirtschaftler errichtet. Dort werden Hunderte von Familien in 2- bis $2^1/_2$-Zimmerwohnungen untergebracht. Sie erhalten als Arbeitslose die gleichen Sätze wie ihre Berliner Schicksalsgenossen. Diese Maßnahmen bilden jedoch nur Übergangslösungen.

Auch von der Belebung des Kapitalmarktes erhofft man sich für dieses Jahr eine weitere Ausdehnung des Bauvolumens. Darüber hinaus müssen geeignete Maßnahmen, die den Anteil des Kapitalmarktes und der sonstigen Mittel, insbesondere des Eigenkapitals, an der Gesamtfinanzierung des Wohnungsbaues erhöhen, ein besonderes Anliegen der Wohnungspolitik bilden. Der hohe Prozentsatz von über 50 % der Investitionen durch die öffentliche Hand ist zwar durch den nur langsam

Tabelle 22

Aufbaudarlehen für den Wohnungsbau, länderweise
(Stand 31. Dezember 1953)

Land	Aufbaudarlehen zum Wiederaufbau oder ersatzweisen Neubau. § 254 LAG				Aufbaudarlehen zum Bau einer Wohnung am Ort eines ges. Arbeitspl. § 254 LAG				Sammeldarlehen		Insgesamt	
	Vertriebene		Insgesamt		Vertriebene		Insgesamt					
	Anz.	1000 DM	Anz.	1000 DM	Anz.	1000 DM	Anz.	1000 DM	Anz.	1000 DM	Anz.	1000 DM
Baden-Württemberg	2231	8 406,9	2 884	12 185,8	3 384	8 481,1	4 336	11 094,8	3048	14 774,6	11 268	38 055,2
Bayern	1294	6 014,1	1 549	8 463,4	4 563	13 342,5	5 648	16 681,5	148	11 543,8	7 345	36 688,7
Bremen	53	270,4	408	2 699,6	257	751,2	547	1 453,4	13	2 320,0	968	6 473,0
Hamburg	50	276,3	141	1 431,2	1 194	3 252,2	3 598	9 244,6	—	—	3739	10 686,8
Hessen	285	1 320,9	380	2 272,6	613	1 822,6	737	2 229,3	135	4 547,8	1 252	9 049,7
Niedersachsen	910	3 712,7	1 260	7 324,3	4 563	13 090,2	5 361	15 501,2	299	9 299,8	6 920	32 842,4
Nordrhein-Westfalen	468	2 524,2	2 540	20 534,7	1 945	5 876,4	3 644	11 509,7	261	5 798,0	6 445	37 842,4
Rheinland-Pfalz	192	801,8	720	4 903,2	454	1 384,5	780	2 457,6	35	1 529,4	1 535	8 890,2
Schleswig-Holstein ..	210	803,0	261	1 155,8	1 518	3 604,6	1 808	4 312,9	686	16 077,6	2 755	21 546,2
Berlin-West	9	117,2	169	3 609,9	281	821,4	666	1 950,4	1	690,0	836	6 250,3
	5702	24 247,5	10 312	64 580,5	18 772	52 396,6	27 125	76 446,4	4626	66 580,9	42 063	207,607,8

Quelle: Geschäftsbericht der LA-Bank 1953.

fortschreitenden Gesundungsprozeß des Kapitalmarktes bedingt und war im Zeichen der ungeheuren Wohnungsnot die relativ beste Lösung; er ist aber auf die Dauer ungesund. Dafür sprechen folgende Gründe:

1. Eine derart starke Belastung der öffentlichen Haushalte, besonders des Bundeshaushaltes, wie sie heute besteht, ist auf die Dauer untragbar, insbesondere im Hinblick auf die hohen Aufwendungen für die Kriegsfolgelasten und für den Verteidigungsbeitrag. Schon allein deshalb ist eine Entlastung des Bundes und eine stärkere Inanspruchnahme der anderen Kapitalträger dringend erwünscht.

2. Eine weitere Gefahr liegt in der Machtkonzentration des Staates infolge der starken Kapitalzusammenballung und der sich daraus ergebenden Tendenz zum Totalitarismus.

3. Vor allem aber wird durch eine solche starke Einschaltung des Staates die freie Entwicklung der Preise auf dem Wohnungsmarkt behindert. Sie führt zu einer weitgehenden Fixierung der Zinssätze auf einem irrealen Niveau, da die Anpassungsfähigkeit des Staates an die wirtschaftlichen Gegebenheiten weit geringer ist, als die der anderen Finanzträger.

Soweit es die Lage auf dem Wohnungsmarkt gestattet, sollte sich die öffentliche Hand allmählich von der Wohnungsbaufinanzierung zurückziehen. Statt dessen dürften indirekte Hilfsmaßnahmen, wie stärkere Unterstützung des steuerbegünstigten und frei finanzierten Wohnungsbaues z. B. durch Senkung der Grunderwerb- und der Grundsteuer, sowie der Steuermeßbeträge, evtl. Erlaß für die ersten Jahre, wenn die Wohnungen Flüchtlingen zur Verfügung gestellt werden, empfehlenswerter sein. Allerdings würden diese Vorschläge, wegen des durch die Steuersenkung entstehenden Steuerausfalles, auf den Widerstand der Gemeinden stoßen. Andererseits bildete die Übernahme der Wohnungsbaufinanzierung durch private Kreditinstitute für die öffentlichen Haushalte eine fühlbare Entlastung, wodurch das verminderte Steueraufkommen unter Umständen mehr als ausgeglichen würde.

Entgegen diesen Überlegungen äußert der Bundesverband der deutschen Industrie seine Bedenken dahingehend, daß die öffentliche Hand in den kommenden Jahren noch stärker als bisher eintreten müsse. Einmal weil der Bau von Wohnungen für kinderreiche Familien kostspieliger sei als normale Stockwerkswohnungen, zum anderen müsse die öffentliche Hand nicht unbeträchtliche Mittel ersetzen, die bisher die Wirtschaft kraft des § 7 c EStG hergegeben hat. Es handelt sich um rund 800 Mio. DM, während durch die Neufassung nur noch 400 Mio. DM aufkommen werden. Vor allem aber, so wird weiter ausgeführt, steht zu erwarten, daß sich die privaten Bauherren und die privaten Geldgeber mehr und mehr der Tatsache bewußt werden, eines Tages nach Überwindung der Wohnungsnot mit ihren relativ teuren Neubauwohnungen in Wettbewerb treten zu müssen.[23]

Trotzdem von dem gesamten Investitionsaufwand im Wohnungsbau in Höhe von über 16 Mrd. DM in den Jahren 1950 bis 1953 schätzungsweise 40 %, also rund 6,4 Mrd. DM, den Vertriebenen zugute gekommen sind und außerdem noch ein Betrag von 180 Mio. DM, der ausschließlich für die Unterbringung der Sowjetzonenflüchtlinge bestimmt ist, zur Verfügung gestellt wurde, kann die Aufgabe, die Vertriebenen mit entsprechenden Wohnungen zu versorgen, noch nicht als gelöst angesehen werden. Immer noch befinden sich 416 400 Flüchtlinge und Vertriebene in Lagern und Notunterkünften, und, was noch weit schwerwiegender sein dürfte, immer noch hält der Strom der Flüchtlinge aus der Sowjetzone weiter an, so daß auch bei außerordentlich reger Bautätigkeit das Wohnungsdefizit nur in geringem Umfang vermindert werden kann. Das Problem der Wohnraumbeschaffung für die Vertriebenen und Flüchtlinge ist daher nicht als gelöst anzusehen, wenn die 11 Mio. Heimatvertriebenen, die sich heute in der Bundesrepublik befinden, Wohnungen gefunden haben, sondern erst dann, wenn entsprechend der derzeitigen monatlichen Zuwanderungsquote von rund 10 000 Menschen (das bedeutet, daß das derzeitige Wohnungsdefizit von 3,8 Mio. Wohnungen monatlich um 2500 wächst), auf vorläufig nicht absehbare Zeit hinaus, Mittel für den Wohnungsbau bereitgestellt werden können.

Aus diesen Zahlen läßt sich eine vorläufige Zukunftsrechnung aufstellen.

Zur Zeit sind 3,6 Mio. Vertriebene mit relativ gutem Wohnraum versorgt, es fehlen also noch Wohnungen für insgesamt 7 Mio. Vertriebene. Oberländer[24] setzt die Kosten pro Wohnung für vier Personen mit durchschnittlich 14 000,— DM, für die einzelne Person daher mit 3500,— DM an. Um die 7 Mio. mit Wohraum zu versorgen, wäre ein Aufwand von 24,5 Mrd. DM erforderlich. Den Vertriebenen kommen in der Hauptsache die Wohnungen des sozialen Wohnungsbaus zugute, an diesen ist der Staat mit 60 % beteiligt, die öffentliche Hand müßte demnach rund 15 Mrd. DM für den Wohnungsbau für Vertriebene zur Verfügung stellen. Unterstellt man Vier-Personen-Haushalte, so müßten 1,75 Mio. Wohnungen gebaut werden.

Wenn die geplanten hohen Bauleistungen der Bundesrepublik von jährlich 550 000 Wohnungen realisiert werden, so bedeutet dies, daß den Vertriebenen bei 200 000 Wohnungen für die übrigen Einwohner (vgl. S. 42) im günstigsten Falle 350 000 Wohnungen zur Verfügung ständen, die noch nicht untergebrachten Vertriebenen könnten demnach in fünf

[23] a. a. O., S. 34.

[24] Oberländer: a. a. O. S. 27.

Jahren, ohne Berücksichtigung des sonstigen Nachholbedarfs, angemessene Wohnungen erhalten. Diese optimistische Rechnung wird jedoch gedämpft durch den laufenden Zustrom aus der Ostzone. Rechnet man pro Jahr in Zukunft eine Einwandererzahl von rund 150 000 bis 200 000 Personen, so bedeutet dies nichts anderes als weitere 50 000 zu bauende Wohnungen pro Jahr, mit einem Anteil der öffentlichen Hand von 420 Mio. DM pro Jahr bei Gesamtkosten von 700 Mio. DM.

II. Die Eingliederung der Flüchtlingsbetriebe in die westdeutsche Industriewirtschaft

Vorbemerkung

Die Flüchtlingsunternehmer, die in Westdeutschland eintrafen, hatten sehr ungleiche Startbedingungen. Einige von ihnen besaßen Zweigniederlassungen in der Bundesrepublik, andere konnten rechtzeitig Waren und Maschinen ins Bundesgebiet verlagern. Die weitaus größte Zahl der Unternehmer kam jedoch ohne Vermögen. Ihre einzige Chance waren Personal- und Lieferantenkredite, mit denen sie ein neues Unternehmen aufbauen konnten. Große Unternehmen mit weltbekannten Namen stand dieser Weg ohne weiteres offen; viele Firmen waren aber in der Bundesrepublik unbekannt, so daß sie keine Personal- und Lieferantenkredite erhielten. Die persönlichen Qualitäten des Unternehmers allein reichten nicht aus, sie waren und sind noch heute auf öffentliche Mittel angewiesen. Da solche Mittel nur in begrenztem Umfang vorhanden sind, ergibt sich daraus die Frage, ob es möglich ist, allen ehemals Selbständigen wieder zu ihrer früheren sozialen Stellung zu verhelfen. Schätzungen über mögliche Kapazitätsausweitungen der einzelnen Branchen haben ergeben, daß einige von ihnen, besonders Textil und Handel, bereits übersetzt sind. Es werden sich daher besonders in diesen Wirtschaftszweigen nur die Tüchtigsten durchsetzen können. Der damit verbundene Ausleseprozeß hat schon in den letzten Jahren begonnen. Viele Unternehmer mit guten technischen und kaufmännischen Kenntnissen konnten sich in den heutigen Verhältnissen keine selbständige Existenz aufbauen, zum Teil fanden sie entsprechende Positionen in Industrie oder Handel. Viele ehemals selbständige Handwerker schlugen den Weg des Facharbeiters ein und sind heute nicht mehr bereit, ihre gesicherte berufliche Stellung gegen eine ungesicherte selbständige Existenz einzutauschen.

Es hat nunmehr den Anschein, als ob die Hauptwelle der Neugründungen vorbei sei, und die Aufgabe des Staates besteht jetzt darin, die erfolgversprechenden Flüchtlingsbetriebe zu konsolidieren, da sie gegenüber den eingesessenen Firmen nur sehr schwer Boden gewinnen können.

Die Schwierigkeiten der Vertriebenenindustrie bei der Eingliederung in das Wirtschaftsgefüge der Bundesrepublik sind folgende:[1]

1. Sie kranken vielfach an der ungünstigen Standortwahl, zu der sie nach der Vertreibung gezwungen waren.
2. Sie müssen ihre Absatzbeziehungen erst mühsam schaffen.
3. Ihre zu geringe Kapitalausstattung erlaubt ihnen nicht die erforderliche wirtschaftliche Beweglichkeit, auch ist die Branchengliederung der Vertriebenenindustrie den Erfordernissen der Bundesrepublik nicht entsprechend angepaßt. Allein 80,8 % der Vertriebenenbetriebe entfallen auf die Konsumgüterindustrie.[2]

Im ganzen sind bis heute 128 000 gewerbliche Flüchtlingsbetriebe entstanden,[3] davon 7000 kleinere und mittlere Industriebetriebe. Der Übergang vom Verkäufer- zum Käufermarkt bedeutet eine Verschärfung des Wettbewerbs und eine besondere Gefährdung der mit geringem Eigenkapital ausgestatteten Flüchtlingsbetriebe. Es gilt daher, diese Betriebe durch weitere Kredite so zu sichern, daß sie dem heutigen Konkurrenzkampf gewachsen sind, denn die Erhaltung einer möglichst breiten Unternehmerschicht unter den Vertriebenen ist für eine gesunde Sozialstruktur von entscheidender Bedeutung. Ebenso wichtig ist die Tatsache, daß diese Betriebe die Produktionskapazität vergrößern und damit neue Arbeitsplätze für die arbeitslosen Vertriebenen geschaffen werden.[4] Darüber hinaus nimmt jedoch die Zahl der Heimatvertriebenen, die eine selbständige Existenz erstreben, nicht ab, da jeder Tag die Zahl der zugewanderten Unternehmer vermehrt; auch sie rechnen wie ihre Vorgänger mit der Chance, ihr Unternehmen in Westdeutschland wieder errichten zu können.

Das Problem der Eingliederung der Flüchtlingsbetriebe ist daher ein zweiseitiges; einmal gilt es, die schon bestehenden Betriebe durch weitere Kredite konkurrenzfähig zu machen, zum anderen müssen weitere Mittel bereitgestellt werden, um den täglich neu hinzukommenden Unternehmern die Möglichkeit zu geben, sich eine selbständige Existenz zu schaffen. Bei dem beschränkten Umfang der zur Verfügung stehenden Mittel besteht die Gefahr, daß die Flüchtlingsindustrie durch zu knapp bemessene, teure oder zu kurzfristige Kredite zu starker Krisenempfindlichkeit neigt. Jedes einzelne Projekt muß daher hinsichtlich seiner Wirtschaftlichkeit und Rentabilität einer genauen Prüfung unterzogen werden, wenn Fehlinvestitionen vermieden werden sollen.

---

[1] Bank für Vertriebene und Geschädigte. 2. Jahresbericht 1951, S. 53.

[2] Dittrich, E.: Die Wiedereingliederung der Flüchtlingsindustrie in die Wirtschaft, S. 35.

[3] Bundesverband der Deutschen Industrie, Drucksache 23, S. 76.

[4] Bank für Vertriebene, Jahresbericht 1952, S. 34.

1. Die Kreditaktionen für die heimatvertriebene gewerbliche Wirtschaft

Um den Flüchtlingsbetrieben in der derzeitigen Wettbewerbswirtschaft die gleichen Startbedingungen wie den alteingesessenen Unternehmungen zu schaffen, müssen, da die Vertriebenen sich nicht auf dem üblichen Wege Kredit beschaffen können, öffentliche Mittel bereitgestellt werden. Es handelt sich in diesem Falle um sogenannte „Eingliederungskredite". Die Auszahlung und Verwaltung der Kredite hat die Bank für Vertriebene und Geschädigte (LA-Bank, Bad Godesberg) übernommen.[5] Die Gründung der LA-Bank aus dem ERP-Sondervermögen des Bundes und zum Teil auch die Funktion der Soforthilfe sind daher aus der Tatsache zu erklären, daß die Vertriebenen wegen mangelnder Sicherheiten durch den normalen Kreditapparat des Bankensystems keine Kredite erhalten können.[6] Wichtig ist hierbei, daß langfristig gewährte Kredite als Ersatz für fehlendes Eigenkapital der Investitionsfinanzierung dienen.

Aus den Mitteln des ERP-Sondervermögens wurden in den Jahren 1950 bis 1954 99 Mio. DM als Investitionskredite vergeben, die Laufzeit beträgt bis zu 17 Jahren bei einem Zinsfuß von nur 2½ %, die Höchstgrenze liegt im Einzelfall bei 100 000,— DM, in Ausnahmefällen kann diese sogar noch überschritten werden. Diese Investitionskredite kamen besonders den mittleren und größeren Flüchtlingsbetrieben zugute, für die die Aufbaudarlehen (siehe Seite 56) mit ihrem Höchstbetrag von 35 000,— DM kein wirksames Finanzierungsmittel darstellen konnten. Mit Hilfe dieser Investitionskredite konnte die Finanzierung von rund 2150 Vertriebenenbetrieben durchgeführt werden.

Als Eingliederungskredite wurden in den Jahren bis zum Inkrafttreten des LA-Gesetzes sogenannte Existenzaufbauhilfedarlehen aus dem Soforthilfe-Fonds in einem Gesamtwert von 457 Mio. DM gegeben. Der Durchschnittsbetrag dieser Darlehen war relativ gering, er lag bei 3600 DM. Die Beträge kamen daher einer großen Zahl von Antragstellern zugute, davon 63,1 % Flüchtlinge und Vertriebene mit 280,2 Mio. DM. Sie dienten hauptsächlich der Mittelbeschaffung für die Produktion, also zur Beschaffung der für einen Betrieb benötigten Räume und Gegenstände, sowie der Bereitstellung der notwendigen Betriebsmittel.[7] Die Darlehen wurden gewährt, wenn auf diese Weise der Auf-

[5] Vgl. S. 147 ff.

[6] Albers: Die Kapitalausstattung der Flüchtlingsbetriebe in Westdeutschland, S. 52.

[7] „Weisung über die Gewährung von Aufbauhilfe" vom 28. April 1950. § 2. Bundesanzeiger Nr. 97, S. 1.

bau einer der Vorbildung des Antragstellers entsprechende Existenz möglich wurde und der Geschädigte selbst nicht die ausreichenden Mittel zur Verfügung hatte. Die Darlehen müssen mit jährlich 2 % verzinst werden und sind während der drei ersten Jahre mit 3 % und von da ab mit jährlich 8 % zu tilgen, die Tilgungsdauer beträgt 15 Jahre.

Außerdem vergab die LA-Bank rund 180 Mio. DM für Gemeinschaftshilfedarlehen zur Schaffung von Dauerarbeitsplätzen; sie sollten der Eingliederung der geschädigten unselbständigen Arbeitnehmer dienen. Die Darlehen wurden an geschädigte Unternehmer gewährt, und zwar wurden pro Arbeitsplatz Beträge bis zu 5000 DM, für einen Betrieb aber nicht mehr als insgesamt 300 000 DM vergeben. Der Zinsfuß betrug 5 % bei zehnjähriger Tilgungsdauer. Der durchschnittliche Kreditbetrag lag bei 3200 DM.

Auf diese Weise wurde eine doppelte Wirkung erzielt, einmal hinsichtlich der Arbeitsbeschaffung für unselbständige Arbeitslose, zum andern zugunsten einer Produktionsausweitung. Diese Darlehen haben sich sehr bewährt, so daß diese Art der produktiven Hilfen in das Lastenausgleichsgesetz übernommen wurden. Das Hauptamt für Soforthilfe ging dabei von dem gleichen Gedanken aus wie der Verfasser des Sonneplans, der ebenfalls die Arbeitsplatzbeschaffung für Geschädigte im Gegensatz zu geringen Entschädigungszahlungen als vorteilhafter ansah. Auf diese Weise wurden durch die Gemeinschaftsdarlehen insgesamt 55 904 Arbeitsplätze geschaffen, die zu 50 % den Vertriebenen zugute kamen.

Nach Inkrafttreten des LAG wurden zur Eingliederung der Vertriebenen Aufbau- und Arbeitsplatzdarlehen vergeben. Die Aufbaudarlehen sind Kredithilfen und können als Bevorschussung der noch nicht auszahlbaren Hauptentschädigung angesehen werden, d. h. wer von den Kreditnehmern eine Berechtigung auf die Hauptentschädigung hat, kann die Kreditsumme später gemäß § 258 LAG gegen die Hauptentschädigung aufrechnen. Durch diese Aufbaudarlehen im Rahmen des LAG werden die Existenzaufbauhilfen nach dem Soforthilfegesetz abgelöst. Die Höhe der Aufbaudarlehen ist der derzeitigen wirtschaftlichen Situation angepaßt worden, sie beträgt im Durchschnitt 7550 DM, ist also mehr als doppelt so hoch wie nach dem Soforthilfegesetz und steigt noch weiter, wenn man berücksichtigt, daß fast 20 % der bewilligten Darlehnsanträge Aufstockungen zu bereits früher gewährten Darlehen darstellen. Die Höchstgrenze dieser Kredite beträgt 35 000 DM. Sie kann jedoch unter besonderen Bedingungen auf 50 000 DM erhöht werden.

Der Vorteil der Darlehen liegt also in der Möglichkeit der späteren Umwandlung in Eigenkapital. Ihre Laufzeit erstreckt sich auf zehn Jahre mit einem Zinsfuß von 3 %. Besitzt der Darlehnsnehmer einen

Hauptentschädigungsanspruch und befindet er sich in wirtschaftlicher Notlage, so können Zins- und Tilgungsleistungen bis zur Entscheidung über den Hauptentschädigungsantrag gestundet werden.[8]

Die Ermittlungen des Bundesausgleichsamtes haben ergeben, daß 65 % der Aufbaudarlehen für Wirtschaft und freie Berufe durch Hauptentschädigungsansprüche in Eigenkapital umgewandelt werden können. Es wird jedoch nur ein sehr geringer Teil der Darlehen voll anrechenbar sein, da zu einem voll anrechenbaren Darlehen von 7550 DM ein zuerkannter Schadensbetrag von mindestens 40 000 RM notwendig ist.

Die Anzahl der gewährten Aufbaudarlehen und die Gesamtsummen, die auf die einzelnen Länder entfallen, sind aus folgender Darstellung zu entnehmen:

Tabelle 23

Land	Vertriebene			Insgesamt		
	Anzahl	Darlehnssumme		Anzahl	Darlehnssumme	
		1000 DM	v.H.		1000 DM	v.H.
Baden-Württemberg ...	2 173	13 701,8	67,5	3 201	20 285,0	100
Bayern	3 923	26 033,0	79,9	4 790	32 595,0	100
Bremen	165	1 739,3	39,5	429	4 404,3	100
Hamburg	507	5 691,4	48,0	1 187	11 852,7	100
Hessen	1 927	11 930,1	68,8	2 680	17 337,4	100
Niedersachsen	3 032	21 687,3	78,7	3 746	27 571,8	100
Nordrhein-Westfalen ...	2 022	17 362,9	39,8	5 179	43 576,9	100
Rheinland-Pfalz	676	5 283,9	40,7	1 620	12 972,1	100
Schleswig-Holstein	1 414	10 991,1	80,3	1 691	13 680,3	100
Berlin-West	156	1 711,1	40,2	461	4 261,4	100
Summe	15 995	116 131,0	61,6	24 984	188 536,9	100
Ausz. Härtefonds:					1 852,0	

Quelle: Geschäftsbericht der LA-Bank, Stand: 31. Dezember 1953.

Das Bundesausgleichsamt plant für das Rechnungsjahr 1954/55 Aufbaudarlehen in einer Gesamthöhe von 930 Mio. DM, davon für die gewerbliche Wirtschaft und freie Berufe 280 Mio. DM, also rund 100 Mio. DM mehr als im Vorjahr.

Aus dem Härtefonds, der zur Zeit 150 Mio. DM beträgt, können vor allem Sowjetzonenflüchtlinge, Saarausgewiesene, Helgoländer, Spätheimkehrer, West-Berliner, die im Ostsektor von Berlin Kriegsschaden erlitten haben, und Vertriebene, die am Stichtag des LAG noch in der Sowjetzone ansässig waren, Aufbaudarlehen und sonstige Hilfen erhalten. — Als weitere Kreditart gewährt die Vertriebenenbank Mittel

[8] Geschäftsbericht der LA-Bank 1953, S. 15.

zur Schaffung von Dauerarbeitsplätzen. Diese Arbeitsplatzdarlehen sind nicht von einem nachgewiesenen Anspruch auf die Hauptentschädigung abhängig. Der Durchschnittsbetrag für neugeschaffene Arbeitsplätze betrug in den vergangenen Jahren 3120 DM. Diese Darlehen lösen die Gemeinschaftshilfe ab, sie haben eine Laufzeit von zehn Jahren, jedoch mit einem Zinssatz von 5 %. Aus der folgenden Darstellung der LA-Bank zum 31. Dezember 1953 ist die Anzahl und die Gesamtdarlehnssumme für die einzelnen Länder zu ersehen.

Tabelle 24

Land	Vertriebene			Insgesamt		
	Anz.	Darlehnssumme		Anz.	Darlehnssumme	
		1000 DM	v.H.		1000 DM	v.H.
Baden-Württemberg ...	27	1155,0	33,7	76	3 423,0	100
Bayern	25	1357,5	26,2	74	5 178,5	100
Bremen	3	210,0	4,5	37	4 675,0	100
Hamburg	11	498,0	6,4	46	7 822,0	100
Hessen	7	292,0	9,5	47	3 039,0	100
Niedersachsen	15	720,0	6,0	70	11 933,0	100
Nordrhein-Westfalen ...	11	2230,0	34,5	70	6 435,0	100
Rheinland-Pfalz	10	301,0	7,6	57	3 953,0	100
Schleswig-Holstein	10	382,0	14,2	57	2 685,0	100
Berlin-West	6	218,0	17,5	34	1 246,0	100
	125	7353,5	14,6	568	50 371,8	100

Mit Hilfe von Gemeinschafts- und Arbeitsplatzdarlehen wurden inzwischen 72 166 Arbeitsplätze geschaffen, hierzu war eine Gesamtsumme von 237 Mio. DM erforderlich; 72 % dieser Plätze sind von Geschädigten besetzt. Für das Rechnungsjahr 1954/55 sollen weitere Darlehen in Höhe von 50 Mio. DM vergeben werden. Das Kreditbewilligungsverfahren ist dezentralisiert, um eine schnelle Abwicklung zu ermöglichen. Die Genehmigung obliegt den Landesausgleichsämtern oder deren Außenstellen. Nur bei Dauerarbeitsplatzdarlehen über insgesamt 100 000,— DM hat das Bundesausgleichsamt die Entscheidung.

Um diese Kredite zur Gründung einer Existenz bewerben sich eine große Anzahl von Vertriebenen, die früher keine entsprechende Tätigkeit ausgeübt haben. Sie hoffen, durch diese Einrichtung eine gewisse Kapitalsumme zu erhalten, um damit zum Teil ohne klare Zielsetzung den bisher nicht geglückten Eingang in das Erwerbsleben zu finden.[9]

Die Eingliederungskredite wurden jedoch bisher nur früher Selbständigen bewilligt. Diese Regelung entspricht wohl der früheren beruf-

[9] Albers, W.: a. a. O., S. 67.

lichen Stellung der Vertriebenen, enthält jedoch gewisse Nachteile, die Weisser in einem für das Bundeswirtschaftsministerium im August 1952 zur Förderung des produktiven Lastenausgleichs erstatteten Gutachten beseitigen will. Hierzu führt er folgendes aus: „Die Konstruktion des beabsichtigten endgültigen Lastenausgleiches führt leicht dazu, daß übersehen wird, in wie großem Maße ferner auch unter den früher unselbständigen Geschädigten Personen mit echten Unternehmerqualitäten sich zur Eingliederung als Selbständige oder als Mitträger von Gemeinschaftsunternehmen eignen. Es versteht sich nicht von selbst, daß Eingliederungshilfen für früher Unselbständige diese unerachtet ihrer wirtschaftlichen Qualitäten unbedingt nur wieder in unselbständige Stellung eingliedern dürfen. Mit den Grundgedanken des vorliegenden Entwurfes des LAG wäre es vereinbar, wenn mindestens die „sonstigen Förderungsmaßnahmen“ einschließlich besonderer Kredithilfen auch zur Eingliederung früher Unselbständiger in Gemeinschaftsunternehmen gewährt würden, die von ihnen getragen oder mitgetragen werden. Vor allem aber bietet der Entschädigungsanspruch auf Grund des „Verlustes der beruflichen Lebensstellung“ die Möglichkeit, auch einem früher Unselbständigen, der allein oder in einem Gemeinschaftsunternehmen wirtschaftliche Eigenverantwortung übernehmen will, die erforderliche Eingliederungshilfe zu gewähren. Was schließlich die Technik der bisher gewährten Kredithilfen anbelangt, so ist der vielfach geäußerte Vorwurf, die kleinen und mittleren Unternehmen einschließlich der Geschädigtenunternehmen nähmen diese Hilfen aus Mangel an Unternehmergeist zu wenig in Anspruch, unberechtigt. Die Schwierigkeiten haben vielmehr ganz überwiegend an den Kreditbedingungen, besonders den Sicherungsforderungen gelegen.“ [10]

Gesamtübersichten der seit der Währungsreform bewilligten Kredite liefern die Geschäftsberichte der LA-Bank. In den Bericht von 1952 ist erstmalig eine Darstellung der seit der Währungsreform von der öffentlichen Hand für die Eingliederung der gewerblichen Wirtschaft bereitgestellten Mittel einbezogen (siehe Tabelle 25 Seite 60).

Seit 1948 sind demnach von der öffentlichen Hand bis 1953 rund 7 Mio. DM Bürgschaften gegeben worden. In den Bürgschaften ist allerdings ein wesentlicher Betrag enthalten, der sich auf den a. o. Kreditbetrag bezieht. Von den Krediten stammen 69,6 % aus Mitteln des Bundes und seiner Sondervermögen, 30,1 % aus Haushaltsmitteln der Länder. Von den Bürgschaften dagegen entfallen 84,4 % auf die Länder, während 15,6 % Bürgschaften der LA-Bank darstellen.

[10] Weisser, G.: Die Eingliederung der Kriegsgeschädigten unter besonderer Berücksichtigung ... Köln 1953, S. 4 ff.

Tabelle 25

Gruppe	Art der Leistung	Insgesamt	
		Anzahl	Betrag in 1000 DM
Zuschüsse	Landeszuschüsse		
	a) Zinszuschüsse	3 255	2 927,0
	b) sonstige Zuschüsse	8 080	4 145,3
	Sa. Zuschüsse ..	11 335	7 072,3
Kredite	ERP-Vertriebenenkredite	2 152	79 729,0
	Schwerpunktprogramm	4 386	62 890,1
	Soforthilfe	1 308	63 218,9
	Soforthilfe	77 746	280 195,3
	Darlehen aus öffentlichen Landesmitteln	41 638	167 525,1
	a) Refinanzierung von Bankkrediten aus öffentlichen Landesmitteln	6 033	58 543,0
	b) Liq.-Kredite der L.-B. aus Soforthilfemitteln		38 129,5
	Sa. Kredite ..	133 263	750 230,9
Bürgschaften	Bürgschaften der LA-Bank, Landesbürgschaften	1 620	54 691,5
	a) für ERP-Kredite	2 204	47 885,5
	b) für Arbeitsbeschaffungskredite	3 910	49 451,4
	c) sonstige Landesbürgschaften	12 376	198 134,9
	Finag.-Bürgschaften	74	1 126,5
	Sa. Bürgschaften ..	20 184	351 298,8

In dem Geschäftsbericht wird weiter ausgeführt, daß im Laufe der Entwicklung einzelne Kreditarten für bestimmte Zweige der Wirtschaft typisch geworden sind. Die Existenzaufbauhilfe-Darlehen des Hauptamtes für Soforthilfe wurden wegen der niedrigen Beträge (8000,— bzw. 12 000,— DM) in der Hauptsache von Handwerk, Handel und freiberuflich Tätigen in Anspruch genommen. Die Gemeinschaftshilfe-Darlehen zur Schaffung von Dauerarbeitsplätzen, die in erster Linie der Eingliederung der Arbeitnehmer dienen sollen, kommen hauptsächlich der Industrie zugute. Außerdem erhielt die LA-Bank 1953 aus dem Produktivitätsprogramm der Bundesrepublik zunächst einen Betrag von 3,5 Mio. DM auf das Gesamtkreditkontingent für Vertriebene und Flüchtlinge (4 % Zinsen, Dauer 8 Jahre). Nach den Bestimmungen der Bundesregierung müssen den Anträgen Gutachten beigefügt werden; obwohl diese Gutachten besondere Kosten für den Einreichenden verursachen, findet diese Kreditaktion großes Interesse. Auch Sowjetzonenflüchtlinge gehören zu den Antragsberechtigten.

Die Darlehen aus öffentlichen Landesmitteln haben nur eine kurze Laufzeit von drei bis fünf Jahren. Daraus ergibt sich das Problem einer rechtzeitigen Tilgung, da diese Darlehen meistens für Investitionen verwendet wurden. Eine Umschuldung dieser Kredite wird unumgänglich sein.

2. Der Kapitalmangel der Flüchtlingsunternehmen

Die Kreditbedingungen und deren Handhabung haben in vielen Fällen zur Bildung von sozial unerwünschten Kümmerexistenzen geführt.[11] In der Ausgestaltung der Lastenausgleichsgesetzgebung hat man diese Tatsache berücksichtigt, indem man die Bewilligung von Aufbaudarlehen nunmehr davon abhängig macht, daß die Kapitalausstattung, die dem Vertriebenen zur Verfügung gestellt werden kann, tatsächlich zum Aufbau einer wirtschaftlich lebensfähigen Unternehmung ausreicht. Die nachträgliche Durchfinanzierung von kleineren Betrieben, die mit Existenzaufbauhilfe-Krediten gegründet wurden, bezeichnet die Vertriebenenbank als wichtigste Aufgabe der Zukunft. Den schwächsten Punkt dieser Unternehmen bildet der geringe Prozentsatz an Eigenkapital, so daß sie nicht in der Lage sind, ein saisonelles oder gar konjunkturelles Verlustrisiko aufzufangen; aus dem gleichen Grunde fehlt es an Garantiekapital für den Gläubigerschutz. Je unsicherer die Ertragslage ist, um so höher müßte das Eigenkapital sein, denn Zinsen für Fremdkapital bedeuten nichts anderes als fixe Kosten. Von einer sicheren Ertragslage kann jedoch bei den heute teils übersetzten Wirtschaftszweigen keine Rede sein. Das geringe Eigenkapital vergrößert nicht nur das Risiko der Flüchtlingsbetriebe, sondern es erfordert auch eine höhere Belastung durch Fremdkapital und dadurch mit fixen Kosten, als allgemein tragbar ist. Albers gibt in seiner Untersuchung über die Kapitalausstattung der Flüchtlingsbetriebe an, daß etwa ein Drittel der untersuchten Branchen bei Gegenüberstellung von Anlagevermögen + eiserner Bestand und des Eigenkapitals zuzüglich des langfristigen Fremdkapitals eine absolute Unterdeckung aufweisen.[12] Das Eigenkapital der Flüchtlingsbetriebe ist seit 1948 zwar vergrößert worden, es ist jedoch, gemessen an der Bilanzsumme, relativ zurückgegangen. In keiner Branche werden mehr als 50 % erreicht; bei den alteingesessenen Betrieben liegt der Anteil des Eigenkapitals zwischen 50 und 100 %. Dieser relative Rückgang ist auf die Kapazitätsausweitung zurückzuführen, bei der die Vermehrung des Eigenkapitals nicht Schritt zu halten vermochte. Die Flüchtlingsbetriebe haben sich somit seit 1948 liquiditäts- und rentabilitätsmäßg verschlechtert.

---

[11] Vgl. Geschäftsbericht der LA-Bank 1952, S. 57.
[12] Albers, W.: a. a. O. S. 13 ff.

In der Textilindustrie z. B. betrug der Anteil des Eigenkapitals an der Bilanzsumme:

1935	61,8 %
1950	25,9 %
1952	19,4 %

Bei der einheimischen Textilindustrie liegt das Eigenkapital

1949 bei 62,9 % und 1951 bei 61,8 %.

Die Flüchtlingsbetriebe, die den Konkurrenzkampf mit den alteingesessenen Unternehmen aufnehmen mußten, sahen sich gezwungen, ihre Produktion auszudehnen, um in die Größendegression zu kommen. Hierfür waren aber zunächst Investitionen erforderlich; die Unternehmer waren jedoch nicht in der Lage, für private Kredite Sicherheiten zu leisten, noch konnten über den schlecht funktionierenden Kapitalmarkt die notwendigen Mittel beschafft werden. Den letzten Ausweg bildete die Finanzierung der Anlagen mit kurzfristigen Mitteln, denn Selbstfinanzierung erwies sich als fast unmöglich, da die Unternehmer bei dem allgemeinen Steigen der Kostengüterpreise scharf kalkulieren mußten und im Verhältnis zu den einheimischen Betrieben nur geringe Gewinne erzielten.

Die weitere Existenz wäre sehr gefährdet gewesen, wenn die Flüchtlingsbetriebe keine öffentlichen Mittel zu günstigen Bedingungen erhalten hätten. Zunächst wurde seitens der öffentlichen Hand besonderes Gewicht auf die Vergebung der Investitionskredite gelegt. Im Laufe der Zeit führte jedoch die Erweiterung und Rationalisierung der Anlagen zu einer Benachteiligung des Umlaufsvermögens.

Tabelle 26

Betriebsmittelkredite, länderweise

Stand: 31. Dezember 1953

Quelle: Geschäfts-Bericht der LA-Bank 1953

Land	Anzahl der Kreditnehmer	1000 DM
Baden-Württemberg	266	10 470
Bayern	214	10 304
Bremen	52	1 205
Hamburg	150	6 846
Hessen	137	6 792
Niedersachsen	325	11 259
Nordrhein-Westfalen	243	7 307
Rheinland-Pfalz	60	2 086
Schleswig-Holstein	190	6 650
Insgesamt	1637	62 919

Um diesen Notstand zu beseitigen, vergibt die Vertriebenenbank mittelfristige Betriebskredite zur Finanzierung des Umlaufvermögens und zur Umschuldung kurzfristiger und hochverzinslicher Verbindlichkeiten oder als allgemeine Liquiditätshilfen. Diese Betriebsmittelkredite werden bis zu einer Höhe von 50 000,— DM gegeben, der Zinssatz beträgt 7,5 %. Die Bewilligung der Anträge hängt ebenfalls von den Landeskreditausschüssen ab, die Bürgschaft übernimmt die Lastenausgleichsbank auf Grund des Garantiefonds und der Rückbürgschaft des Ausgleichsfonds.

3. Die Auswirkungen der Kredite

Erstmals im Frühjahr 1953 führte die Vertriebenenbank eine Umfrage bei 4000 Betrieben durch, um einen Überblick über die Auswirkungen der Kredite und die Entwicklung der Unternehmen zu erhalten. Der Umfang war so gewählt, daß er einer repräsentativen Erhebung von 10 % entsprach. Die Fragen betrafen Bilanzstruktur, Größen der Gewinn- und Verlustrechnung, Jahresumsatz, Beschäftigtenzahl usw. Es wurden Textil-, Gablonzer Glas- und Schmuckwaren, Holz-, Leder-, Bau-, Nahrungs- und Genußmittel, Chemische, Elektro-, Optik-, Feinmechanische Industrie und Maschinen- und Fahrzeugbau untersucht.

Aus der Untersuchung ergab sich, wie schon angedeutet, daß z. B. bei der Bekleidungsindustrie das Eigenkapital seit 1949 im Verhältnis zur Bilanzsumme zurückgegangen, jedoch absolut gestiegen ist. Dieser relative Rückgang des Eigenkapitals ist auf Kapazitätsausweitungen zurückzuführen. Die Finanzierung mußte in Anbetracht des fehlenden Eigenkapitals mit Fremdmitteln durchgeführt werden. So ist vor allem eine starke Zunahme langfristiger öffentlicher Mittel in den Jahren 1950/51 festzustellen. Die meisten der aufgenommenen Kredite sind Tilgungskredite, wodurch die Betriebe ständig unter dem Druck stehen, neben Steuern, Zinsen und Privatentnahmen noch die Tilgungsraten zu erwirtschaften. —

Diese Entwicklung ist aus den folgenden, von der LA-Bank veröffentlichten Zahlen klar zu erkennen, Seite 64—65 (vgl. 3. Geschäftsbericht 1952).

Eine weitere Vervollständigung dieses Bildes gab Dr. Hundertmark von der LA-Bank auf der Jahresversammlung der Vertretung der heimatvertriebenen Wirtschaft im Juni 1954.[13] Aus den Ausführungen ist zu entnehmen, daß der Satz der gefährdeten Kredite etwa 10 % beträgt. Die Hälfte der Illiquiditätsfälle beruht auf Mangel an Eigenkapital. Bei 18 % sind Absatzschwierigkeiten bei Branchenübersetzung und 14 % Verluste durch Konjunktureinflüsse als Ursache anzusehen. Bei 5 % liege die Schuld bei Forderungsverlusten, bei 4 % an der

[13] Handelsblatt Nr. 66, Juni 1954, S. 5.

Standortwahl oder am Facharbeitermangel, und bei 13 % haben persönliche Gründe zum Versagen geführt. 12 % der Zahlungseinstellungen beruhen auf Fehlinvestitionen oder Investierungen mit kurzfristigen Mitteln, und auf relativ hohe Privatentnahmen sind nur 2,5 % der Illiquiditätsfälle zurückzuführen. An der Spitze der Anfälligkeit stehen die Elektro- und Feinmechanischen Betriebe mit 26 %, ihnen folgt die holzver- und -bearbeitende Industrie (23 %).

Textilindustrie	19 % notleidend
Nahrungsmittel	18 %
chemische Industrie	16 %
Maschinenbau	12 %
Bekleidungsindustrie	10 %
Metall	8 %
Spielwaren	8 %
Gablonz	4,5 %
Groß- und Außenhandel	8 %
Einzelhandel	6,5 %

Außer dem Mangel an Eigenkapital wurde als weiterer wichtiger Grund das Fehlen der notwendigen Marktanalysen genannt. Etwa ein Drittel der gesamten Ausfälle können jedoch als sanierungsfähig angesprochen werden. Der Anteil des Eigenkapitals an der Bilanzsumme beträgt im allgemeinen zur Zeit 20 %.

Tabelle 27 **Zahlen zur Entwicklung**

Branche	Anz. d. unters. Betr.	Anteil d. Eigenkapitals an der Bilanzsumme in v. H.				Anteil d. kurzfristigen Fremdkapitals an der Bilanzsumme in v. H.				Bilanzsumme 1949 = 100			
		1949	50	51	52	1949	50	51	52	1949	50	51	52
1	2	3	4	5	6	7	8	9	10	11	12	13	14
Bekleid.-Industrie	62	45,6	31,5	24,8	(22,0)	43,2	51,6	46,8	(47,6)	100	169	230	(264)
Textilindustrie	131	43,9	25,9	21,2	(19,4)	41,1	49,0	46,3	(41,8)	100	194	254	(282)
Gablonzer Industrie	49	34,1	28,9	22,2	(22,6)	31,5	32,4	30,7	(25,1)	100	157	267	(202)
Holzindustrie	31	37,3	26,1	23,3	(22,3)	52,2	58,9	45,5	(46,6)	100	146	201	(273)
Lederindustrie	24	35,8	26,7	30,3	(26,7)	43,8	50,6	40,7	(36,6)	100	166	212	(285)
Baugewerbe	65	30,4	14,2	19,2	(12,9)	57,3	84,6	61,2	(61,7)	100	203	204	(253)
Nahrungs- und Genußmittel	63	38,4	30,5	28,5	(27,6)	51,9	50,5	44,4	(41,2)	100	115	153	(164)
Chemie	33	37,6	22,6	19,9	(18,2)	48,9	53,2	29,0	(35,0)	100	141	179	(207)
Maschinenbau	23	49,6	34,9	29,3	(25,5)	31,3	45,2	39,9	(41,8)	100	140	191	(252)
Elektro-Fein-mech.u. Optik	17	41,3	33,3	28,8	(28,2)	40,6	47,3	43,8	(39,0)	100	126	185	(260)
Straßenfz.-Bau	11	41,7	27,5	23,7	(21,6)	39,5	50,4	47,7	(49,2)	100	154	171	(184)

4. Steuerliche Maßnahmen zur Konsolidierung der Betriebe

Die nächstliegende Aufgabe bildet nunmehr die Konsolidierung der Betriebe. Da inzwischen in den meisten Betrieben die erforderliche Kapazitätsausweitung stattgefunden hat und weitere Anlageinvestitionen im Hinblick auf das Zurückbleiben des Umlaufsvermögens, des geringen Eigenkapitals und nicht zuletzt der Absatzfrage sich ungünstig auswirken würden, sollten Expansionen abgestoppt werden. Eine Konsolidierung kann letztlich nur mit Hilfe von Eigenkapital durchgeführt werden.

Es liegt nahe, auf den Lastenausgleich zu verweisen, der eine Hauptentschädigung in den §§ 266 bis 275 vorsieht, und zwar in Höhe von 10 000,— DM bei einem Verlust von 65 000,— RM, 20 000,— DM bei Verlusten von 220 000,— RM. Es wird also eine mit der Höhe des Schadens prozentual abnehmende Entschädigungssumme gezahlt. Ob damit eine Hilfe für die Bildung von Eigenkapital geboten wird, ist fraglich, denn zunächst beziehen sich die Zahlungen auf einen Zeitraum von 26 Jahren und zudem bemißt sich die Entschädigung nach dem früheren Vermögensstand. Die gegenwärtigen Bedürfnisse der Flüchtlingsbetriebe und der Gesamtwirtschaft werden nur unzulänglich berücksichtigt, ebenso die von den Leistungen des Lastenausgleichs ausgehenden volkswirtschaftlichen Wirkungen. Alle vorgenannten Maßnahmen wie Kredite, Zuschüsse, Bürgschaften und Entschädigungen aus

heimatvertriebener Industriebetriebe

Jahresumsatz 1949 = 100				Durchschnittliche Zahl d. im Jahre Beschäftigten 1949 = 100				Deckung des Anlagevermögens durch Eigenkapital in v. H.				Deckung des Anlagevermögens + eisernen Bestand (20 % des Anlageverm.) durch Eigenkap. + langfristiges Fremdkap. in v. H.			
1949	50	51	52	1949	50	51	52	1949	50	51	52	1949	50	51	52
15	16	17	18	19	20	21	22	23	24	25	26	27	28	29	30
100	130	176	(183)	100	132	156	(173)	253,8	218,3	187,6	(183,7)	218,3	215,5	243,0	(234,0)
100	209	338	(167)	100	145	181	(197)	183,2	113,8	110,3	(80,6)	189,4	134,7	148,8	(174,5)
100	127	232	(278)	100	135	191	(247)	129,1	172,7	124,4	(86,3)	171,2	169,9	148,6	(168,7)
100	136	217	(271)	100	130	164	(174)	109,8	82,7	68,3	(48,4)	99,0	86,7	114,0	(82,8)
100	99	128	(142)	100	132	148	(160)	164,6	158,9	133,2	(88,6)	144,9	158,1	167,9	(123,7)
100	164	205	(266)	100	203	197	(178)	96,8	44,5	82,0	(84,0)	92,7	53,8	106,7	(121,2)
100	66	77	(83)	100	92	99	(99)	122,4	106,6	98,5	(50,2)	112,2	113,3	129,1	(144,5)
100	113	159	(178)	100	117	119	(138)	116,6	102,8	71,4	(79,5)	103,1	141,7	122,9	(108,0)
100	109	160	(223)	100	127	165	(192)	178,3	155,4	129,8	(106,0)	167,3	154,8	152,0	(136,2)
100	120	206	(203)	100	120	164	(185)	134,0	130,0	99,0	(84,9)	119,8	131,8	141,4	(79,5)
100	121	150	(161)	100	128	131	(128)	112,3	177,9	77,9	(59,3)	167,7	184,0	163,5	(139,2)

dem Lastenausgleich können als direkte finanzielle Unterstützung der öffentlichen Hand zur Eingliederung der Vertriebenen bezeichnet werden.

Darüber hinaus ist es jedoch erforderlich, auf die bedeutenden indirekten finanziellen Maßnahmen hinzuweisen, die die öffentliche Hand den Vertriebenen zur Bildung von Eigenkapital zugute kommen läßt. Gemeint sind die Steuerermäßigungen für Flüchtlinge und Vertriebene. Im Gegensatz zu dem auch später immer unzulänglich bleibenden Lastenausgleich kann die Steuer den betrieblichen Erfordernissen besser gerecht werden, vorausgesetzt allerdings, daß sie an die gegenwärtige wirtschaftliche Leistungsfähigkeit anknüpft. Der besondere Vorteil liegt auch darin, daß die Vergünstigungen den Vertriebenen sofort und nicht erst in späteren Jahren, wenn sich das Schicksal des Unternehmens vielleicht schon längst vollzogen hat, zugute kommen.

Eine der ersten Maßnahmen, die jedoch bei der Kapitalbildung kaum eine Rolle gespielt hat, war der Freibetrag für die Wiederbeschaffung von Kleidung und Hausrat. Sie übte eher eine Wirkung auf den Konsumgütermarkt aus. Hinsichtlich der Kapitalbildung war die Wiedereinführung von Steuererleichterungen in der Form der §§ 7a, 7e und 10a EStG von größerer Bedeutung. Diese Steuererleichterungen, die aus dem Vertriebenengesetz ausgegliedert worden waren, traten am 19. Mai 1953 als „Gesetz zur Änderung und Ergänzung des Einkommensteuergesetzes“ [14] in Kraft. Besonders wichtig ist in diesem Zusammenhang die echte Steuerentlastung, wie sie durch die Wiedereinführung des § 10a ermöglicht wird. Für die Jahre 1952 bis 1956 sind 50 % des nicht entnommenen Gewinns, höchstens aber 20 000,— DM steuerlich abzugsfähig. Die neue Fassung weicht in einem wesentlichen Punkt von der früheren des § 10a ab, insofern als dort nur 15 % steuerbegünstigt waren. Diese Begrenzung wird dadurch ersetzt, daß 20 000 DM als Sonderausgabe steuerbegünstigt sind. § 7a, der am 31. Dezember 1952 aufgehoben wurde, ist für Steuerpflichtige, die unter die Bestimmungen des Bundesvertriebenengesetzes fallen, wieder gültig. Vertriebene können somit im Jahre der Anschaffung oder Herstellung und im darauffolgenden Jahre bis zu 50 %, höchstens aber bis zu 100 000 DM jährlich abschreiben. Die Absetzung für Abnutzung in den folgenden Jahren bemißt sich nach dem dann noch vorhandenen Restwert und der Restnutzungsdauer der einzelnen Wirtschaftsgüter. Das bedeutet jedoch, daß die Steuerzahlung auf einen späteren Zeitpunkt verschoben wird.[15] So ist die Wiedereinführung des § 10a ungleich wichtiger, da die Steuerbelastung erheblich sinkt und für den Betriebsinhaber der Anreiz ge-

[14] Veröffentlicht im Bundesgesetzblatt, Teil I, Nr. 22, 1953, S. 222 ff.

[15] Das Eigenkapital der Flüchtlingsbetriebe. Volkswirt Nr. 25, 7. Jahrgang, 20. Juni 1953, S. 13.

schaffen ist, seinen Konsum zugunsten der Eigenkapitalbildung einzuschränken. Diese Vergünstigung bei der Einkommensteuer bildet jedoch nur für diejenigen eine Hilfe, die einen Reingewinn erzielen. Allen andern wird durch diese Vergünstigung nur insofern geholfen, als jene Betriebe, denen die Eigenkapitalbildung aus Gewinnen erleichtert wird, die öffentlichen und öffentlich verbürgten Kredite leichter tilgen und diese Mittel den andern Unternehmen in verstärktem Maße zugute kommen können.

5. Konsolidierung durch Kreditverbilligung

Neben Lastenausgleichsmitteln und Steuervergünstigungen könnte eine weitere positive Wirkung für die Konsolidierung der Betriebe von einer Kreditverbilligung ausgehen. Die hohen Zinsen bilden heute einen bedeutenden Kostenfaktor für die Flüchtlingsbetriebe. Zwar ist der Zins bei den Krediten der öffentlichen Hand auf einen möglichst niedrigen Satz festgelegt, jedoch nehmen fremde private Mittel in der Fremdfinanzierung der Betriebe einen erheblichen Raum ein und sind in der Regel mit einem hohen Zins belastet. Eine Ermäßigung dieser Zinslast würde eine große Hilfe für die Flüchtlingsbetriebe bilden. Albers[16] sieht hier zwei Möglichkeiten:

1. In Form der Marktspaltung. Der Zinsfuß der privaten Kredite wird gesenkt. Diese Methode würde starke Eingriffe in den Geldmarkt und insbesondere den Bankenapparat erfordern, z. B. indem man die Banken dazu veranlaßt, einen gewissen Prozentsatz ihrer gesamten Kredite den Flüchtlingen zu einem ermäßigten Zinssatz zu gewähren. Der Nachteil liegt in der Verzerrung der Zinssätze. Außerdem würde sich die Neigung der Banken zu einer Erhöhung der Kreditnebenkosten weiter verstärken.

2. Durch Subventionen. Entweder können die Banken den Flüchtlingsbetrieben verbilligte Kredite gewähren und dementsprechend eine Subvention in Höhe der Zinsdifferenz erhalten, oder die Banken geben die Kredite zum üblichen Zins, und die Vertriebenen erhalten die Subventionen.

Kreditverbilligungsmaßnahmen wären besonders wichtig in Verbindung mit der Umschuldung der Kredite. In den meisten Flüchtlingsbetrieben wurden langfristige Finanzierungen mit kurzfristigen Mitteln durchgeführt. Dadurch sind Liquidität und Rentabilität von vornherein stark gefährdet. Es ist daher für die Flüchtlingsbetriebe von besonderer Wichtigkeit, langfristige Kredite zu erhalten. Da diese aber meist nur gewährt werden, wenn Sicherheiten vorhanden sind und dies bei Flüchtlingsbetrieben selten der Fall ist, muß der Bund hinwiederum durch Staatsbürgschaften oder durch öffentliche Mittel helfend eingreifen.

[16] Albers: a. a. O. S. 52.

Die Laufzeiten der bisher gegebenen Kredite der öffentlichen Hand liegen zwischen 8 und 17 Jahren (Investitionskredite der LA-Bank 17 Jahre, Dauerarbeitsplatzdarlehen 10 Jahre). Die Belastung der Betriebe liegt hier nicht in der Laufzeit, sondern in der Verteilung der Tilgungsbeträge. Bevor noch die Anlaufsschwierigkeiten der Betriebe überwunden sind, setzten schon die Tilgungen ein. Diese Last der Rückzahlungsverpflichtungen bildet eine nicht zu übersehende Gefahr für die Existenz der neugegründeten Unternehmen. Bei den ersten Tilgungsbeträgen, die 1952/53 fällig waren, mußten in den meisten Fällen kurzfristige Kredite aufgenommen werden, um die Rückzahlungstermine einzuhalten.

6. Allgemeine Erfordernisse für eine erfolgreiche Eingliederung

Weisser stellt in seinem schon erwähnten Gutachten allgemeine Erfordernisse für eine volkswirtschaftliche und sozialpolitische Eingliederung auf, die vielseitig anerkannt wurden und besser nicht zusammengefaßt werden können:

a) Rasche Bereitstellung der in Betracht kommenden Mittel für produktive Hilfen,

b) Intensivierung der Eingliederungspolitik durch eine entsprechende Gestaltung des Auftragswesens der öffentlichen Hand und derjenigen Unternehmen, die öffentliche Subventionen und Kredite erhalten,

c) Intensivierung der Umsiedlung,

d) Verstärkung der Bemühungen um Auslandshilfen für die Eingliederung dadurch, daß nicht nur die in erster Linie sozialpolitisch tätigen Ministerien, sondern auch das produktionspolitisch tätige Bundeswirtschaftsministerium sich um diese Hilfe bemüht; stärkere ministerielle Unterstützung der betreffenden Bemühungen freier gemeinnütziger Organisationen,

e) Vorfinanzierung von Lastenausgleichsleistungen, sobald dies als währungspolitisch vertretbar erscheint,

f) Unterlassung der Förderung nicht lebensfähiger Kleinstbetriebe,

g) planmäßige Förderung auch solcher gewerblicher Vorhaben, die von hinreichend befähigten früher nicht selbständigen Geschädigten betrieben werden,

h) Einwirkung der Bewilligungsstellen auf die wirtschaftlich schwachen Antragsteller in der Richtung einer stärkeren Ausnützung der betriebswirtschaftlichen Vorteile, die die Inanspruchnahme genossenschaftlicher und sonstiger hilfswirtschaftlicher Einrichtungen ergibt, ...

i) zielbewußte Einflußnahme auf die Wahl der Unternehmungsformen bei öffentlich geförderten Unternehmensgründungen durch Geschädigte,

k) weiterer Ausbau und technische Verbesserungen der steuerlichen Vergünstigungen des Zwecksparens und der sonstigen Kapitalbildung der Geschädigten,

l) besondere Förderungsmaßnahmen für devisenschaffende Geschädigtenunternehmen nach den Methoden der Ausfuhrförderung unter Anwendung solcher Maßnahmen, die besonders für kleine Unternehmen geeignet und erforderlich sind (Garantiefonds, Werbung usw.),

m) systematische Ermittlung der optimalen Größen und Fristen für Anlagen- und Betriebsmittelkredite an die Geschädigten nach Branchen, ...

n) statistische Erhebungen über die zur Förderung in Betracht kommenden gewerblichen Vorhaben von Geschädigten nach Branchen und Größe des Kapitalbedarfs,

o) besonders auch statistische Ermittlung des Umgruppierungsbedarfs,

p) planmäßige Organisation des „naturalen Lastenausgleichs"; im Bereich der Klein- und Mittelindustrie, besonders durch Einräumung von Beteiligungen, nach den Vorschlägen des Ständigen Ausschusses für Selbsthilfe,

q) Entwicklung eines Verfahrens, durch das den interessierten Geschädigten eine langfristige Gründungsplanung ermöglicht wird (grundsätzliche Vorbescheide, Beratung, Hilfen bei Standortsuche usw.),

r) eingehende Prüfung der besiedlungspolitischen Möglichkeiten bei der Eingliederung, insbesondere der Zweckmäßigkeit der Gründung neuer Städte auf der Grundlage von gewerblichen Geschädigtenunternehmen oder unter Heranziehung solcher Unternehmen ...[17]

Zur Ergänzung könnte man noch folgende Punkte hinzufügen:

s) Die vorgenannten Überlegungen sollen zunächst den bereits gegründeten Betrieben und außerdem den vertriebenen Unternehmern zugute kommen, die die Absicht haben, sich eine neue selbständige Existenz zu gründen, denen die Erreichung dieses Zieles bis jetzt aber aus finanziellen oder anderen Gründen nicht möglich war.

t) Darüber hinaus sollte bei diesen Überlegungen nicht nur dem gegenwärtigen Stand der wirtschaftlichen Eingliederung der Ver-

---

[17] Weisser: Eingliederung der Kriegsgeschädigten (Gutachten), Anhang S. 7.

triebenen Rechnung getragen werden; vielmehr sollten diese Maßnahmen von einer solchen Elastizität sein, daß sie auch den noch in der Zukunft einströmenden Sowjetzonenflüchtlingen gerecht werden können. Daraus ergibt sich die Forderung nach einer auf größerer Basis aufgebauten Planung, nicht nur hinsichtlich der Siedlungs-, Arbeitsbeschaffungs- und Steuerpolitik, sondern besonders hinsichtlich der Bereitstellung der notwendigen öffentlichen Mittel.

III. Die Eingliederung der heimatvertriebenen Landbevölkerung

1. Die bisherigen Maßnahmen der Eingliederung

Die Eingliederung der heimatvertriebenen Landbevölkerung muß als eines der dringendsten Probleme angesehen werden, denn Bauer sein ist kein Beruf wie Schlosser oder Bäcker. Es ist vielmehr eine Lebensform, in die man hineinwächst und in die man, wenn man sie verliert, nur selten zurückkehrt.[1] Ein gesundes Bauerntum ist der beste Widerstand gegen Vermassung und Proletarisierung; gerade aus diesem Grunde bildet die Eingliederung der Landwirte eine zwingende Notwendigkeit.

Unter den Heimatvertriebenen befanden sich 1946 rund 445 000 Landarbeiter. Diese kamen wegen des Mangels an Arbeitskräften schnell unter. Dagegen war die Lage der 450 000 bäuerlichen Familien, die aus den Ostgebieten vertrieben wurden, ungleich schwieriger. Rund 150 000 Familien kamen in der sowjetisch besetzten Zone unter, sie wurden dort zum Teil angesiedelt, aber unter weit härteren Bedingungen, wie ihre Flucht in die Bundesrepublik in vielen Fällen zeigt. 300 000 Bauern mit 640 000 in der Landwirtschaft tätigen Familienangehörigen wurden in die Bundesrepublik vertrieben. Die Zahl der vertriebenen Landbevölkerung beläuft sich (Stichjahr 1950) somit insgesamt auf 1 385 000 Personen.

Diese Zahl erhöht sich nach Schätzungen des Bundesvertriebenenministeriums monatlich um 2500 Angehörige der landwirtschaftlichen Berufe, und zwar handelt es sich größtenteils um Bauern, die ihr Ablieferungssoll nicht erfüllen können. Die heimatvertriebene Landbevölkerung wächst also jährlich um etwa 30 000 Personen; damit dürfte die Gesamtzahl seit 1945 auf über 2 Mio. angestiegen sein. Man nimmt sogar an, daß sich der Strom der Bauern noch verstärkt, wenn die Kollektivierungspropaganda eines Tages durch polizeiliche Maßnahmen unterstützt wird. Um nun den heimatvertriebenen Bauern zu helfen, hätten in einem hochindustrialisierten Land, wie der Bundesrepublik

[1] Bulletin Nr. 58, S. 489. Die Eingliederung der heimatvertriebenen Bauern. Prof. Dr. Oberländer.

300 000 Bauern auf voller Ackernahrung angesiedelt werden müssen. In der Bundesrepublik gibt es 2 Mio. landwirtschaftliche Betriebe, davon sind nur etwa 1 Mio. voll lebensfähig, mit anderen Worten, es hätten 30 % der vorhandenen lebensfähigen Betriebe neu errichtet werden müssen, eine unlösbare Aufgabe. Inzwischen sind etwa 50 % der Bauern in andere Berufe abgewandert.

Welche Maßnahmen sind nun getroffen worden, um die verbliebenen Bauern mit ihren Familienangehörigen in Westdeutschland einzugliedern? Das Hauptanliegen dieser Vertriebenen ist, wieder auf eigenem Grund und Boden seßhaft zu werden. Um ihnen dies zu ermöglichen, wurde am 10. August 1949 vom Wirtschaftsrat das Flüchtlingssiedlungsgesetz (FlüSG) erlassen und später auf die Länder der französischen Zone ausgedehnt.

Das FlüSG sah folgende Finanzierungshilfen vor:[2]

1. Eine Beihilfe bis zu 5000 DM für die Ansetzung eines Vertriebenen als Siedler an das Land, wenn dieses entsprechende Beihilfen zu leisten bereit war.

2. Ein zinsloses Darlehen bis zu 5000 DM zur Beschaffung von Wohnraum an Heimatvertriebene, die einen auslaufenden Hof oder landwirtschaftliche Grundstücke erwerben oder auf mindestens 12 Jahre pachten, oder ein zinsloses Darlehen bis zu 5000 DM für Aufwendungen bei Übernahme eines wüsten Hofes.

3. Ein zinsloses Darlehen zum Erwerb und zur Errichtung von Höfen und landwirtschaftlichen Grundstücken bis zu 5000 DM an Flüchtlinge, die einen Hof oder landwirtschaftliche Grundstücke erwarben oder pachteten (keine Zinsen, nach 3 Jahren mit 4 % des Betrages jährlich zu tilgen).

Da diese Beträge nicht ausreichten, wurde die Darlehnshöhe auf 10 000 DM heraufgesetzt.

Durch das Bundesvertriebenengesetz vom 19. Mai 1953 und das Gesetz zur Förderung der landwirtschaftlichen Siedlung vom 15. Mai 1953 wurden weitere neue Möglichkeiten geschaffen, um die Eingliederung der Bauern besser zu fördern. An den Förderungsmaßnahmen dieser Gesetze haben alle aus der Landwirtschaft Vertriebenen teil, dazu zählen die ehemals selbständigen Landwirte und diejenigen, die unselbständig in der Landwirtschaft vollberuflich tätig waren. Auf Grund dieses Gesetzes sind bis zum 1. Januar 1954 51 208 Bauern wieder ansässig gemacht worden, mit insgesamt 265 000 ha Land. Von diesen 51 208 entfallen etwa 40 bis 45 % auf Nebenerwerbsbetriebe, diese bilden zunächst ein Übergangsstadium, man hofft, daß später noch mehr Vollbauernstellen zur Verfügung stehen werden. Die Eingliede-

[2] Finanzierungsrichtlinien zum FlüSG vom 10. September 1949.

rung des heimatvertriebenen Landvolkes erstreckt sich auf das gesamte Bundesgebiet, wobei jedoch die sogenannten Flüchtlingsländer führen; die Eingliederungsaktionen beschränken sich nicht nur auf Umsiedlung, Pacht, Kauf und in vielen Fällen Einheirat, sondern man versucht auch neue Wege durch steuerliche Vergünstigungen zu beschreiten. Diese Maßnahmen wurden im Jahre 1952 dadurch verzögert, daß für die Alliierten zusätzlich Land zur Verfügung gestellt werden mußte. Ebenfalls hemmend wirkte sich die ungewisse Zukunft des Flüchtlingssiedlungsgesetzes aus. —

So günstig die Bilanz von 51 000 eingegliederten Bauernfamilien erscheinen mag, es muß jedoch betont werden, daß in dieser Zahl die Pacht- und Nebenerwerbsstellen einbegriffen sind. Von 300 000 Bauern, die aus ihrer Heimat vertrieben wurden, haben heute nur 8 % echtes Eigentum. 5 % können erst wieder als Eigentümer von Vollbauernbetrieben angesprochen werden. Es werden also jährlich nur 2 bis 2½ % im wahrsten Sinne des Wortes angesiedelt.[3] Weiterhin bedenklich erscheint die Tatsache, daß 40 % der deutschen Landarbeiter zu den Heimatvertriebenen zählen, aber die Heimatvertriebenen insgesamt nur mit 17 % an der Bevölkerung beteiligt sind.

2. Die vorgesehene Bereitstellung von Mitteln und Vergünstigungen gemäß BVFG

Die Ansiedlung steht und fällt, wie Bundesvertriebenenminister Oberländer immer wieder betont, mit der Frage nach dem Geld und dem Land. Zur Frage nach dem Land in diesem Zusammenhang nur kurz einige Bemerkungen: Bei der Überbevölkerung im Bundesgebiet und den sehr begrenzten Möglichkeiten der Neulandgewinnung, muß der Schwerpunkt aller Maßnahmen in der sogenannten inneren Kolonisation liegen. Auch die heranwachsende bäuerliche Generation der Einheimischen sucht Land und Höfe. Rechnet man auf eine Ackernahrung im Durchschnitt 10 ha, so beträgt der Bedarf an Landfläche der zur Zeit 162 000 siedlungswilligen Bauern, ohne Berücksichtigung der Neuflüchtlinge und des Bedarfs der Einheimischen, 1 620 000 ha. Da die Bundesrepublik diese 1 620 000 ha nicht zur Verfügung hat, gibt es drei Lösungen dieses Problems:

1. Die Ödlandkultivierung. Die noch kulturfähige Fläche in Westdeutschland wird auf 1 600 000 ha geschätzt, davon 194 000 ha unkultivierte Moore und 751 000 ha Öd- und Unland. Es gibt eine Reihe von Gründen, die gegen die Ödlandkultivierung sprechen, u. a. auch die hohen Kosten. Bundesvertriebenenminister Oberländer schätzt die aus dem Ödland anfallende Fläche auf 243 000 ha = 15 % der genannten

[3] Oberländer: (Bulletin) Eingliederung der Bauern, a. a. O.

Gesamtfläche. Diese können in fünf Jahren unter Aufwendung von 500 Mio. DM kultiviert werden.

2. Die Bodenreform. Die Bundesrepublik hat noch etwa 7 % Großgrundbesitz mit etwa 376 000 ha. Davon sind in den letzten Jahren 80 000 ha in Anspruch genommen worden. Inwieweit die restlichen 240 000 ha den Vertriebenen zugute kommen werden, hängt davon ab, wie die bisher untragbaren Entschädigungsbedingungen im Sinne der deutschen Rechtsauffassung verbessert werden. Der Bundesvertriebenenminister nimmt an, daß aus der Bodenreform in den nächsten fünf Jahren etwa 10 %, also 162 000 ha, der notwendigen Gesamtfläche zur Verfügung stehen werden.

3. Einsiedlung in bestehende Höfe. Durch Kriegsverluste, Geburtenrückgang und Landflucht sind heute viele Höfe ohne Erben. Diese erbenlosen Höfe (auslaufende Höfe) werden in den nächsten 20 Jahren immer stärker in Erscheinung treten, man schätzt ihre Zahl auf etwa 80 000. Im Gegensatz zu der in den nächsten Jahren bereits erreichten Kapazitätsgrenze der deutschen Industrie, wird daher in der Landwirtschaft die Kapazität für die Aufnahme heimatvertriebener Bauern noch einige Zeit ansteigen. Es muß jedoch ein Weg gefunden werden, daß diese Höfe nicht erst in 20 Jahren, sondern möglichst bald erfaßt und den heimatvertriebenen Bewerbern zugeführt werden. 284 900 Betriebe sind heute in den Händen von Bäuerinnen, von diesen sind 51 500 über 65 Jahre alt. Sie würden gerne ihre Höfe verlassen, wenn sie heute eine Altersversorgung erhalten könnten. Die Eingliederung der heimatvertriebenen Bauern steht unter großem Zeitdruck, wenn das Bauerntum besonders in den jüngeren Generationen erhalten bleiben soll. Die rasche Bereitstellung der notwendigen Mittel ist daher unumgänglich erforderlich.

Die Ansiedlung der vertriebenen Bauern kostete bisher 766 Mio. DM, davon hat ein wenig über die Hälfte der Bund einschließlich des Lastenausgleichsfonds bezahlt. Es sind also jährlich rund 100 Mio. DM zur Ansiedlung verwendet worden, wobei zu bedenken ist, daß die Kosten für die Gründung eines neuen Betriebes etwa dreimal so hoch sind wie bei freiwilligen Maßnahmen, insbesondere bei Eintritt in einen schon bestehenden Betrieb.

Die Kosten für die Beschaffung eines neuen Betriebes belaufen sich auf mindestens 75 000,— DM, bei den anderen Maßnahmen können 25 000,— DM genügen. Für die noch erfolgenden Ansiedlungen werden weitere 2 bis 3 Mrd. DM benötigt, ohne Berücksichtigung der noch aus der Sowjetzone zuwandernden Bauern. Die Kosten ergeben sich 1. aus der Ödlandkultivierung, die je Hektar zwischen 2000 und 6000 DM kostet, 2. aus den Kosten der Bodenreform durch das Bundesentschädigungsgesetz, 3. durch die hohen Kosten der Verbesserung der Agrarstruktur; Flurbereinigung kostet je Hektar 700 bis 1000 DM.

Die Zusammensetzung der bis jetzt verausgabten Mittel zur Eingliederung der heimatvertriebenen Bauern ist aus der folgenden Übersicht zu entnehmen:

Tabelle 28

Die Gesamtfinanzierung der bis zum 31. Dezember 1953 an vertriebene Landwirte übergebenen 43 776 Betriebe

	DM
1. Flüchtlingssiedlungsgesetz-Mittel	659 747 513
2. Ohne FlüSG-Mittel, aber mit Befreiung v. d. Soforth.-Abgabe	— —
3. Landesmittel in Verbindung mit ERP-Mitteln	14 931 996
4. nur mit Hilfe von ERP-Mitteln	4 068 110
5. nur mit Hilfe von Landesmitteln	14 170 670
6. aus Aufbaumitteln für die Landwirtschaft	73 788 670
insgesamt	766 706 959
Im Durchschnitt je Betrieb	17 514

Quelle: Bundesministerium für Ernährung, Landwirtschaft und Forsten.

Mit Hilfe dieser 766 Mio. DM konnten 43 776 landwirtschaftliche Betriebe mit einer Gesamtfläche von 320 000 ha an Heimatvertriebene verkauft oder langfristig verpachtet werden.

Gemäß § 46 BVFG stellt der Bund für die nächsten fünf Jahre jeweils 100 Mio. DM, neben seiner generellen Verpflichtung zur Finanzierung der Eingliederung, aus dem Bundeshaushalt zur Verfügung. Allerdings muß der Betrag haushaltsmäßig gedeckt sein. Das Ausgleichsamt ist verpflichtet, außer den im Einzelfall den Vertriebenen zu gewährenden Aufbaudarlehen den Ländern jährlich einen Betrag von 100 Mio. DM darlehnsweise zur Verfügung zu stellen. Diese Darlehen müssen bis zum 31. März 1979 getilgt werden.

Damit dürften, entsprechend der Dringlichkeit dieses Problems, verhältnismäßig umfangreiche Mittel zur Förderung der Eingliederung der heimatvertriebenen Bauern bereitgestellt sein.

An Einzelkrediten können die Heimatvertriebenen und Flüchtlinge Aufbaudarlehen bis zu 35 000 DM in Anspruch nehmen. Die Mittel für die Aufbaudarlehen entstammen dem Ausgleichsfonds und stehen insgesamt jährlich in Höhe von 200 Mio. DM zur Verfügung. Sie werden gegeben, wenn der Vertriebene einen Grundstückserwerb, eine Pachtung, eine Siedlung oder sonst ein geeignetes Vorhaben nachweist, durch das er sich eine gesicherte Lebensgrundlage schaffen kann. Außerdem werden Aufbaudarlehen zur Sicherung von bereits vorhandenen, aber noch gefährdeten Existenzen gegeben. Das Aufbaudarlehen ist unverzinslich und nach zwei Freijahren mit 4 % zu tilgen, es soll dinglich gesichert sein. Besitzt der Darlehnsnehmer einen Hauptentschädigungsanspruch, so kann das Darlehen, wie bei der gewerblichen Wirtschaft und dem Wohnungsbau, in Eigenkapital umgewandelt werden.

Eine genaue Übersicht über die Zahl der gegebenen Darlehen und die auf die einzelnen Länder entfallenden Gesamtbeträge ist aus der folgenden Darstellung zu ersehen.

Tabelle 29

Aufbaudarlehen für die Landwirtschaft, länderweise

(Stand 31. Dezember 1953)

Land	Vertriebene			insgesamt	
	Anz.	1000 DM	v.H.	Anz.	1000 DM
Baden-Württemberg	787	8 561,4	98,7	800	8 649,6
Bayern	1082	13 152,0	97,4	1134	13 508,0
Bremen	39	317,0	90,4	41	350,5
Hamburg	16	209,2	65,5	22	319,5
Hessen	536	5 251,5	100,0	536	5 251,5
Niedersachsen	2561	27 013,0	99,8	2566	27 058,0
Nordrhein-Westfalen	639	7 377,6	97,6	657	7 561,3
Rheinland-Pfalz	444	4 758,0	93,8	745	8 828,6
Schleswig-Holstein .	730	8 707,4	98,6	3	24,0
Berlin-West	3	24,0	100,0		
Summe	6837	75 371,1	98,4	7005	76 625,5
Auszahlung. Härtefonds					386,8

Quelle: Geschäftsbericht der LA-Bank 1953.

Seit 1951 werden aus dem ERP-Sondervermögen und aus dessen Zins- und Tilgungserträgnissen Flüchtlingssiedlungsmittel abgezweigt; diese sind zur Förderung von Maßnahmen zu verwenden, die unmittelbar oder mittelbar der Ansiedlung der heimatvertriebenen Landbevölkerung als Eigentümer oder Pächter auf landwirtschaftlichen Grundstücken dienen. Insgesamt stehen bis jetzt 49 Mio. DM zur Verfügung. — Bis 1951 waren die ländlichen Flüchtlingssiedlungen sehr benachteiligt. Während 2 Mrd. aus der Soforthilfe dem Wohnungsbau zugute kamen, wurden für die ländliche Flüchtlingssiedlung nur 206 Mio. DM Soforthilfe aufgewendet. — Die Mittel, die nunmehr aus dem ERP-Sondervermögen verfügbar sind, können als 1. Hypotheken verwendet werden, der Zinssatz beträgt 3 % für den Letztkreditnehmer.

Eine weitere Möglichkeit zur Konsolidierung ihrer Betriebe wird den landwirtschaftlichen Siedlern seit Ende 1953 geboten. Da die landwirtschaftlichen Betriebe wegen des hohen Zinssatzes bei den bisherigen Betriebsmittelaktionen für die gewerbliche Wirtschaft benachteiligt waren, nahm die LA-Bank eine besondere Betriebsmittelaktion für die landwirtschaftlichen Flüchtlingsbetriebe vor, deren besondere Vergünstigung in einem den landwirtschaftlichen Verhältnissen entsprechenden Zinsfuß bestanden. Den kreditgebenden Instituten wurden 90%ige Ausfallbürgschaften und zinsverbilligte Liquiditätsmittel zur Verfügung gestellt, unter der Bedingung, daß der dem letzten Kreditnehmer in Rechnung gestellte Zinssatz einschließlich der Gebühren, Provisionen und Nebenkosten 3,75 % nicht übersteigen dürfe. Voraussetzung für eine derartige Kreditierung der Flüchtlingsbetriebe ist eine Grundfinanzierung durch Flüchtlingssiedlungsmittel oder Aufbaudarlehen.

Bis Ende April 1954 wurden 1243 Anträge und Voranmeldungen im Betrage von 7,45 Mio. DM eingereicht, davon etwa 35 % von Flüchtlingen und Vertriebenen und rund 65 % von Kriegssachgeschädigten. Man nimmt jedoch an, daß sich dieses Verhältnis in Zukunft zugunsten der Vertriebenen verschieben wird. 1953 stellte die LA-Bank für diese Kredite 5 Mio. DM zur Verfügung, wovon 2 Mio. DM den vertriebenen Landwirten zugute kamen. Weitere 5 Mio. DM wurden der Bank durch das Bundesausgleichsamt für 1954 zugesagt, allerdings liegt der dringendste Betriebsmittelbedarf noch wesentlich höher.

Neben der Bereitstellung von Mitteln für die Siedlungsfinanzierung sieht das Bundesvertriebenengesetz erhebliche Vergünstigungen vor, wenn bis zum 31. Dezember 1957 ein Veräußerungs- oder Pachtvertrag auf mindestens 12 Jahre nicht nur über einen auslaufenden oder wüsten Hof, sondern jedes landwirtschaftliche Grundstück mit einem Heimatvertriebenen abgeschlossen wird.

Die Vergünstigungen sind folgende:

Für die Einkommensteuer: Der verpachtete landwirtschaftliche Betrieb, Betriebsteil oder das Grundstück ist einkommensteuerfrei, wenn die Einkünfte 2000 DM im Jahr nicht übersteigen (§ 48).

Erbschaftssteuer: Das Vermögen, das der Erblasser durch den Verkauf eines auslaufenden oder wüsten Hofes nach dem 21. Juni 1948 an einen Vertriebenen erhalten hat, ist steuerfrei. Ebenso steuerfrei ist der Erwerb von Vermögen dann, wenn der Erbe den Hof innerhalb von 12 Monaten an einen Vertriebenen veräußert. Wenn der Hof 12 Jahre von dem Erblasser an einen Vertriebenen verpachtet wird oder die Verpachtung auf 12 Jahre durch den Erben innerhalb der ersten 12 Monate erfolgt, wird die Hälfte des Steuerbetrages erlassen.

Die §§ 50, 51, 52, 53 regeln die Vermögensabgabe. Bei der Veräußerung eines Betriebes, Betriebsteils oder von Grundstücken an Vertriebene gilt die Vermögensabgabe zu durchschnittlich 55 % entsprechend dem Einheitswert vom 21. Juni 1948 abzüglich den Verbindlichkeiten als abgegolten. Bei Grundstücken, die als unbebaute Grundstücke bewertet worden sind, gilt der Satz von 0,85 %. Die Vergünstigung fällt fort, wenn der Veräußerer den Betrieb innerhalb von 12 Jahren zurückerwirbt. Die Abgeltung muß dann nachgezahlt werden. Ebenso entfällt die Vergünstigung, wenn der Erwerber innerhalb von 6 Jahren an einen Nicht-Heimatvertriebenen weiterveräußert. Die Abgeltung muß dann der Ersterwerber entrichten, jedoch nicht für die Dauer des Eigentums nachentrichten.

Im Falle einer Verpachtung gelten dieselben Bestimmungen für den Pächter, wie bei der Veräußerung für den Erwerber.

Bei der Hypothekengewinnabgabe entfallen 2,2 % der Abgabeschuld nach dem Stand vom 21. Juni 1948, wenn eine Hypothekengewinnabgabe auf dem Betrieb oder Betriebsteil, der von einem Vertriebenen gekauft wird, ruht; für bebaute Grundstücke gilt der Satz 3,4 % (§ 54 BVFG).

Der § 55 enthält die Bestimmungen für die Befreiung von der Vermögensabgabe und der Hypothekengewinnabgabe bei Veräußerungen, die schon vor dem Inkrafttreten des Bundesvertriebenengesetzes stattgefunden haben. Die unerhoben gebliebenen Leistungen an Soforthilfeabgabe gelten für die Berechnung der Vermögensabgabe als entrichtet, jedoch höchstens bis zur Höhe der Abgabeschuld. Für die Hypothekengewinnabgabe gelten dieselben Befreiungen wie in § 54 (s. o.).

3. Die Bilanz

Es warten zur Zeit noch 162 000 Bauern auf ihre Eingliederung. Für 51 000 Heimatvertriebene wurden bereits landwirtschaftliche Betriebe, Pacht- und Nebenerwerbsstellen bereitgestellt, 25 % der vertriebenen Bauern können (s. S. 74) mit Hilfe von 750 Mio. DM als untergebracht, wenn auch vielleicht noch nicht als endgültig eingegliedert angesehen werden. In den nächsten fünf Jahren sollen 100 000 Bauern mit einem Aufwand von über 2 Mrd. DM eingegliedert werden, von der finanziellen Seite dürfte damit diesem Plan kein Hindernis im Wege stehen. Die Frage ist nur, was geschieht mit den übrigen 60 000 Bauern, sollen sie fünf Jahre warten, bis sie an der Reihe sind, oder wird man zusehen, wie sie sich anderen Berufen zuwenden und damit die immer wieder befürchtete Verringerung des Bauernstandes eintritt? Nicht genug damit: Was geschieht mit den Bauern, die immer noch aus der Sowjetzone in die Bundesrepublik einströmen? Wie schon angedeutet, wird die Zahl dieser Bauern auf jährlich 30 000 geschätzt. Pro Jahr sollen in der nächsten Zeit 20 000 Bauern angesiedelt werden, demgegenüber stände ein Neuzugang von jährlich 30 000. Angenommen, es würde ein Teil von ihnen einen anderen Beruf ergreifen (zumal die Jüngeren werden vielleicht dazu bereit sein), im günstigsten Falle werden sich 10 000 heimatvertriebene Bauern zu einem neuen Beruf entschließen, so treten wir trotz allen guten Willens auf der Stelle: 20 000 Bauern werden jährlich angesiedelt, 20 000 kommen neu hinzu. Die Unterbringung dieser Neuflüchtlinge ist wiederum eine Frage des Bodens und der finanziellen Mittel, vorerst gibt es für diese Flüchtlinge drei Möglichkeiten: Arbeit in der Landwirtschaft, Abwandern in die Industrie oder Auswanderung, drei Möglichkeiten, denen nicht bedenkenlos zugestimmt werden darf.

IV. Die Flüchtlingslager und ihre Finanzierung

Zunächst ist zwischen den Notaufnahme- oder Durchgangslagern und den eigentlichen Wohnlagern, die sich mittlerweile zu Dauerlagern entwickelt haben, zu unterscheiden. Beide Arten verschlingen erhebliche Mittel, es ist daher nicht nur aus soziologischen, sondern auch aus finanziellen Gründen notwendig, diese Lager möglichst klein zu halten, mit anderen Worten, dafür zu sorgen, daß die Flüchtlinge diese Lager möglichst bald wieder verlassen und einer produktiven Tätigkeit zugeführt werden.

1. Die Notaufnahmelager

Die „Ülzener Entschließung" vom 11. Juli 1949 bestimmte, daß die Zuwanderer in den Durchgangslagern Ülzen und Gießen geprüft und nach ihrer Aufnahme auf das Bundesgebiet verteilt werden sollten. Es wurden diejenigen aufgenommen, die wegen einer drohenden Gefahr für Leib und Leben, für die persönliche Freiheit oder aus sonstigen zwingenden Gründen die Sowjetzone verlassen mußten. Diesen wird durch das Notaufnahmegesetz vom 22. August 1950 die ständige Aufenthaltserlaubnis in der Bundesrepublik gewährt. Dieses Notaufnahmegesetz wurde durch Bundesgesetz vom 21. Juli 1951 auf Berlin übertragen, da sich der Zustrom der Flüchtlinge durch die Absperrmaßnahmen an der Zonengrenze immer mehr auf Berlin verlagerte; ein genaues Bild dieser Verlagerung ergibt sich aus der folgenden Tabelle.

Tabelle 30

Die in den Notaufnahmelagern geprüften und aufgenommenen Personen in den Jahren 1952 und 1953:

Berichts-zeitraum	Personen in Notaufnahmelagern											
	Uelzen			Gießen			Westberlin			Zusammen		
	geprüft	aufgen.		geprüft	aufgen.		geprüft	aufgen.		geprüft	aufgen.	
	Anzahl		v.H.	Anzahl		v.H.	Anzahl		v.H.	Anzahl		v.H.
1952 insges.	44 505	36 295	81,6	22 549	18 417	81,7	76 820	53 166	69,2	143 874	107 878	75,0
1953 insges.	68 565	63 641	92,8	17 824	14 796	83,0	261 768	249 207	95,2	348 157	327 644	94,1

Tabelle 31

Von den Aufgenommenen erhielten die Aufenthaltserlaubnis (in v. H.)

Dez. 1953	März 1954	April 1954	
18,6	18,2	23,9	weil sie aus der sowjetischen Besatzungszone wegen einer besonderen, durch die politischen Verhältnisse bedingten Zwangslage flüchten mußten.
19,7	21,7	24,0	im Interesse der Familienzusammenführung.
15,3	15,1	17,1	wegen Jugendlichkeit.
1,4	2,7	3,3	weil ihre Freizügigkeit nach Art. 11 des Grundgesetzes keiner Beschränkung unterliegt.
45,0	42,3	31,7	in besonderen Härtefällen.

Interessant ist in diesem Zusammenhang, daß nur ein relativ geringer Prozentsatz wegen drohender Gefahr für Leib, Leben oder persönliche Freiheit die Sowjetzone verlassen mußte; dies mag aber auch wohl daran liegen, daß ein Teil dieser „politischen Flüchtlinge" gar nicht erst den Weg ins Auffanglager einschlägt, sondern direkt in die Bundesrepublik flieht.

Seit Juli 1954 werden die Flüchtlinge im Notaufnahmeverfahren in drei Kategorien geteilt:

Flüchtlinge, die nach dem Notaufnahmegesetz wegen politischer oder wirtschaftlicher Verfolgung anerkannt werden und auf Grund der Anerkennung einen Rechtsanspruch auf bevorzugte Vermittlung von Arbeit und Wohnung besitzen;

Flüchtlinge, die aus „Ermessensgründen" aufgenommen werden und ohne Rechtsanspruch Asylrecht genießen;

abgelehnte Flüchtlinge, bei denen Bedenken wegen politischer oder krimineller Betätigung bestehen.

Aus den obigen Zahlen des Statistischen Bundesamtes geht die starke Belastung West-Berlins deutlich hervor. Bei besonders starken Wellen betrugen die Kosten pro Tag oft mehr als 1 Mio. DM, verursacht durch zeitweise 100 Lager mit 250 000 Insassen. Gegenwärtig sind rund 50 Lager mit 20 000 Insassen in Betrieb. Hinzu kommen hunderttausend in Privatquartieren Untergebrachte. Von den 50 verbleibenden Lagern sind viele „eingemottet" für den Fall einer neuen Sturmflut.[1]

Da Berlin die finanziellen Mittel allein nicht aufbringen konnte, sprang der Bund ein. Bis zum 1. Oktober 1952 stellte er rund 17 Mio. DM für vorläufige Unterkünfte zur Verfügung, aus Mitteln des Lastenausgleichs wurden weitere 25 Mio. DM für den Bau von Wohnungen bereitgestellt; mit Hilfe dieser Mittel, die inzwischen auf 65 Mio. DM erhöht worden sind, wurden Wohnblöcke für sogenannte „Selbstwirtschaftler" errichtet. In diesen sind mehrere hundert Familien bei

[1] Das Parlament Nr. 20, S. 3, 19. Mai 1954.

normaler Kinderzahl zu zweit, bei großer Kinderzahl allein in 2½-Zimmerwohnungen untergebracht. Sie beziehen als Arbeitslose die gleichen Sätze wie alle übrigen Berliner Arbeitslosen.

Aus dem Kriegsfolgenhilfefonds wurden außerdem von der Bundesregierung 30 Mio. DM für provisorische Unterkünfte im übrigen Bundesgebiet den Ländern zugewiesen. Die Länder weigerten sich zum Teil, weitere Flüchtlinge aus Berlin aufzunehmen; um derartige Unregelmäßigkeiten zu verhindern, wurden die Länder durch eine Verordnung vom 12. August 1952 verpflichtet, Zugewanderte, soweit es erforderlich ist, zu übernehmen. Seit dem 1. Januar 1953 übernimmt die Bundesrepublik 96 % und Westberlin 4 % der mit Aufenthaltserlaubnis versehenen Zuwanderer; die Bundesregierung stellt den Ländern für die Unterbringung dieser bevorrechteten Flüchtlinge pro Person 1500,— DM zur Verfügung, über deren Verwendung die Auffassung der einzelnen Länder noch unterschiedlich ist.

Die kreditmäßige Betreuung von West-Berlin hat die LA-Bank übernommen. Zu diesem Zweck wurde eine besondere Vertretung in Berlin errichtet. Für Investitionsprogramme erhielt die Bank aus ERP-Mitteln inzwischen 6,5 Mio. DM, die sich zu 4,5 Mio. aus angefallenen Zinsen und Tilgungen aus ERP-Geldern und zu 2 Mio. aus echten ERP-Mitteln zusammensetzen. Die Kredite umfassen mittel- und langfristige Kleinkredite, damit eine breite Streuung möglich ist und vielen Vertriebenen geholfen werden kann (im allgemeinen Höchstgrenze 5000,— DM, in Ausnahmefällen 25 000,— bis 50 000,— DM). Landwirtschaft und Wohnungsbau finden bei dieser Kreditaktion keine Berücksichtigung.

Die Bewilligung der Anträge unterliegt dem Berliner Landeskreditausschuß, der durchschnittliche Kreditbetrag liegt bei 4855,— DM.

Außerdem hat die FOA-Sonderkommission (US-Amt für Auslandshilfe) auf Antrag des Bundesministeriums für wirtschaftliche Zusammenarbeit die Zustimmung zur Verwendung von 51,9 Mio. DM aus vorhandenen DM-Gegenwerten für die Finanzierung des Berliner Arbeitsbeschaffungsprogramms 1954 gegeben. Die Mittel werden für Wohnungs- und Geschäftsbauten, Tiefbauarbeiten, Enttrümmerungsmaßnahmen, Investitionsvorhaben von Versorgungsbetrieben sowie für die Beschäftigung von Angestellten und Jugendlichen eingesetzt werden.

Ein besonderes Problem, zumal in finanzieller Hinsicht, bilden die sogenannten „illegalen Zuwanderer", die in Berlin in den B-Lagern untergebracht werden, es sind zur Zeit 35 000, sie bleiben dort oft viele Monate, ja zum Teil Jahre, da ihnen eine Rückkehr im allgemeinen nicht zuzumuten ist; in der Bundesrepublik selbst sind sie in sozialen Belangen benachteiligt, sie haben keinen Anspruch auf bewirtschafteten Wohnraum und müssen sich selbst helfen. Bei Hilfebedürftigkeit werden sie von den örtlichen Wohlfahrtsämtern betreut, eine klare Lösung dieses Problems steht noch nicht fest, vorläufig bilden sie jedenfalls eine Belastung des öffentlichen Haushalts, sei es im B-Lager oder, wenn sie keine Arbeit erhalten, als Wohlfahrtsempfänger in der Bundesrepublik. Bundesvertriebenenminister Oberländer will nunmehr eine Neuregelung für die nicht anerkannten Flüchtlinge einführen, da zumindest die B-Lager einen Faktor sozialer Unruhe darstellen. Es wird hierbei an ein neues Aufnahmeverfahren für diesen Personenkreis gedacht.

Alle Mittel, besonders die Investitionskredite, bilden eine wertvolle Hilfe zur raschen Abwanderung der Heimatvertriebenen aus den Notaufnahmelagern. Eine Auflösung dieser Lager selbst kann jedoch erst dann vorgenommen werden, wenn keine Flüchtlinge aus der Sowjetzone mehr zu erwarten sind; bis dahin bilden die Lager eine, wenn auch zu ruhigen Zeiten reduzierbare, dafür aber ständige Belastung Berlins und des öffentlichen Haushalts.

2. Die „Dauerlager" in der Bundesrepublik und ihre Auflösung

Kost schätzt die Zahl der Altflüchtlinge, die sich heute noch in Lagern befinden, auf 300 000, die folgende Statistik weist ohne eine Trennung von Alt- und Neuflüchtlingen die Zahl der Lagerinsassen noch höher aus.

Tabelle 32

Zahl und Belegung der Lager Anfang 1954

Land	Lager	Personen	Vertriebene	davon SBZ.-Flüchtl.	Ausländer	Sonstige (Evak. usw.)
Schleswig-Holstein	550	69 400	62 400	—	3 100	4 000
Niedersachsen	1620	143 300	126 600	—	11 600	5 000
Bayern	185	43 500	33 600	2 600	5 600	1 700
Summe	2355	256 200	222 600	2 600	20 300	10 700
Hamburg	70	15 300	3 100	4 000	2 200	6 600
Bremen	15	4 100	1 300	1 800	—	1 000
Nordrhein-Westf. .	950	123 200	17 700	81 100	100	27 300
Hessen	100	12 100	4 100	3 000	600	4 300
Rheinland-Pfalz ..	15	1 400	—	1 300	—	100
Baden-Württemb.	120	112 600	12 100	65 600	4 000	31 000
Summe	1270	268 700	35 300	156 800	6 900	69 700
Bundesgebiet	3625	524 900	257 900	159 400	27 200	80 400
Anteil in v.H.		100,0	49,1	30,4	5,2	15,3

Quelle: Bericht der Länder.

Immer wieder wird mahnend auf die baldige Auflösung dieser Lager hingewiesen, weil sonst ein Absinken des Arbeitswillens, des kulturellen Niveaus und des Lebenswillens überhaupt nicht mehr verhindert werden kann.

In letzter Zeit jedoch mehren sich die Stimmen, die aus einem anderen Grunde auf die Auflösung der Lager hindrängen. Diesmal nicht, weil es den Flüchtlingen zu schlecht, sondern weil es ihnen zu gut geht:[2] Zunächst ist der Prozentsatz der echten politischen Flüchtlinge nur noch gering (2 %), die anderen 98 % der Lagerinsassen sind meist aus materiellen Gründen in den Westen gekommen. Sie hoffen auf eine Rente oder andere wirtschaftliche Vorteile. Diese Zusammensetzung der Lagerinsassen hat, im Gegensatz zu früher, andere Lebensgewohnheiten in den Lagern eingeführt, man betrachtet das Lagerleben als Dauerzustand und wirtschaftliche Versorgung. Der Grund dafür ist darin zu sehen, daß eine vierköpfige Familie z. B. heute in der Woche 55,— DM Unterstützung erhält. Für Obdach und Verpflegung im Lager muß sie davon ganze 6,— DM wöchentlich bezahlen, hat also 49,— DM frei zur Verfügung. Das ist zwar nicht viel, aber genug, um einen großen Teil der Lagerinsassen von der Arbeit abzuhalten.

Dieser Vorwurf trifft natürlich nicht alle Flüchtlinge, er weist aber auf Dispositionsmängel bei den Unterstützungsgeldern hin. Es wäre daher an der Zeit, bei den Unterstützungsgeldern zwischen arbeitswilligen und arbeitsscheuen Lagerinsassen zu unterscheiden, damit die auf diese Weise freiwerdenden Beträge der produktiven Eingliederung der arbeitswilligen Flüchtlinge zugute kommen können. (Die Unterhaltskosten für die Lager sind im Bundeshaushalt mit jährlich 101 Mio. DM ausgewiesen.)

Nicht zuletzt, um Mißstimmungen zu beseitigen, ist es notwendig, endlich den Heimatvertriebenen und Altflüchtlingen in den Lagern zu helfen; denn die Sowjetzonenflüchtlinge, die zur Zeit herüberkommen, sind spätestens in sechs bis acht Monaten eingegliedert, die Altflüchtlinge warten zum Teil schon acht Jahre. Auf der anderen Seite müßten wieder Millionen aufgewendet werden, wollte man diese Neuflüchtlinge in die Lager einweisen, und man stände in zehn Jahren vor demselben Problem.[3]

Trotzdem wird seitens des Bundesvertriebenenministeriums die Ansicht vertreten, daß man den Versuch unternehmen sollte, Sowjetzonenflüchtlinge in die Lager zu bringen, damit zuerst die Altlagerinsassen angesiedelt werden können.

---

[2] Deutsche Wirtschaftszeitung, 5. Juni 1954.

[3] Oberländer: Die Überwindung der deutschen Not 1954, S. 26.

Welche Mittel sind nun erforderlich, um diese Flüchtlingslager aufzulösen und ihre Insassen produktiv in die Wirtschaft einzugliedern? Bundesvertriebenenminister Oberländer bezeichnet 1000,— DM pro Person als einen Anfang, dies wäre zunächst also ein Betrag von über 300 Mio. DM. In diesem Zusammenhang bildet der Wohnungsbau wieder das schwierigste Hindernis, da er die meisten Mittel benötigt.

Inzwischen hat sich Bundesfinanzminister Schäffer bereit erklärt, die ursprünglich vorgesehenen 10 Mio. DM für die Lagerauflösung auf 30 Mio. DM zu erhöhen. Auf diese Weise würden 10 % der derzeitigen Lagerinsassen eine menschenwürdige Wohnung erhalten. Man vertritt nun auch seitens des Bundesfinanzministeriums die Ansicht, daß die beschleunigte Räumung noch vorhandener Lager nicht nur eine aus sozial- und wohnungspolitischen Gründen dringend erforderliche Maßnahme ist, sondern auch den öffentlichen Haushalt in beachtlichem Umfang entlasten kann; denn angesichts der schlechten baulichen Verfassung der Lager erreichen Lagerneubauten oder Instandsetzungskosten oft den Betrag, der zum Neubau von Wohnungen für Lagerinsassen aufgewendet werden muß.[4]

V. Sonstige Förderungsmaßnahmen

1. Der Schlüchternplan

Der Schlüchternplan war als soziales Experiment gedacht. Er entstand aus der Arbeitsplatznot, die besonders 1949 stark sichtbar wurde. Viele Zugewanderte, die zunächst auf dem Lande Unterkunft gefunden hatten, größtenteils Menschen im voll arbeitsfähigen Alter, konnten ihre Fähigkeiten und Kenntnisse durch den Mangel an Arbeitsplätzen nicht einsetzen. Um diesem Notstand abzuhelfen, führte die Bundesregierung die Umsiedlungen, das Schwerpunktprogramm, das Sanierungsprogramm und Notstandsarbeiten durch. Man bemühte sich also auf zwei Wegen den Arbeitsplatzmangel zu beseitigen; einmal, indem man die Menschen an die Arbeitsstelle heranführte, zum anderen, indem man die Arbeitsmöglichkeiten in den mit Flüchtlingen überfüllten ländlichen Gegenden verbesserte, wobei der zweite Weg ungleich schwieriger sein dürfte. Trotzdem muß dieser Weg beschritten werden, wenn wieder eine gesunde Wirtschafts- und Sozialstruktur erreicht werden soll.

Der Ausschuß für Selbsthilfe brachte, von der Notwendigkeit solcher Maßnahmen überzeugt, neben anderen Denkschriften und Vorschlägen auch die Gedanken vor, die im Schlüchternplan verwirklicht werden sollten.

---

[4] Bulletin Nr. 103, S. 927, 4. Juni 1954.

Nach einer soziographischen Analyse war der Landkreis Schlüchtern im Raum der nordöstlichen Ausläufer des Rhein-Maingebietes als Experimentierfeld gewählt worden;[1] und zwar darf der Schlüchternplan nicht nur als Maßnahme zur Eingliederung der Vertriebenen betrachtet werden, sondern es ging um den Versuch, ob und inwieweit und mit welchen Mitteln der einzelne Landkreis auch in kritischen wirtschaftlichen Verhältnissen in der Lage ist, sich selbst zu helfen.

Es wurde ein Arbeitsbeschaffungs-, ein Wohnungsbau- und ein Landwirtschaftsprogramm aufgestellt. Danach sollten 433 neue Arbeitsplätze und 110 Wohnhäuser mit insgesamt 220 Wohnungen für die neu beschäftigten Arbeiter mit ihren Familien errichtet werden. Das dritte Teilprogramm sah die Förderung der Landwirtschaft durch Flurbereinigung, Gemeinschaftseinrichtungen und Ansiedlung von heimatvertriebenen Bauern durch Verpachtung auslaufender Höfe vor.

Die Kernfinanzierung wurde durch das Hauptamt für Soforthilfe in Höhe von 1 058 000 DM vorgenommen, wobei man feststellen wollte, ob diese Kernfinanzierung weitere Mittel nach sich ziehen würde. Aus dem Schlußbericht des Hauptamtes für Soforthilfe ist zu entnehmen, daß die Erwartungen in dieser Richtung zum Teil weit übertroffen wurden.[2]

Für die Errichtung von Wohnungen gewährte das Hauptamt für Soforthilfe zinslos und mit 3 %iger Tilgung einen Betrag von 440 000,— DM, der 730 000,— DM erste Hypotheken nach sich zog. Hinzu kamen Mittel aus der produktiven Erwerbslosenfürsorge und aus dem Bundesbauprogramm.

Diese Mittel sollten der Restfinanzierung der im Bau befindlichen Häuser dienen, mit der Auflage, je eine zweite Wohnung zur Unterbringung von Flüchtlingen zu schaffen. Insgesamt wurden 156 Wohnungen, die mit 559 300,— DM aus Privatmitteln der Bauherren, 185 500,— DM Landesdarlehen und 256 000,— DM erste Hypotheken finanziert waren, bei Gesamtkosten von 1 003 300,— DM errichtet. 65 Wohnungen kamen Flüchtlingen und 34 Wohnungen anderen Geschädigten zugute. Als Endergebnis konnten 210 Familien am Arbeitsort untergebracht werden.

Für das Arbeitsplatzprogramm, daß die Erweiterung bestehender Betriebe vorsah, wurden vom Hauptamt für Soforthilfe Industriedarlehen in Höhe von 618 000,— DM zur Verfügung gestellt unter der Bedingung, daß mit je 1500,— DM ein Arbeitsplatz für Personen zu schaffen sei, auf die § 31 SHG zutrifft. Mit Hilfe dieser Industriedarlehen und privater Kredite von 940 000,— DM konnten 453 Arbeitsplätze, also 20 mehr als geplant, bereitgestellt werden.

---

[1] Vgl. Neundörfer: Die Geschichte vom Schlüchternplan.

[2] Abschlußbericht über die Durchführung des SHG Homburg 1953, S. 19.

Für das Landwirtschaftsprogramm standen von den bewilligten 1,4 Mio. DM zunächst nur 200 000,— DM zur Verfügung, sie wurden als Darlehen an sechs Flüchtlingsbauern gegeben, die auslaufende Höfe oder Siedlungsstellen übernahmen.[3] Die gesamte ländliche Flüchtlingssiedlung im Kreise Schlüchtern, teils außerhalb des Plans, beläuft sich auf 31 auslaufende und 7 sonstige Höfe.

Das Experiment der Selbsthilfe ist darin zu sehen, daß der Kreis, als soziale Einheit, jeweils als Antragsteller auftrat. Die Einzelverteilung der Industriegelder übernahm der Landrat, was besonders wichtig wurde, wenn Orts- und Einzelinteressen auseinanderfielen. Das Besondere des Schlüchternplans liegt demnach in der Initiative des Landkreises, der nicht auf Schlüsselzuteilungen wartete, sondern von sich aus um die notwendigen Mittel durch Einreichung entsprechender Pläne bemüht war. Auch die besonders hohen Eigenleistungen der Einheimischen und Vertriebenen, wodurch beträchtliche Mittel eingespart werden konnten, müssen erwähnt werden. „Daß Selbsthilfewille in der Bevölkerung da ist, zeigt sich bei der Umlegung. In einem Verfahren, das 880 ha umfaßt, wurden von den beteiligten Bauern und Landwirten in 18 Monaten freiwillig 8400 Tagewerke geleistet, die einen Betrag von 63 500 DM ausmachen oder 65 % der Verfahrenskosten.“ [4]

Neue Industriezweige wurden durch die Heimatvertriebenen entwickelt. So finden wir jetzt im Kreis Schlüchtern die Haus- und Handschuhherstellung, böhmische Spitzenklöppelei, die Erzeugung von Karlsbader Oblaten, und das landwirtschaftliche Bild wurde durch Mohnfelder und den Anbau von Paprika, den die Ungarndeutschen mitbrachten, belebt. Die ursprüngliche Industriekapazität verstärkte sich durch diese Maßnahmen um 20 %.

2. Maßnahmen zur Eingliederung der heimatvertriebenen Jugend

Odd Nansen, der das Werk seines Vaters, nach dem ersten Weltkrieg begonnen, nach dem zweiten fortsetzte, untersuchte die Flüchtlingsfrage als soziales Hauptproblem Deutschlands.[5] Als großes und ernstes Problem bezeichnete er die Tatsache, daß 1949 750 000 junge Menschen zwischen 14 bis 25 Jahren auf der Straße lagen, keine Arbeit fanden und auch keine Aussicht hatten, eine solche zu erhalten. Sie hatten keinen Beruf erlernt und keine Ausbildung über die Volksschule hinaus erhalten.

---

[3] Neundörfer: a. a. O. S. 54.

[4] Neundörfer: S. 57.

[5] Das deutsche Flüchtlingsproblem. O. Nansens Bericht an die Unesco.

Auch in Deutschland selbst wurde die Frage der Eingliederung der Vertriebenenjugend nicht unterschätzt. In Zusammenarbeit mit dem Innenministerium wandte das Bundesvertriebenenministerium dieser Frage besondere Aufmerksamkeit zu, und zwar zunächst hinsichtlich des Ausbaus der den Notaufnahmelagern angeschlossenen Jugendnebenlager, die der Unterbringung der jugendlichen Einwanderer aus der sowjetisch besetzten Zone während der Dauer des Aufnahmeverfahrens dienen.

In Zusammenarbeit mit der Landesflüchtlingsverwaltung wird dafür Sorge getragen, daß im Notaufnahmeverfahren aufgenommene Jugendliche den Ländern auf Grund eines besonderen Schlüssels zugeteilt werden und Arbeitsplätze erhalten.

Ein besonderes Anliegen des Vertriebenenministeriums bildeten auch die 1800 Kinder und Jugendlichen, die in den letzten drei Jahren aus den polnisch besetzten Gebieten und Jugoslawien ausgesiedelt wurden. Mit Hilfe der Wohlfahrtsverbände wurden Förderschulen mit Heimcharakter geschaffen. Auch besteht eine ständige Verbindung zu den führenden Organisationen der heimatvertriebenen Jugend: der deutschen Jugend des Ostens, dem Heimatlosenlagerdienst und der Aktion heimatvertriebener katholischer Jugend.

Innerhalb der Gemeinschaftshilfe gab das Hauptamt für Soforthilfe Beihilfen und Darlehen zum Auf- und Ausbau von Lehrlingswohnheimen, Schüler- und Studentenheimen, um die Ausbildungsbeihilfen wirksam zu unterstützen. Ausbildungsbeihilfen und Darlehen für Heime gehen hier Hand in Hand, sie müssen daher beide kurz erläutert werden.

Insgesamt wurden durch die Soforthilfe 127,2 Mio. DM Ausbildungsbeihilfen ausgezahlt. Die Antragsberechtigten und die Höhe der Ausbildungsbeihilfen sind in § 8 näher genannt, er nennt die Geschädigten unter den Lehr- und Anlernlingen, Schüler, Studierende und Akademiker in Fachausbildung und Vorbereitungsdienst. Die Beihilfe schwankt zwischen 10,— und 130,— DM im Monat je nach Zweck der Ausbildung, Alter und Familienstand des Antragsberechtigten. Das Hauptamt für Soforthilfe schätzt, daß den Vertriebenen hiervon 84,5 % zugute gekommen sein dürften.

Damit die Jugendlichen schnell an die Ausbildungsstätten herangebracht werden können, mußten Wohnheime geschaffen werden. Zu diesem Zweck wurden den Ländern in der Zeit vom 7. November 1949 bis 26. Juni 1951 rund 19,6 Mio. DM zur Verfügung gestellt. Mit Hilfe dieser Mittel wurden insgesamt 12 000 Plätze für Geschädigte in diesen Heimen geschaffen, so daß die in Berufsausbildung stehenden Geschädigten an den jeweiligen Ort der Ausbildung herangebracht werden konnten.

1953 wurde in § 78 BVG bestimmt, daß bei der Besetzung von Ausbildungsstellen Vertriebene und Sowjetzonenflüchtlinge angemessen beteiligt werden. Ferner sind seitens der Bundesanstalt für Arbeitslosenfürsorge und Arbeitslosenvermittlung Mittel zur Schaffung zusätzlicher Ausbildungsstellen sowie zur Einrichtung von Lehrwerkstätten und weiteren Lehrlingswohnheimen (bevorzugt für die Unterbringung von Vertriebenen und Flüchtlingen zu verwenden) zur Verfügung gestellt worden. Auf diese Weise soll eine Parität in der Vermittlung von Ausbildungsstellen zwischen einheimischen und vertriebenen Berufsbewerbern herbeigeführt werden. Heute sind in Westdeutschland die Lehrlingsheime durchweg mit mehr als 70 % Kriegsfolgehilfeempfängern belegt.

Eine Gesamtaufstellung über die Aufwendungen für die Eingliederung der heimatvertriebenen Jugend von 1949 bis 1953 ergibt folgendes Bild:

Tabelle 33

A. Im Rahmen des 1. bis 3. Bundesjugendplans:		
1. Für die Schaffung von Wohnplätzen im Jugendwohnheimbau	rund	23 Mio. DM
2. Für die Schaffung von Plätzen im Rahmen berufsfördernder Maßnahmen (Grundausbildungslehrgänge und Jugendgemeinschaftswerke)	rund	10 Mio. DM
3. Für Individual-Ausbildungsbeihilfen	rund	58 Mio. DM
4. Für Förderung der drei Organisationen der heimatvertriebenen Jugend	rund	700 000 DM
5. Zur Förderung der Drucklegung des schlesischen und sudetendeutschen Jugendbuches	rund	8 000 DM
B. Aus ERP-Mitteln:		
1. Kredite für die Errichtung von betriebsgebundenen Lehrwerkstätten, vornehmlich in Flüchtlingsbetrieben	rund	15 Mio. DM
2. Kredite für die Errichtung v. Berglehrlingsheimen	rund	5 Mio. DM
3. Kredite für die Errichtung von Lehrlings- und Studentenwohnheimen	rund	7 Mio. DM
C. Durchführung von Maßnahmen zur Unterbringung arbeits- und berufsloser Jugendlicher:		
Beihilfen zur Berufsausbildung, Umschulung, Fortbildungsmaßnahmen, Bau von Jugendwohnheimen	rund	33 Mio. DM
D. Aus Mitteln des Hauptamtes für Soforthilfe (1. November 1949 bis Herbst 1952):		
Zur Förderung von etwa 300 000 heimatvertriebenen Schülern und Lehrlingen an etwa 4000 Ausbildungsstätten	rund	100 Mio. DM
Zur Förderung von Lehrlings- u. Jugendwohnheimen	rund	18,5 Mio. DM

E. Aus Mitteln des Bundesausgleichsamtes:

für Ausbildungsbeihilfen	rund	40 Mio. DM
zur Förderung v. Lehrlings- u. Jugendwohnheimen	rund	15 Mio. DM

Quelle: Bundesvertriebenenministerium.

Betrachtet man die Einwanderungsstatistik der letzten Monate, so erscheinen gerade diese Maßnahmen besonders wichtig und weiterhin förderungsbedürftig, denn von den Antragstellern in Berlin, Gießen und Uelzen waren im

Januar	7 605	=	50,4 %
Februar	5 324	=	46,5 %
März	8 647	=	47,9 %
April	8 581	=	48,7 %

im Alter unter 25 Jahren. Ebenso wichtig erscheint die Tatsache, daß in den vergangenen zweieinhalb Jahren ungefähr 110 000 Jungen und Mädchen allein, ohne ihre Angehörigen, den Weg in den Westen eingeschlagen haben.[6] Diesen jungen Menschen wird durch die Länder rasch ein Arbeitsplatz zugewiesen, den sie jedoch meist in kurzer Zeit wieder aufgeben, andere wandern direkt aus den Jugenddurchgangslagern mit unbekanntem Ziel und ohne weitere Fürsorge ab. Wie die „Deutsche Zeitung" weiter berichtet, hat man in Nordrhein-Westfalen im vorigen Jahr den weiteren Weg der bereits in Arbeit vermittelten jugendlichen Zuwanderer verfolgt: nach vierzehn Tagen waren noch 80 % an ihren Arbeitsplätzen tätig, nach vier Wochen noch 60 %, nach acht Wochen noch 30 %. Das Oberlandesgericht in Bielefeld hat dafür festgestellt, daß in seinem Bezirk unter zehn jugendlichen Kriminellen sich jeweils sieben Flüchtlinge aus der Sowjetzone befanden.

Welche Bedeutung diesen Zahlen zugemessen wird, kommt nicht nur durch die verstärkte Tätigkeit der Wohlfahrtsverbände, der beiden kirchlichen und des überkonfessionellen Jugendsozialwerks zum Ausdruck, sondern auch dadurch, daß Bundesvertriebenenminister Oberländer nunmehr im Bundesvertriebenenministerium das Referat Frauen und Jugend geteilt hat. Oberländer fordert in seinem Zwei-Jahresprogramm die Intensivierung der Förderungsmaßnahmen für die vertriebene Jugend durch Bereitstellung größerer Mittel des Lastenausgleichsfonds sowie eine Aufstockung der Mittel im Bundesjugendplan, um die Vertriebenenjugend für den Wettbewerbskampf leistungsfähig zu machen, und außerdem eine Verlängerung der Ausbildungsbeihilfen auf einen Zeitraum von vier Jahren.

---

[6] Deutsche Zeitung Nr. 58, 21. Juli 1954, S. 4.

Innerhalb der Heimförderung kamen die bereitgestellten Mittel nicht nur Lehrlings-, Schüler- und Studentenheimen zugute, es wurden vielmehr mit insgesamt 53 Mio. DM, die in Darlehnsform zur Verfügung gestellt wurden, 55 961 Plätze für Geschädigte geschaffen. Der Unterschied besteht nur darin, daß den erstgenannten Heimen die Mittel in Form von Beihilfen gegeben wurden, während alle anderen Heime Darlehen erhielten unter der Bedingung, die geförderten Plätze für die Laufzeit des Darlehens mit Geschädigten zu belegen; in der französischen Zone wurden für die gleichen Zwecke 7,1 Mio. DM bereitgestellt. Der Prozentsatz der Vertriebenen liegt für die Gesamtzahl der Plätze schätzungsweise bei 55 %, bei den Plätzen in Lehrlings-, Schüler- und Studentenheimen um 84 %. Aus dem Abschlußbericht des Hauptamtes für Soforthilfe vom 31. August 1952 läßt sich die genaue Verteilung der 55 961 geschaffenen Plätze auf die einzelnen Heimtypen ersehen.

Tabelle 34

Altersheime	24 038	Plätze
Lehrlings- und Jugendheime	7 365	„
Schülerheime	715	„
Studentenheime	240	„
Heime für gefährdete Jugendliche	502	„
Schwesternwohnheime	1 770	„
Heime für Berufstätige	1 533	„
Gewerbefördernde Ausbildungsanstalten	340	„
Blindenheime	576	„
Wohn- und Werkheime für Vers.	240	„
Säuglings- und Kinderheime	2 597	„
Kindergärten	14 091	„
Waisenhäuser	601	„
Mütterheime	1 178	„
Krüppelheime	175	„
	55 961	Plätze

3. Altersversorgung, Mittelstandsprogramm, Suchdienst und Währungsausgleich

Können wirklich alle Vertriebenen eingegliedert werden? Bundesvertriebenenminister Oberländer gibt zu dieser Frage eine umfassende und klare Antwort:[7]

„Ein Fünftel der Vertriebenen wird außerhalb dieses Vorgangs stehen bleiben, die Alten, die Kranken und alle diejenigen, die nun schon neun Jahre warten. Es ist eben ein Unterschied, ob man neun Jahre im Leben eines Menschen oder eines Volkes rechnet. Im Leben eines Vol-

[7] Oberländer: Die Überwindung der deutschen Not 1954, S. 23.

kes bedeuten neun Jahre nichts. Im Leben eines Menschen können sie die entscheidende Zeit sein. Denken Sie nur daran, daß ein Mann, der mit 55 Jahren geflohen ist, heute ein Alter von 64 Jahren hat. Er altert außerdem früher, so daß er nicht mehr Mut und Spannkraft besitzt, in einen schweren Wettbewerbskampf hineinzugehen. So fallen die Alten oft schon mit 50 und 55 Jahren aus, obwohl sie im biologischen Sinne noch gar nicht alt sind."

Am 1. Januar 1952 waren von 8 120 100 Heimatvertriebenen 1 337 500 über 55 Jahre alt, also 16,5 %. Eine große Zahl dieser 1,3 Mio. konnte nicht mehr produktiv eingegliedert werden, sondern wird durch den Staat oder die eigenen Angehörigen unterstützt. Um auch diesen Heimatvertriebenen, für die die Vertreibung von Haus und Hof noch weit schwerwiegender und härter war als für die Jüngeren, zu helfen, wurden neben der laufenden Fürsorge 578 Altersheime der freien Wohlfahrtsverbände und der öffentlichen Hand aus dem Soforthilfefonds gefördert.[8]

Dieses Bild hat in den letzten Jahren eine gewisse Änderung erfahren. Bei der Vertreibung 1945 wurden auch die alten Leute gezwungen ihre Heimat zu verlassen, daher der hohe Prozentsatz von 16,5 % über 55 Jahren und 7,9 % über 65 Jahren; die Zahl der Menschen, die heute in diesem Alter eine Flucht in den Westen wagen, ist sehr gering geworden, sie beträgt bei den über 55jährigen 6 %, bei den 65jährigen 1 %. Dies ist leicht erklärlich, denn diese Menschen werden nur Wohnung und Versorgung in der Ostzone aufgeben, wenn wirklich Gefahr für Leib und Leben besteht oder wenn sie ihren Angehörigen in die Bundesrepublik folgen können.

Das Schreckgespenst Westdeutschlands, die wachsende Alterspyramide, wird durch die Flüchtlinge eher gemildert, wenn man an die 50 % der Flüchtlinge unter 25 Jahren denkt, die in den letzten Monaten den Weg in den „goldenen" Westen wählten.

Wir stehen daher vor der merkwürdigen Tatsache, daß das große Problem der Bundesrepublik, die Altersversorgung, im Hinblick auf die Eingliederung der Flüchtlinge das einzige Problem ist, dessen Ende man absehen kann, da der Flüchtlingsstrom der Alten immer mehr abnimmt und vielleicht in einiger Zeit, wenn auch nicht ganz, so doch fast zum Versiegen kommt.

Zu erwähnen ist im Zusammenhang mit der Wiedereingliederung der Heimatvertriebenen noch das Mittelstandsprogramm. Gemäß Beschluß des interministeriellen ERP-Arbeitskreises „Investitionen" erhielt die LA-Bank aus ERP-Mitteln 1952 7 Mio. DM, die wie folgt zu verwenden sind:

---

[8] LA-Bank Geschäftsbericht 1950, S. 27.

3,0 Mio. für Handwerksbetriebe,

2,5 Mio. für Betriebe der kleineren und mittleren Exportindustrie,

0,5 Mio. für Unternehmen des Fremdenverkehrsgewerbes,

1,0 Mio. für den mittelständischen Handel.

Diese Aktionen wurden bis auf den mittelständischen Handel 1953 alle durchgeführt.

Auch der Suchdienst im Interesse der Familienzusammenführung darf nicht unberücksichtigt bleiben. Gerade aus soziologischen Gründen muß auf die Familienzusammenführung besonderer Wert gelegt werden. Um die Arbeiten des Suchdienstes des Deutschen Roten Kreuzes und des kirchlichen Suchdienstes auch für 1954 sicherzustellen, sind zur Zeit Verhandlungen zwischen dem Bundesvertriebenenminister und dem Bundesfinanzminister im Gange; danach dürfte damit gerechnet werden, daß den gesamten Suchdienstorganisationen ein Jahresgesamtbetrag von rund 4 Mio. DM zur Verfügung stehen wird, der es ihnen ermöglicht, im gleichen Umfang wie 1953 ihre Arbeiten durchzuführen. Offen bleibt noch die Frage der Finanzierung einiger besonders dringlicher Arbeiten, über die noch besondere Verhandlungen geführt werden müssen.[9]

Die Entschädigung im Währungsausgleich für Sparguthaben Vertriebener ist aus dem Lastenausgleichsgesetz herausgelöst worden und in einem Sondergesetz über den „Währungsausgleich für Sparguthaben Vertriebener“ vom 27. Mai 1952 geregelt. Der Lastenausgleich sieht eine jährliche Summe von 50 Mio. DM bis zur endgültigen Entschädigung vor. Mit Zustimmung des Kontrollausschusses durch die 3. Weisung zum Gesetz über einen Währungsausgleich für Sparguthaben Vertriebener am 26. Oktober 1953 wurden die Guthaben bis zu 6,5 % zur Auszahlung freigegeben, darüber hinaus erwägt das Bundesausgleichsamt zur Zeit die Freigabe der Gutschriften in Höhe der restlichen 13,5 %, entsprechend der Behandlung der Altsparerguthaben in der Bundesrepublik.

VI. Unterhaltshilfe und Hausratbeschaffung

1. Unterhaltshilfe

Der Sonne-Plan schätzte den Finanzaufwand für die Eingliederung der Vertriebenen auf 12,3 Mrd. DM; Bund und Länder haben jedoch inzwischen 23 Mrd. DM aufgewendet, und noch immer kann die Eingliederung der Vertriebenen, ganz abgesehen von der Eingliederung der Neueingewanderten, nicht als abgeschlossen bezeichnet werden.

---

9 Bulletin Nr. 32, 17. Februar 1954.

Von diesen 23 Mrd. DM gingen, wie Bundesvertriebenenminister Oberländer selbst ausführt,[1] unendlich viel in den Konsum und in die Lager (vgl. S. 78). Wenn die konsumtiven Unterstützungen auch nicht als direkte Maßnahmen zur Eingliederung aufgefaßt werden können, da durch diese Mittel die Eingliederung in keiner Weise gefördert wurde, so ist es doch, um ein genaues Bild über den Gesamtaufwand für die Vertriebenen zu erhalten, notwendig, diese Hilfen kurz zu erwähnen, nicht zuletzt deshalb, weil diese Maßnahmen große Aufwendungen erforderten.

Im Rahmen der Soforthilfe[2] nahm die mit Rechtsanspruch ausgestattete Unterhaltshilfe, die nach Wegfall der Bedürftigkeit nicht zurückgezahlt zu werden braucht, den weitaus größten Posten ein (insgesamt 2157,2 Mio. DM). Bis zum 31. August 1952 wurden von über 2 Mio. Hauptanträgen 1 535 472 im gesamten Bundesgebiet bewilligt. Anspruchsberechtigt war jeder, der seine Lebensgrundlage verloren hatte und infolge eines bestimmten Alters (Frauen 60, Männer 65 Jahre) oder geistiger und körperlicher Gebrechen arbeitsunfähig war. Der Satz betrug 70,— DM für den Anspruchsberechtigten und 30,— DM für die im Haushalt lebende Ehefrau + 20,— DM für jedes Kind. Seit dem 1. Oktober 1951 wurden Teuerungszuschläge eingeführt, und zwar 15,— DM für den Anspruchsberechtigten und 7,50 DM für die Ehefrau und jedes Kind. Der Anteil der Vertriebenen an der Unterhaltshilfe betrug 67 % = 1,4 Mrd. DM,[3] die Fürsorge wurde dadurch im Hinblick auf die Vertriebenen um ein Viertel entlastet.

Diese Unterhaltshilfen werden im Rahmen des Lastenausgleichsgesetzes weitergeführt. Die eigentliche Ausgleichleistung im Lastenausgleich bildet die mit Rechtsanspruch ausgestattete Hauptentschädigung. Die Festlegung der Höhe dieser Entschädigung erfolgt durch gesetzliche Regelung bis zum 31. März 1957. Auf die Hauptentschädigung werden inzwischen Vorleistungen in Form von Eingliederungsdarlehen und für diejenigen, die nicht mehr in den Wirtschaftsprozeß eingegliedert werden können, die Kriegsschadenrente gewährt, die später von der Hauptentschädigung abgezogen wird.

Die Gewährung von Kriegsschadenrente hat zur Voraussetzung, daß der Geschädigte wegen hohen Alters oder aus sonstigen Gründen dauernd erwerbsunfähig ist oder daß sein Einkommen oder seine Vermögensverhältnisse zu gering sind, um einen angemessenen Lebensstandard aufrechtzuerhalten (§ 261 LAG). Die Kriegsschadenrente wird geleistet als Unterhaltshilfe in Fortführung des Sofort-

[1] Oberländer: a. a. O. S. 17.
[2] Vgl. S. 112 ff.
[3] Statistisches Jahrbuch über Heimatvertriebene 1953, S. 91.

hilfegesetzes bis zum 31. Juni 1953 und als Entschädigungsrente im Hinblick auf den Lastenausgleich.

Die Unterhaltshilfe wird an den in § 261 beschriebenen Personenkreis gewährt. Das Einkommen dieser Berechtigten darf nicht mehr als 85,— DM zuzüglich Freibeträge für Frau und Kinder betragen. Die Erfahrungen der Soforthilfe ermöglichten die ziemlich genaue Festlegung des für die Unterhaltshilfe erforderlichen Betrages. Der Jahresaufwand wurde für das Rechnungsjahr 1953 auf 890 Mio. DM und 1954 auf 735 Mio. DM festgesetzt, da hiervon 410 Mio. DM bzw. 339 Mio. DM (vgl. S. 129) von Bund und Ländern aufgebracht werden müssen, beläuft sich der Anteil des Lastenausgleichsfonds auf 480 bzw. 396 Mio. DM.

Neben der Unterhaltshilfe läuft die Entschädigungsrente, sie wird als Vorabzahlung auf die eigentliche Hauptentschädigung gewährt und beträgt 4 % des Grundbetrages, wenn dieser 5000 DM übersteigt. Die Rente soll vor allen Dingen älteren Vertriebenen ermöglichen, noch in den Genuß der Entschädigung zu gelangen. Aus diesem Grunde erhöht sich die Rente jeweils um ½ % für jedes das 65. Lebensjahr überschreitende Jahr. Auch hier darf die Einkommensgrenze 200 DM zuzüglich Freibeträge für Frau und Kinder nicht überschritten werden.

Neben den 890 Mio. DM für Unterhaltshilfe sah das Bundesausgleichsamt für das Jahr 1953 150 Mio. DM für Entschädigungsrenten vor. Die Aufwendungen für Kriegsschadenrente vom 1. April 1953 bis 31. März 1954 betrugen insgesamt:[4]

	DM
Unechte Unterhaltshilfe	659 673 000
+ Erstattung der Krankenversicherungskosten	9 006 000
+ Sterbegeld	10 305 000
	678 984 000
— Sterbegeldbeiträge	9 837 000
Echte Unterhaltshilfe	669 147 000
zuzüglich Entschädigungsrente	10 429 000
Kriegsschadenrente	679 576 000

Die Anzahl der Empfänger war am 1. April 1954 folgende:

566 651	vorläufige Zahlungen an Unterhaltshilfe,
304 964	endgültige Einweisungen in die Unterhaltshilfe,
14 812	endgültige Einweisungen in die Unterhaltshilfe zuzüglich Entschädigungsrente,
5 535	nur Entschädigungsrente,
891 962	Empfänger.

[4] Finanzplan des Bundesausgleichsamtes.

Außer den genannten Personenkreisen wurde am 31. März 1954 noch 13 321 Parteien Unterhaltszuschuß gewährt. (Nach § 273 LAG auslaufende Soforthilfe-Fälle.) Die Gesamtzahl der Empfänger von Rentenleistungen aus dem Ausgleichsfonds beträgt also am 31. April 1954 891 962 + 13 321 = 905 293 Empfänger.

Für das Jahr 1954 sind Unterhaltshilfen in Gesamthöhe von 735 Mio. DM vorgesehen, hinzukommen Entschädigungsrenten von insgesamt 75 Mio. DM.

Bei der Berechnung der Laufzeit und der Höhe beider Renten ist zu berücksichtigen, daß sich der größte Teil der Rentenempfänger im vorgeschrittenen Alter befindet, und die Rente kaum während der gesamten Dauer des Lastenausgleichs zu zahlen ist.

2. Hausrathilfe

Eine der vordringlichsten Maßnahmen im Rahmen des Soforthilfegesetzes bildete die Hausrathilfe, die den Geschädigten die Anschaffung der notwendigsten Gebrauchsgegenstände ermöglichen sollte. Diese Hilfe wurde Flüchtlingen, Sachgeschädigten und politisch Verfolgten gewährt, wenn sie existenznotwendigen Hausrat verloren hatten, den sie aus eigenen Mitteln nicht beschaffen konnten. Bis zum 31. August 1952 wurden insgesamt 560,4 Mio. DM ausgezahlt, 71 % der Anträge entfielen auf Flüchtlinge mit 421,7 Mio. DM.[5] Damit den Geschädigten die Beschaffung des fehlenden Hausrates rasch ermöglicht wurde, traten die Länder in den ersten fünf Monaten mit je 12 Mio. DM in Vorlage. Der Durchschnittsbetrag der gewährten Hausrathilfen beläuft sich auf 136,— DM, der Höchstbetrag liegt bei 1400,— DM. Da die Hilfe zweckgebunden ist, mußte über die erhaltenen Gelder ein Verwendungsnachweis erbracht werden. Für Heimatvertriebene wurden bis zum 31. August 1952 3 Mio. Anträge bewilligt. Der Sonne-Bericht veranschlagte insgesamt 1 Mio. Haushalte, die Hausrat im Werte von 2,5 Mrd. DM benötigten.[6] Danach würden auf einen Antrag pro Haushalt 2500,— DM erforderlich sein, um den notwendigen Hausrat wieder zu beschaffen. Diese Summe entspricht sicherlich mehr der Wirklichkeit, sie war jedoch bei einem Gesamtaufkommen an Soforthilfe von 6,8 Mrd. DM nicht aufzubringen, außerdem muß hinzugefügt werden, daß es sich bei der Hausrathilfe um eine erste Entschädigung handelt; mit Hilfe der Hauptentschädigung im Rahmen des Lastenausgleichs wird es den Vertriebenen möglich sein, den fehlenden Hausrat weiter zu ergänzen.

---

[5] Taschenbuch über die Heimatvertriebenen 1953, S. 91.

[6] Die Eingliederung der Flüchtlinge in die deutsche Gemeinschaft (Sonneplan), S. 187.

Auch im Rahmen des Lastenausgleichsgesetzes wurde die Hausratentschädigung beibehalten, sie stellt eine zusätzliche Hauptentschädigung dar, d. h. sie ist von der letzteren unabhängig und wird auch nicht in Anrechnung gebracht. Der Höchstsatz beträgt weiterhin 1400,— DM; maßgebend ist das in den Jahren 1937 bis 1939 bezogene Einkommen oder das Vermögen. Bis zum 31. März 1954 wurden 6 Mio. Anträge auf Hausrathilfe bei den Ausgleichsämtern eingereicht, von denen 2,8 Mio. Anträge bewilligt wurden; einschließlich der zuschlagsberechtigten Familienangehörigen umfaßt diese Zahl 4,7 Mio. Geschädigte, der Prozentsatz der Vertriebenen wird hierbei noch über den Anteil an der Hausrathilfe bis zum 31. August 1952 (Soforthilfegesetz) von 75 % hinausgehen, da ein großer Teil der Bombengeschädigten inzwischen die entsprechenden Hilfen ausgezahlt bekommen hat.

Der Gesamtbetrag der bisher nach dem Lastenausgleichsgesetz bewilligten Hausrathilfe hat am 31. März 1954 die Milliardengrenze überschritten.[7] 1149 Mio. DM wurden bewilligt; das ergibt im Gegensatz zur Soforthilfe einen Durchschnittsbetrag von 413,97 DM. Für das Rechnungsjahr 1954/55 ist ein Betrag von 660 Mio. DM vorgesehen. Aus dem Härtefonds wurden in 17 300 Fällen Beihilfen zur Hausratbeschaffung bewilligt, die an 10 800 Sowjetzonenflüchtlinge, 5600 Spätvertriebene und 900 sonstige Begünstigte des Härtefonds geflossen sind, hierfür wurden insgesamt 8,29 Mio. DM bewilligt, im Einzelfall lag der durchschnittliche Betrag bei 479,35 DM.

Abschließend kann festgestellt werden, daß die weitaus größte Zahl der Vertriebenen inzwischen die entsprechende Hausrathilfe erhalten hat, übrig bleiben einmal 300 000 unerledigte Fälle, die sogenannten Bodensatzfälle, bei denen Zweifel hinsichtlich der Anspruchsberechtigung, z. B. bei Erben und bei Jugendlichen bestehen, die erst eingehend geprüft werden müssen, zum anderen die in letzter Zeit und in der Zukunft noch einwandernden Ostzonenbewohner, die Hausrathilfe aus den Mitteln des Härtefonds erhalten.

Die Hausrathilfe ist nicht nur eine konsumtive Unterstützung, zunächst wirkt sie zwar auf den Konsum, mittelbar aber auf die Produktion, d. h. durch die erhöhte Nachfrage nach Hausrat ist eine Produktionsausweitung in der Konsumgüterindustrie und darüber hinaus in der Investitionsgüterindustrie erforderlich; dies bedeutet wiederum Beschäftigung von bisher Arbeitslosen und Schaffung neuer Einkommen, die ihrerseits wieder als Nachfrage die Produktion anregen.

---

[7] Der Wirtschafts- und Finanzplan des Bundesausgleichsamtes für das Rechnungsjahr 1954/55 (Zeitschrift: Sparkasse, Heft 13, 1. Juli 1954, S. 179).

VII. Gesamtaufwand und Gesamteingliederungsbedarf

1. Der bisherige Gesamtaufwand zur Eingliederung der Vertriebenen

Zum Abschluß des ersten Teils ist es notwendig, eine Gesamtdarstellung der bisher aufgewendeten Mittel zur Eingliederung der Heimatvertriebenen zu geben. Auf den ersten Blick erscheint diese Zusammenstellung gar nicht schwierig, es müssen nur die verausgabten Mittel für die vorgenannten Maßnahmen summiert werden. Hier beginnen jedoch schon die Schwierigkeiten, denn:

1. ist es nicht möglich, festzustellen, ob in den vorgenannten Maßnahmen wirklich alle Mittel enthalten sind, die de facto aufgewendet wurden,

2. besteht die Gefahr der doppelten Ermittlung, einmal durch die internen horizontalen und vertikalen Verrechnungspraktiken zwischen den einzelnen Gebietskörperschaften, zum anderen, weil sich viele Maßnahmen überschneiden, so sind zum Teil die Aufwendungen für die Umsiedlungen bei den Aufwendungen für den Wohnungsbau wiederzufinden,

3. werden durch die verschiedenen statistischen Quellen für die einzelnen Maßnahmen oft stark differierende Beträge angegeben,

4. sind die Beträge oft für die Geschädigten global ausgewiesen, und eine Trennung zwischen Vertriebenen und übrigen Geschädigten ist nur mit Hilfe einer gewissen Wahrscheinlichkeitsrechnung möglich. Auch bei den zuvor erläuterten Maßnahmen besteht die Gefahr, daß die in diesem Zusammenhang genannten Mittel als reine „Vertriebenenmittel" aufgefaßt werden, es muß jedoch, wie schon bei der Erläuterung der einzelnen Maßnahmen betont wurde, nochmals darauf hingewiesen werden, daß jeweils nur ein bestimmter Prozentsatz dieser Mittel den Vertriebenen zugute gekommen ist.

Vorweggenommen seien in diesem Zusammenhang die Aufwendungen für die Flüchtlinge von 1945 bis zum Inkrafttreten des Soforthilfegesetzes am 8. August 1949, die durch Länder und Gemeinden vorgenommen wurden. Es handelt sich hierbei größtenteils um konsumtive Aufwendungen, z. B. offene Fürsorge (Unterstützungen), geschlossene Fürsorge (Pflege in Anstalten und Krankenhäusern), Teilpensionen für Beamte, Transport- und Lagerkosten. Diese betrugen in den drei Westzonen seit Kriegsende bis zum 8. August 1949 insgesamt: 4,7 Mrd. RM/DM.[1]

---

[1] Was geschah für Heimatvertriebene, Flüchtlinge, Kriegsgefangene in der Bundesrepublik? (Herausgeber: Bundesvertriebenenministerium 1953, S. 10.)

Hinzu kommen noch indirekte Flüchtlingskosten, die sich jedoch statistisch nicht erfassen lassen.

Eine Gesamtübersicht über die Aufwendungen von 1949 bis 1954 wurde durch das Bundesministerium zusammengestellt:

Tabelle 35

Die Hilfeleistungen für die Flüchtlinge in den Rechnungsjahren 1949 bis 1954

(Beträge in Mio. DM)

Art der Belastung	1949	1950	1951	1952	1953	insg.
1. im reinen Finanzbedarf der öffentlichen Verwaltung enthaltene Aufwendungen für Flüchtlinge						
a) Kriegsfolgenhilfe	492	365	425	393	510	2 185
b) Leistungen nach Art. 131 GG	107	175	345	347	480	1 454
c) Kriegsopferversorgung	322	435	590	631	665	2 643
d) Wohn- und Durchgangslager	—	100	80	173	185	588
e) Umsiedlung, Auswanderung	180	12	30	24	35	151
f) Produktive Flüchtlingsfürsorge (ohne Lastenausgleich)	—	100	100	100	550	930
g) Arbeitslosenhilfe	325	450	360	575	455	2 165
h) Flüchtlingsrenten	320	370	410	410	410	1 920
i) Außergewöhnliche Aufwendungen für Ausbau von Schulen usw. (mittelbare Flüchtlingslasten)	413	462	462	500	310	2 147
Summe	2159	2469	2802	3153	3600	14 183
k) Aus Soforthilfe, Lastenausgleich, Umstellungsgrundschulden	680	1352	1350	1370	2060	6 812
	2839	3821	4152	4523	5660	21 095

Quelle: Bundesministerium für Vertriebene.

* einschließlich Wohnungsbaumittel für die Sowjetzonenflüchtlinge.

Bei den Zahlen für das Jahr 1953 handelt es sich um vorläufige Schätzungen, es können demnach noch einige Verschiebungen und auch eine Veränderung der Gesamtsumme von 21,095 Mrd. DM eintreten.

Diese Aufstellung ist nunmehr näher zu erläutern und zu den bereits beschriebenen Maßnahmen in Beziehung zu setzen, außerdem ist eine Trennung in Aufwendungen für produktive Zwecke und rein konsumtive Unterstützungen der Vertriebenen notwendig:

a) Die Kriegsfolgenhilfe umfaßt die Fürsorgekosten für die Vertriebenen und Flüchtlinge, sie dient rein konsumtiven Zwecken. Diese

Hilfen von insgesamt 2185 Mio. DM nehmen mit rund 12 % einen großen Teil der Gesamtsumme in Anspruch, zumal die Fürsorge noch weitgehend durch die Unterhaltshilfe (vgl. S. 92) entlastet wird.

b) Auch die Leistungen im Sinne von Art. 131 GG dienen der Versorgung des entsprechenden Personenkreises, also ebenfalls rein konsumtiven Zwecken.

c) Die Kriegsopferversorgung dient der Versorgung der Kriegsopfer und der Kriegshinterbliebenen unter den Flüchtlingen, also rein konsumtiv.

d) Wohn- und Durchgangslager. Hierunter sind die Kosten für Transportmaßnahmen und lagermäßige Unterbringung sowie Unterhaltungskosten für die Grenzdurchgangslager und Notaufnahmelager sowie die sonstigen Wohn- und Durchgangslager und die Rückführung von Deutschen aus dem Ausland (Operation Link) enthalten. Der Gesamtaufwand beträgt bis 1955 588 Mio. DM. Auf die Problematik des Lageraufwands und eine mögliche Verringerung sowie auf die Notwendigkeit, in Berlin bestimmte Lager aufrechtzuerhalten, wurde bereits näher eingegangen (vgl. S. 81).

e) Umsiedlung und Auswanderung. In den 151 Mio. DM ist nur ein Teil der im Rahmen der Umsiedlungsprogramme (vgl. S. 24 ff.) aufgewendeten Mittel einbezogen, da der größte Teil dieser Aufwendungen durch den Wohnungsbau verursacht wird. In dem genannten Betrag sind vielmehr Transport- und Organisationskosten, die durch diese Programme entstehen, enthalten; außerdem Aufwendungen für die Auswanderung von Kriegsfolgehilfeempfängern. Diese 151 Mio. DM zählen zwar auch noch zu den konsumtiven Unterstützungen, sie dienen jedoch schon der Heranführung der Arbeitskräfte an den Arbeitsplatz und tragen auf diese Weise zur Produktivität bei. Sie stehen daher den produktiven Aufwendungen schon näher als alle anderen konsumtiven Maßnahmen.

f) Die produktive Flüchtlingsfürsorge (einschließlich Wohnungsbau) aus Haushaltmitteln umfaßt einen großen Teil der vorgenannten Maßnahmen. Es sind in den 930 Mio. DM enthalten: anteilige Mittel des Bundes am Schwerpunktprogramm (vgl. S. 31), Mittel für das Sofortprogramm (vgl. S. 34), Mittel für das Sanierungsprogramm (vgl. S. 36), Mittel für die Landwirtschaft (vgl. S. 70), für die gewerbliche Wirtschaft (vgl. S. 53) und für den Wohnungsbau (vgl. S. 41), außerdem der Flüchtlingsanteil am Jugendwerk. Eine genaue Aufteilung dieser 930 Mio. DM ist jedoch weder durch das Bundesvertriebenenministerium noch durch das Bundesfinanzministerium zu erhalten.

g) Arbeitslosenfürsorge. Es ist nur die Belastung der arbeitslosen Vertriebenen in Ansatz gebracht, man könnte auch die vollen Aufwendungen für Arbeitslosenfürsorge in Ansatz bringen, da der Einstrom von 11 Mio. Menschen und die durch Kriegsschäden und Demontage verminderten Arbeitsplätze erst die Ausmaße der Arbeitslosigkeit (abgesehen von gewissen Strukturfehlern) bewirkt haben.

h) Flüchtlingsrenten. Enthalten ist der Gesamtbetrag der durch Bundeszuschüsse abzugeltenden Mehraufwendungen, die sich aus den auf die Sozialversicherungsträger übergeleiteten Leistungsverpflichtungen nicht mehr bestehender oder außerhalb des Bundesgebietes befindlicher Rentenversicherungsträger (Flüchtlingsrenten) ergeben.

i) Außergewöhnliche Aufwendungen. Obwohl diese Aufwendungen nur „mittelbar" zur Eingliederung beitragen, können sie als produktive Leistungen aufgefaßt werden, da die aufgewandten Mittel zu Anlagezwecken verwandt wurden (Schulenausbau, Kanalisation, Wasserwerke und dergleichen) und den Vertriebenen dauernd dienlich sind.

k) Die Aufwendungen aus Soforthilfe, Lastenausgleich und Umstellungsgrundschulden bilden den umfangreichsten und schwierigsten Punkt. Die Soforthilfe kam den Flüchtlingen mit zwei Drittel ihres Aufkommens zugute (diese zwei Drittel umfassen produktive und konsumtive Hilfen). Rein konsumtiven Zwecken dienen rund 55 % der den Vertriebenen zugute gekommenen Summe in Form von Unterhalts- und Hausrathilfen; zu den produktiven Unterstützungen zählen Existenzaufbau-, Wohnungsbau- und Flüchtlingssiedlungshilfen, um nur die wichtigsten zu nennen.

Rein konsumtiven Zwecken dienten:

Unterhaltshilfe	1 400 Mio. DM
Hausrathilfe	420 Mio. DM
insgesamt:	1 820 Mio. DM

Produktiven Zwecken dienten:

Existenzaufbauhilfe	267 Mio. DM
Wohnungsbau	1 500 Mio. DM
Flüchtlingssiedlung	210 Mio. DM
insgesamt:	1 977 Mio. DM

insgesamt: 3 797 Mio. DM.[2]

Die verbleibenden 3,1 Mrd. DM entstammen dem Lastenausgleich und sind zu 45 % für konsumtive Zwecke verwandt worden. Es kamen demnach 1,7 Mrd. DM produktiven Maßnahmen zugute.

Der Anteil der produktiven Aufwendungen an dem Gesamtbetrag von 21,095 Mrd. DM beträgt daher:

[2] Quelle: Was geschah für Heimatvertriebene ... a. a. O. S. 10.

1. Produktive Flüchtlingsfürsorge ohne Lastenausgleich	930 Mio. DM
2. Außergewöhnliche Aufwendungen	2 147 Mio. DM
Aus Soforthilfe und Lastenausgleich	3 700 Mio. DM
insgesamt:	6 877 Mio. DM
Die konsumtiven Aufwendungen:	
1. Kriegsfolgenhilfe	2 185 Mio. DM
2. Leistungen im Sinne Art. 131 GG	1 454 Mio. DM
3. Kriegsopferversorgung	2 643 Mio. DM
4. Wohn- und Durchgangslager	588 Mio. DM
5. Umsiedlung und Auswanderung	151 Mio. DM
6. Arbeitslosenfürsorge	2 165 Mio. DM
7. Flüchtlingsrenten	3 112 Mio. DM
insgesamt:	14 218 Mio. DM
Produktive und konsumtive Aufwendungen =	21 095 Mio. DM

Nicht enthalten in diesen Aufwendungen sind die anteiligen Aufwendungen für den Gemeinschaftsbedarf der Gesamtbevölkerung, wie z. B. Verwaltung, Gerichtsbarkeit und Polizei. Der aus dem Steueraufkommen mit zu befriedigende Gemeinschaftsbedarf der Flüchtlinge wurde für die Jahre 1949 bis 1952 durch eingehende Berechnungen ermittelt. Die Gesamtsteuerleistung der Flüchtlinge wird für das Jahr 1949 mit 1295 Mio. DM, für 1950 mit 1600 Mio. DM und für 1951 mit 1990 Mio. DM angesetzt. Der darüber hinaus noch zu deckende Gemeinschaftsbedarf der Flüchtlinge beträgt für die gleichen Jahre 1517 Mio. DM (1949), 1989 Mio. DM (1950) und 2607 Mio. DM (1951),[3] bei vorsichtiger Schätzung kann dieser Bedarf für die Jahre 1952 und 1953 mit je 2900 Mio. DM angesetzt werden.

Gerade an diesem nicht durch eigene Steuerleistung der Flüchtlinge gedeckten Gemeinschaftsbedarf ist zu erkennen, wie weit heute noch der Weg bis zur endgültigen Eingliederung ist. Dies liegt einmal an dem größeren Prozentsatz der Arbeitslosen, zum anderen daran, daß der größte Teil der Vertriebenen zu den Empfängern niederer Einkommen zählt. Man könnte demnach erst von einer abgeschlossenen Eingliederung der Vertriebenen sprechen, wenn diese in der Lage sind, durch ihr Steueraufkommen ihren anteiligen Gemeinschaftsbedarf zu decken. (Der Steuerausfall durch Vergünstigungen wird auf insgesamt 200 Mio. DM geschätzt und ist in den obigen Zahlen enthalten.)

Zählt man den anteiligen Gemeinschaftsbedarf zu den Gesamtaufwendungen für die Vertriebenen hinzu, so ergibt dies folgendes Bild:

[3] Quelle: Bundesministerium für Vertriebene.

Tabelle 36

Direkte öffentliche Aufwendungen für Vertriebene

insgesamt:	1949	1950	1951	1952	1953
in Mio. DM	2 839	3 812	4 152	4 523	5 660
zuzüglich:					
durch eigene Steuerleistung der Flüchtlinge nicht gedeckter Gemeinschaftsbedarf	1 517	1 989	2 607	2 900	2 900
insgesamt:	4 356	5 810	6 759	7 423	8 560

Die Gesamtaufwendungen für die Flüchtlinge betragen demnach

in RM		4,7 Mrd. RM
in DM	4 356	
	5 810	
	6 759	
	7 423	
	8 560	32,908 Mrd. DM

2. Schätzungen über den gesamten Eingliederungsbedarf der Vertriebenen

Gegenüber den gleichlautenden Schätzungen hinsichtlich der Verluste im Osten in Höhe von 100 Mrd. DM zeigen die Untersuchungen über den erforderlichen Eingliederungsbedarf sehr unterschiedliche Ergebnisse. Die Schwierigkeit dieser Schätzungen liegt zum Teil darin, daß eine scharfe Trennung zwischen den Investitionen für Flüchtlinge und die übrige Bevölkerung nicht immer möglich ist, so z. B. bei der Schaffung von Arbeitsplätzen und beim Wohnungsbau.

Die am häufigsten zitierte und den meisten Betrachtungen zugrunde gelegte Schätzung ist die 1951 durch die ECA Technical Assistance Commission durchgeführte Untersuchung, die als Sonne-Bericht oder Sonne-Plan bekannt wurde. Der Sonne-Plan sieht die Lösung der Eingliederungsfrage in einem 6-Jahres-Programm mit folgenden notwendigen Aufwendungen vor:[4]

Tabelle 37

1. Arbeitsplatzbeschaffung in der Industrie und Berufsausbildung	552 500 000 DM
2. Handwerk, Handel und freie Berufe	870 250 000 DM
3. Landwirtschaftliche Siedlung	2 630 597 000 DM
4. Umsiedlung	84 000 000 DM
5. Wohnungsbau	7 900 000 000 DM
6. Soziale Wohlfahrt	312 500 000 DM
Gesamtausgaben	12 349 847 000 DM

[4] Die Eingliederung der Flüchtlinge in die deutsche Gemeinschaft (Sonne-Plan), S. 47.

Das Programm sieht also einen Aufwand von rund 12,5 Mrd. DM vor, wobei der Wohnungsbau den größten Raum einnimmt; der Bericht geht davon aus, daß eine produktive Eingliederung mit Hilfe der industriellen und landwirtschaftlichen Arbeitsbeschaffung und der Flüchtlingsumsiedlung nur dann gelingen kann, wenn ausreichende Unterkünfte vorhanden sind.

Mit Hilfe dieser Aufwendungen sollen

7 600 000	Heimatvertriebene,
1 500 000	Flüchtlinge und
300 000	Flüchtlinge nichtdeutschen Ursprungs,
9 400 000	Flüchtlinge insgesamt eingegliedert werden.

Für die Aufbringungsseite waren vorgeschlagen: Der Lastenausgleich (seinerzeit Soforthilfe), von dessen Einnahmen, die mit jährlich 1,5 Mrd. DM veranschlagt wurden, 500 Mio. DM für produktive Zwecke abgezweigt werden sollten, so daß innerhalb von sechs Jahren mit 3 Mrd. DM gerechnet werden konnte; überdies sollte eine Einsparung an Finanzmitteln vorgenommen werden, und zwar dadurch, daß bisher unterstützte Vertriebene eine Existenz finden würden, so daß innerhalb von sechs Jahren etwa 1875 Mio. DM an Unterstützungsgeldern gespart werden könnten. Außerdem sollten die Rückflüsse aus den Investitionen im ländlichen Siedlungs- und Wohnungsbau 600 bis 700 Mio. DM ergeben.

Nach dieser Rechnung blieb ein Defizit von 7 Mrd. DM, das nach eingehenden Untersuchungen über die damalige Wirtschaftslage und finanzielle Situation der Bundesrepublik durch Kredite gedeckt werden sollte. Ohne die Frage, ob eine Defizitfinanzierung durch Kreditschöpfung zu vertreten ist oder nicht, an dieser Stelle ausführlich zu behandeln, da wir an späterer Stelle noch darauf eingehen werden, muß gesagt werden, daß eine Kreditschöpfung von 5 bis 7 Mrd. DM die deutsche Wirtschaft zu diesem Zeitpunkt in eine höchst inflationistische Entwicklung gestoßen hätte.

Stellen wir der Gesamtsumme des Sonne-Plans die bisherigen Aufwendungen in Höhe von rund 23 Mrd. DM gegenüber, so wären damit global die Forderungen der ECA-Commission mehr als erfüllt. Von diesen 23 Mrd. gingen jedoch, wie Bundesvertriebenenminister Oberländer sagt, unendlich viel in den Konsum und in die Lager, so daß auf produktive Maßnahmen nicht die Hälfte dieser 23 Mrd. entfällt.[5]

Eine andere Gesamtschätzung wurde 1949 von einer Studienkommission des Beirats beim Flüchtlingsbischof und beim Hohen päpst-

---

[5] Oberländer: a. a. O. S. 17.

lichen Protektor für das Flüchtlingswesen aufgestellt.[6] Diese Schätzung ging von der Voraussetzung aus, daß 7,4 Mio. Heimatvertriebene in Westdeutschland Zuflucht gefunden hatten, und sah einen Aufwand von 27,7 Mrd. DM vor, der sich folgendermaßen zusammensetzt:

Investitionsbedarf für die gewerbliche Wirtschaft		
Kleinindustrie	0,5 Mrd. DM	
Handwerk	1,5 Mrd. DM	
Handel	2,0 Mrd. DM	4,0 Mrd. DM
Investitionsbedarf für die Landwirtschaft		2,7 Mrd. DM
Beschaffung von Wohnungseinrichtung		3,5 Mrd. DM
Investitionsbedarf für den Wohnungsbau		16,5 Mrd. DM
Kosten der Umsiedlung		1,0 Mrd. DM
Gesamter Kapitalaufwand		27,7 Mrd. DM

Edding errechnet den für die Eingliederung der Flüchtlinge benötigten Investitionsaufwand mit 100 Mrd. DM. Er geht dabei von dem Volksvermögensanteil aus, den jeder Flüchtling hätte mitbringen müssen. Dieser beläuft sich nach Berechnung vor Beginn des zweiten Weltkriegs auf 6000 RM. Diese Summe multipliziert Edding mit 8 Mio. (an Stelle von 10 Mio.), da die Flüchtlinge aus der sowjetischen Besatzungszone zum Teil Sachkapital nach Westdeutschland mitgebracht haben. Die Multiplikation ergibt somit eine Investitionssumme von 48 Mrd. RM. Unter Berücksichtigung der Preissteigerung für Investitionsgüter und im Wohnraumbau seit 1939 käme heute eine Summe von 100 Mrd. DM der von 48 Mrd. RM annähernd gleich. In dieser Zahl sind Wohnungs- und Hausratbedarf enthalten, weiterhin die Beschaffung von Arbeitsplätzen, der Aufbau neuer Betriebe, sämtliche Versorgungsansprüche, Umschulung und Ausbildung der Jugendlichen sowie die mittelbaren Aufwendungen für die Erweiterung öffentlicher Einrichtungen.[7]

In den Mitteilungen der Europäischen Forschungsgruppe gibt Edding den Bedarf für die produktive Eingliederung mit 16 Mrd. DM an.[8] In der „Deutschen Zeitung und Wirtschaftszeitung“ wird der Gesamt-

[6] Vorschläge und Zahlen für die wirtschaftliche Eingliederung der Heimatvertriebenen in Westdeutschland, von der Studienkommission ... Bad Homburg 1949, S. 24.

[7] Edding: Die Flüchtlinge als Belastung ... a. a. O. S. 28.

[8] Mitteilungen der Europäischen Forschungsgruppe Nr. 11, August 1952, S. 220.

bedarf für die Eingliederung der Heimatvertriebenen mit 23 Mrd. DM angegeben.[9]

In einer Kölner Dissertation über die ökonomische Eingliederung der Flüchtlinge wird ein 8-Jahres-Programm mit einem Gesamtbedarf von rund 13 Mrd. DM vorgeschlagen, von dem in den ersten drei Jahren rund 2,4 Mrd. DM und in den weiteren fünf Jahren rund 1,2 Mrd. DM aufgebracht werden sollen.[10]

Es zeigt sich, daß diese Schätzungen sehr unterschiedlich sind und in ihrer Höhe stark voneinander abweichen. Sämtliche vorausgegangenen Schätzungen gehen von der Annahme aus, daß, wenn diese veranschlagten Mittel bereitgestellt und die geplanten Maßnahmen durchgeführt werden, das Flüchtlingsproblem seinen Abschluß gefunden hat. Sie übersehen die Tatsache, daß das Flüchtlingsproblem zu einem Dauerzustand zu werden scheint, da der Zustrom, wenn auch im Vergleich zum Jahr 1953 etwas geringer, jedoch in keiner Weise versiegt ist. Staatssekretär Dr. Nahm stellte hierzu fest: „Wenn der Zustrom von Flüchtlingen aus der Sowjetzone nicht angehalten hätte, wäre das Vertriebenenproblem gelöst und wir brauchten schon kein Vertriebenenministerium mehr."

Die Flüchtlingsfrage bildet daher eine Gleichung mit zwei Unbekannten, denn wer kann Aussagen darüber machen, ob in Zukunft mehr oder weniger Flüchtlinge nach Westdeutschland einströmen werden? Wer kann als zweites die für die Eingliederung der noch Kommenden notwendige Summe in ihrer wirklichen Höhe nennen? Das letztere ist um so schwerer, weil eine immer stärkere Verflechtung der Eingliederung mit der gesamten wirtschaftlichen Entwicklung stattfindet, so daß sich der Gesamtbetrag, der für die Eingliederung noch aufgewendet werden müßte, schon aus diesem Grunde nicht errechnen läßt.

Wie sich die Aufkommen aus den auf gesetzlicher Grundlage bestimmten Maßnahmen entwickeln werden, kann heute noch nicht vorausgesagt werden. Neben diesen gesetzgeberischen Maßnahmen ist die allgemeine volkswirtschaftliche Lage der Bundesrepublik weiterhin von Bedeutung. Konjunktur, Geldkapitalbildung, mögliche Investitionsraten und Steigerung des Sozialproduktes sind Faktoren, die für eine schnelle, weniger schnelle, erfolgreiche oder sogar unmögliche Eingliederung der Heimatvertriebenen wichtiger sind als die Gesetzgebungswerke.

Weiterhin bedenklich ist die Tatsache, daß allmählich die Kapazitätsgrenze der Wirtschaft erreicht ist; dadurch wird die Eingliederung verlangsamt, auch der Zugang der Ostflüchtlinge wirkt sich weiterhin er-

---

9 Deutsche Zeitung und Wirtschaftszeitung Nr. 45 vom 6. Juni 1953.

10 Höfling, H. L.: Die ökonomische Eingliederung der Flüchtlinge, Kölner Diss. 1954.

schwerend aus; nicht ohne Grund prägte Bundesvertriebenenminister Oberländer den Begriff „Konkurrenz der Not".[11]

Das allmähliche Erreichen der Kapazitätsgrenze bedeutet jedoch nicht nur Verlangsamen des Eingliederungsprozesses, sondern Eingliederung unter höheren Aufwendungen, da keine brachliegenden Produktionsfaktoren mehr vorhanden sind.

Wenn wir nunmehr eine Schätzung des noch notwendigen Eingliederungsbedarfs vornehmen, so ist hierbei zunächst eine Zweiteilung notwendig. Als erstes werden wir den Aufwand schätzen, der noch notwendig ist, um die bereits in der Bundesrepublik lebenden 10,7 Mio. Menschen, die vertrieben wurden oder geflohen sind, endgültig einzugliedern. Daß viel für die Heimatvertriebenen getan wurde, steht außer Zweifel, ebenso sicher ist jedoch, daß mit Hilfe der 23 Mrd. DM kein abschließendes Ergebnis erzielt wurde.

1) Der weitere Eingliederungsbedarf der in der Bundesrepublik lebenden 10,7 Mio. Heimatvertriebenen

a) Wohnungsbau (vgl. S. 52). Es fehlen noch Wohnungen für 7 Mio. Vertriebene.

Kosten pro Wohnung für 4 Personen	14 000 DM
Wohnungsbedarf	1,75 Mio. Wohnungen
Gesamtaufwand	24,5 Mrd. DM
Anteil der öffentlichen Hand am Wohnungsbau für Vertriebene = 60 %	rund 15 Mrd. DM.

Programm der Bundesregierung: In den nächsten vier Jahren insgesamt 2,2 Mio. Wohnungen, etwa 60 % dieser Wohnungen werden durch die öffentliche Hand gefördert = 1,3 Mio. Wohnungen. Hierfür wendet die öffentliche Hand 12 bis 13 Mrd. DM auf (vgl. S. 48). Angenommen, die Heimatvertriebenen erhalten 50 % dieser geförderten Wohnungen, so kommen ihnen günstigstenfalls 7 Mrd. DM öffentliche Mittel zugute.

An öffentlichen Mitteln werden daher für den Wohnungsbau der Heimatvertriebenen mindestens noch 8 Mrd. DM benötigt.

b) Arbeitsbeschaffung.

Die Zahl der Arbeitslosen unter den Vertriebenen beträgt im Jahresdurchschnitt 350 000. In Prozent ausgedrückt ist dies ungefähr das Doppelte des allgemeinen Arbeitslosenprozentsatzes in der Bundesrepublik. Um wenigstens diesen Satz zu erreichen, wäre die Beschaffung von rund 180 000 Arbeitsplätzen notwendig; rechnet man für die

[11] Oberländer: a. a. O. S. 24.

Erstellung eines Arbeitsplatzes mit einem Aufwand von 10 000 DM,[12] so wären Mittel in Höhe von insgesamt

1,8 Milliarden DM

erforderlich. Die Beschaffung dieser Mittel kann auf dem Wege der Arbeitsplatzdarlehen oder auf dem Wege der Vorleistung entsprechend dem Vorschlag von Kost ermöglicht werden. Es ist jedoch anzunehmen, daß der Aufwand von 10 000 DM pro Arbeitsplatz etwas zu hoch gegriffen sein dürfte. Bereitgestellt werden für das Jahr 1954/55 Aufbau- und Arbeitsplatzdarlehen für die gewerbliche Wirtschaft in Höhe von 320 Mio. DM. Angenommen, diese kämen zu 60 % den Vertriebenen zugute, so könnte auf diese Weise eine bestimmte Zahl neuer Arbeitsplätze geschaffen werden; wie viele, hängt zum Teil auch davon ab, inwieweit die Darlehen zur Konsolidierung bereits bestehender Existenzen verwendet werden. Angenommen, es werden 130 Mio. DM für neue Arbeitsplätze verfügbar sein, so bedeutet dies jährlich 13 000 neue Arbeitsplätze. Da die anderen Rechnungen auf ein fünfjähriges Programm abgestellt sind, könnten auf diese Weise in fünf Jahren 65 000 Arbeitsplätze bereitgestellt werden mit einem Gesamtaufwand von 650 Mio. DM, es ist jedoch anzunehmen, daß die Zahl noch weit höher liegt, da die Arbeitsplatzdarlehen und Aufbauhilfen in den wenigsten Fällen die Höhe von 10 000 DM erreichen. Da wir bei unserer Rechnung jedoch nur den gesamten produktiven Eingliederungsbedarf ermitteln können, ergibt sich ein Fehlbetrag von

	1 800 Mio.
—	650 Mio.
	1 150 Mio. DM.

c) Landwirtschaft.

Der Eingliederungsbedarf der heimatvertriebenen Landbevölkerung kann folgendermaßen errechnet werden: Mit Hilfe von 770 Mio. DM wurden rund 43 000 landwirtschaftliche Betriebe den Vertriebenen zur Verfügung gestellt, das bedeutet pro Betrieb rund 17 500 DM. 162 000 Bauern müssen noch eingegliedert werden. Es ergäbe sich daher ein Eingliederungsbedarf von

2835 Millionen DM.

In den nächsten 5 Jahren sollen mit Hilfe von 2 Mrd. DM 100 000 Bauern eingegliedert werden, der Aufwand pro Betrieb soll also auf 20 000 DM erhöht werden. Restbedarf 835 Mio. bis 1240 Mio. DM. Wir wollen in

---

12 Oberländer: a. a. O. S. 27.

diesem Fall jedoch die kleinere Zahl nehmen, da die Wohnungen der Landbevölkerung schon zum Teil bei dem gesamten Wohnungsbedarf mit berücksichtigt wurden.

Aus den vorausgegangenen Rechnungen ergibt sich folgender Gesamtbedarf:

a) Wohnungsbau	24,5	Mrd. DM
b) Arbeitsbeschaffung	1,8	Mrd. DM
c) Landwirtschaft	2,8	Mrd. DM
	29,1	Mrd. DM

Hiervon sind gedeckt (geschätzt):

a) Wohnungsbau	7,0	Mrd. DM
b) Arbeitsbeschaffung	0,65	Mrd. DM
c) Landwirtschaft	2,0	Mrd. DM
	9,65	Mrd. DM

Es fehlen noch **19,400 Mrd. DM**, wobei die größte Summe von 17,5 Mrd. DM für den Wohnungsbau aufgebracht werden muß.

Nicht feststellbar ist jedoch, welche Summen noch den bereits bestehenden gewerblichen und landwirtschaftlichen Betrieben als Darlehen zur Verfügung gestellt werden müssen, um diese zu konsolidieren. Man wird jedoch nicht zu hoch greifen, wenn wir den gesamten produktiven Eingliederungsbedarf für die bereits in der Bundesrepublik lebenden Vertriebenen und Flüchtlinge mit mindestens **22 Mrd. DM** beziffern. Unberücksichtigt blieben hierbei die Unterstützungen, Heimförderungen, Ausbildungsbeihilfen und dgl. Auch die Aufwendungen für die Lagerauflösung in Höhe von 400 Mio. DM (400 000 Heimatvertriebene befinden sich zur Zeit noch in Lagern; Oberländer rechnet pro Kopf bei Lagerauflösung einen ersten Aufwand von 1000 DM) wurden nicht miteinbezogen, da diese sich zum Teil in den Aufwendungen für Arbeitsplätze und Wohnungsbau niederschlagen.

2) Der zusätzliche Eingliederungsbedarf der in Zukunft noch in die Bundesrepublik einwandernden Sowjetzonenbewohner

Wie schon angedeutet, kann die zukünftige Einwanderungsquote und damit auch der Eingliederungsbedarf kaum geschätzt werden. Wenn wir daher in diesem Zusammenhang versuchen, eine Schätzung des Eingliederungsbedarfs für die Zukunft zu geben, so müssen wir zu diesem Zweck eine Reihe von Daten unterstellen und alle Unsicherheitsfaktoren eliminieren:

1. wird unterstellt ein Zugang von 200 000 Einwanderern pro Jahr. Davon seien 60 % (entsprechend den letzten Angaben des Statistischen Bundesamtes) erwerbstätig. Ist der jährliche Zugang niedriger, so wird sich der geschätzte Eingliederungsbedarf entsprechend verringern.

2. Es wird angenommen, daß die Zuwanderer sofort vom Notaufnahmelager aus in das nach dem „Uelzener Schlüssel" vorgesehene Bundesland weitertransportiert werden, es sind also keine weiteren Umsiedlungen notwendig.

3. Da nur die Zuwachskosten ermittelt werden, bleiben die Lagerkosten, die mit 100 Mio. DM im Bundeshaushalt bald schon zu den fixen Kosten zählen, unberücksichtigt; ebenfalls jegliche Fürsorgeaufwendungen, da uns hier nur die produktiven Maßnahmen interessieren.

4. Die Einwanderer, die in die gewerbliche Wirtschaft eingegliedert werden sollen, werden keine neuen Unternehmen gründen, sondern durch Kapazitätserweiterungen der bestehenden Unternehmen in die Wirtschaft eingegliedert werden.

5. Gleichbleibende Preise, d. h. es wird angenommen, daß die Kosten für den Wohnungsbau, die Arbeitsplatzbeschaffung und für die ländlichen Siedlerstellen die gleichen bleiben.

Da von 200 000 Einwanderern 60 % erwerbstätig sind, müssen 120 000 Menschen in Arbeit gebracht werden, davon sind nach Schätzung von Oberländer 30 000 aus der ostdeutschen Landwirtschaft. Es wären demnach 90 000 gewerbliche Arbeitsplätze notwendig und 30 000 landwirtschaftliche Siedlerstellen.

a) 90 000 Arbeitsplätze benötigen bei Kosten pro Arbeitsplatz 10 000 DM .... 900 Mio. DM

b) 30 000 Bauern benötigen bei Kosten pro landwirtschaftliche Siedlerstelle 17 500 DM .... 525 Mio. DM

Eine Wohnung für 4 Personen kostet zur Zeit 14 000 DM bzw. für den Einzelnen 3500 DM. Es müßten daher pro Jahr 50 000 zusätzliche Wohnungen mit Gesamtkosten in Höhe von

700 Millionen DM

errichtet werden. Hierbei ist ein gewisser Bedarf der landwirtschaftlichen Bevölkerung einbezogen, auf der anderen Seite wurde der Gesamtbedarf für die landwirtschaftlichen Siedlerstellen relativ niedrig angesetzt.

Zusätzlicher Eingliederungsbedarf pro Jahr

a) Arbeitsplätze	900 Mio. DM
b) landwirtschaftliche Siedlerstellen	525 Mio. DM
c) Wohnungen	700 Mio. DM
	2 125 Mio. DM

Oberländer gibt den jährlich notwendigen Aufwand für die Neuflüchtlinge mit 2,5 Mrd. DM an.[13] Dies ist leicht erklärlich, da es sich bei unserer Rechnung nur um die Schätzung des produktiven Eingliederungsbedarfs ohne Rücksicht auf Fürsorge, Lagerkosten, Renten usw. und mittelbare Flüchtlingslasten handelt. Addiert man diese zusätzlichen konsumtiven Aufwendungen hinzu, so wird doch ein jährlicher Gesamtaufwand von 2,5 Mrd. DM erreicht werden. Dies ist annähernd soviel, wie der jährlich aufkommende Lastenausgleich ergibt.

[13] Oberländer: a. a. O. S. 27.

Zweiter Teil

Die Beschaffung der Mittel für die Eingliederung der Heimatvertriebenen

I. Der Lastenausgleich

Vorbemerkung:

Neben den zahlreichen und schwerwiegenden Aufgaben, die nach dem Zusammenbruch 1945 zu lösen waren, standen als vordringliche Probleme die Neuordnung des Geldwesens und die Herbeiführung eines wirtschaftlich tragbaren Ausgleichs zwischen den vom Krieg hart betroffenen Bevölkerungsteilen und denen, die nicht oder nur zu einem geringen Teil Schaden erlitten hatten. Die weitaus größte Zahl der Geschädigten waren Heimatvertriebene und Flüchtlinge, ihre Notlage bildete das größte Hindernis auf dem Wege zu einer neuen gesunden Sozialstruktur.

Die Idee der Entschädigung bestand bereits, und zwar in konsequenter Fortsetzung des schon während des Krieges gesetzlich fundierten Entschädigungsgedankens. Auch von der Bundesregierung wurde die Notwendigkeit eines allgemeinen Lastenausgleichs anerkannt. In der „allgemeinen Einführung" zu den Motiven heißt es u. a.: „Die Bundesregierung hat einen Lastenausgleich von allem Anfang an als ein außerordentlich politisch und sozial bedeutsames Problem und dessen Lösung als staatliche Aufgabe von höchster Verantwortlichkeit betrachtet. An dieser Auffassung hat auch die Entwicklung der politischen Verhältnisse in neuer und neuester Zeit nichts geändert. Die Bundesregierung ist der Überzeugung, daß der Lastenausgleich gleichermaßen einen Beitrag zur Verteidigung des gesamten sozialen und wirtschaftlichen Gefüges der westlichen Welt bedeutet, wie eine Leistung, die der unmittelbaren militärischen Verteidigung dient. Eine Durchführung des Lastenausgleichs in unverkürzter Form ist auch unter den gegenwärtigen Zeitumständen notwendiger denn je, um durch innere Befriedigung den Abwehrwillen des deutschen Volkes gegenüber äußerer Bedrohung zu festigen." [1]

---

[1] Volkmann: Der Lastenausgleich kommt, Berlin, S. 11/12.

Das Wort Lastenausgleich galt zunächst nur für die Bestrebungen, welche die gewaltigen, durch Kriegsschäden entstandenen Unterschiede in groben Umfängen zu beseitigen planten; die große Zahl der Heimatvertriebenen unter den Geschädigten wurde kaum oder nur in zweiter Linie genannt. Erst seit den Untersuchungen der Sonne-Kommission [2] wurde die Wiedereingliederung der Heimatvertriebenen zum Hauptziel des Lastenausgleichs gemacht und die Entschädigungen für Vermögensverluste in die zweite Linie gerückt.

Es war zunächst geplant, die Entschädigung mit der Währungsreform parallel laufen zu lassen; dieser Plan wurde jedoch von der Militärregierung nicht gebilligt und der Ausgleich der Schäden deutschen Stellen zu einem späteren Zeitpunkt übertragen, und zwar heißt es in der Präambel zum Währungsgesetz: „Den deutschen gesetzgebenden Stellen wird die Regelung des Lastenausgleichs als vordringliche, bis zum 31. Dezember 1948 zu lösende Aufgabe übertragen.“ Die Militärregierung bestimmte, daß die zur Durchführung des Lastenausgleichs erforderlichen Mittel durch eine Vermögensabgabe zu beschaffen seien und außerdem die Schuldnergewinne, die durch die Umstellung der alten RM-Schulden auf DM-Schulden entstanden waren, herangezogen werden sollten. Der Umfang der Aufgabe und die dabei zu berücksichtigenden Gesichtspunkte machten es unmöglich, das Gesetz bis zum vorgeschriebenen Termin endgültig zu erstellen, es wurden daher bis zur Verkündigung des „Gesetzes über den Lastenausgleich“ am 14. August 1952 eine Reihe von Zwischengesetzen erlassen.

Um beiden Seiten gerecht zu werden, wurde eine Gutachterkommission aus Vertretern der Abgabeverpflichteten und Leistungsberechtigten gebildet, die die Frage einer gerechten Entschädigung klären sollte, darüber hinaus aber alle Forderungen, die an einen wirkungsvollen Lastenausgleich gestellt wurden, berücksichtigen mußte, und zwar:

1. Die Erhaltung des wirtschaftlichen Potentials, d. h. die Berücksichtigung der Belastungsfähigkeit der deutschen Wirtschaft als Lebensgrundlage und Entwicklungsmöglichkeit.

2. Die Stabilhaltung der Währung, da sonst die Durchführung des Lastenausgleichs völlig bedeutungslos würde.

3. Ein tragbarer Kompromiß zwischen dem sogenannten „quotalen“ und „sozialen“ Lastenausgleich, d. h. zwischen einer rein prozentualen Entschädigung nach der Höhe des erlittenen Schadens und der bloßen Berücksichtigung der sozialen Stellung, die der Geschädigte vorher und heute innehat.

---

[2] Die Eingliederung der Flüchtlinge in die deutsche Gemeinschaft. Bericht der ECA Technical Assistance Commission.

4. Die Kontrollierbarkeit des Gebrauchs der Entschädigungsleistung. Wenn die Entschädigung in Geld ausgezahlt wird, so besteht leicht die Möglichkeit, daß diese Mittel der Kontrolle entzogen werden. Dann bleibt das große Problem der Eingliederung ungelöst.

Mit Recht weist Kunze auf die besondere Schwierigkeit dieser Aufgaben hin, zumal für einen Lastenausgleich keine brauchbaren Beispiele in der Geschichte existieren.[3]

Erst nach langen und sorgfältigen Prüfungen und unter Berücksichtigung des Materials, welches von den verschiedenen Gruppen der Interessenten, von Sachverständigenausschüssen, — Gutachten für den Lastenausgleich — vom wissenschaftlichen Beirat des Bundesfinanzministeriums und zahlreichen anderen Gruppen erarbeitet wurde, entschied sich die Regierung für einen Lastenausgleich durch Vermögensabgaben neben den bisherigen Steuern. Das Gesetz selbst bringt auf der Grundlage der sozialen Gerechtigkeit das Maximum dessen, was zur Entschädigung der Forderungsberechtigten möglich ist, allerdings geht es weniger um Ersatz der Vermögensverluste, als um die Eingliederung der aus der Gemeinschaft herausgerissenen Personen.

1. Das Soforthilfegesetz als Vorläufer des Lastenausgleichs

Die Vorarbeiten wurden kurz nach der Währungsreform in Angriff genommen; sie erwiesen sich jedoch als so umfangreich, daß der Gedanke einer schnellen Ausarbeitung des Lastenausgleichsgesetzes fallen gelassen werden mußte; aus diesem Grunde wurden zunächst Vorbereitungsgesetze und Übergangsbestimmungen bis zur endgültigen Fertigstellung des Lastenausgleichsgesetzes ausgearbeitet und erlassen. Die wichtigste Übergangslösung bildete das Gesetz zur Milderung dringender sozialer Notstände, das als Soforthilfegesetz vom 8. August 1948 nach Zustimmung des Zweimächtekontrollamtes verabschiedet wurde. Da dieses Gesetz lediglich im vereinigten Wirtschaftgebiet der amerikanischen und britischen Zone Geltung hatte, erließen die Länder der französischen Zone jeweils für ihren Bereich entsprechende Gesetze.

Mit der Durchführung der Leistungen der Soforthilfe wurde das Hauptamt für Soforthilfe in Bad Homburg betraut. In den Ländern wurden Landesämter für Soforthilfe und außerdem ein Kontrollausschuß gebildet. Auch in den Ländern der französischen Zone wurden Landesämter und Kontrollausschüsse eingesetzt.

Es liegt klar auf der Hand, daß das Soforthilfegesetz nicht bereits alle Probleme lösen konnte; auch mußte zunächst besonderes Gewicht

---

[3] Kunze, Joh.: Lastenausgleich vor der Entscheidung. Bielefeld 1951.

auf konsumtive Unterstützungen gelegt werden (55 % des Soforthilfeaufkommens), die sich im Hinblick auf den Einzelnen jedoch nur auf das Notwendigste beschränkten; da es nicht möglich war, alle Geschädigten sogleich mit einem Darlehen oder einem bestimmten Zuschuß auszustatten, so daß er sich von heute auf morgen eine Existenz aufbauen konnte. Das erste, was diese Millionen von Vertriebenen und Geschädigten brauchten, waren konsumtive Unterstützungen, um sie vor dem Verhungern zu bewahren.

Das Aufkommen zur Durchführung der Soforthilfe wurde aus drei Quellen geschöpft:

1. Aus der allgemeinen Soforthilfeabgabe, die vom Rohvermögen erhoben wurde, wenn dieses am 21. Juni 1948 mehr als 3000 DM betrug.

2. Aus der Sonderabgabe für die Soforthilfe, die einmalig und unabhängig von der allgemeinen Soforthilfeabgabe erhoben wurde. Grundlage bildete das gewerbliche und nichtgewerbliche Vorratsvermögen, wenn es 500 DM überstieg, das Gesamtvermögen jedoch nicht höher war als 3000 DM. Man wollte auf diese Weise die Währungs- und Hortungsgewinne der Gewerbebetriebe, die bei der Währungsreform entstanden waren, erfassen.

3. Aus Umstellungsgrundschulden, die bei der Währungsreform entstanden sind. Durch Abwertung der bestehenden Forderungen 10 : 1 entstanden Schuldnergewinne z. B. bei Hypotheken und Grund- oder Rentenschulden. Hatte die Hypothek einen Wert von 10 000 RM, so war das Grundstück nach der Währungsreform nur noch mit 1000 DM belastet. In § 1 des Hypothekensicherungsgesetzes vom 2. September 1948 wurde dazu folgendes bestimmt: „Wenn durch das Umstellungsgesetz ... Schuldnergewinne entstanden sind, so entstehen Grundschulden in Höhe des Betrages, um den der Nennbetrag in RM den Umstellungsbetrag in DM übersteigt.“ (In unserem Falle also 9000 DM.) Die Rechte über diese Grundschulden werden durch die Länder ausgeübt. 15 % des Aufkommens mußten an das Hauptamt für Soforthilfe abgeführt werden, die übrigen Mittel sollten von den Ländern für den Wohnungsbau verwendet werden.

Die Abgabepflicht erstreckte sich auf:

a) Land- und forstwirtschaftliches Vermögen,

b) Grundvermögen,

c) Betriebsvermögen, dessen Wert 3000 DM überstieg.

Tabelle 38

Das Gesamtaufkommen von 1949 bis 31. August 1952

(in 1000 DM)

	Bayern	Bremen	Hamburg	Hessen	Niedersachsen	Nordrhein-Westfalen	Schlesw.-Holstein	Württ.-Baden	Französ. Zone	Gesamt
Allg. Soforthilfeabg.	809 225	70 253	180 341	368 411	599 070	1 472 572	195 393	461 142	536 156	4 692 563
	(17,2%)	(1,5%)	(3,8%)	(7,9%)	(12,8%)	(31,4%)	(4,2%)	(9,8%)	(11,4%)	(100%)
Soforthilfesonderabg.	68 039	8 151	23 818	38 924	37 317	133 179	10 494	48 002	41 159	409 083
	(16,6%)	(2,0%)	(5,8%)	(9,5%)	(9,1%)	(32,5%)	(2,6%)	(11,8%)	(10,1%)	(100%)
	877 264	78 404	204 159	407 335	636 387	1 605 751	205 887	509 144	577 315	5 101 646
	(17,2%)	(1,5%)	(4,0%)	(8,0%)	(12,5%)	(31,5%)	(4,0%)	(10,0%)	(11,3%)	(100%)
Umstellungs-grundschulden	305 400	31 900	125 800	146 300	244 900	441 600	113 500	96 000	79 800	1 585 200
	(19,3%)	(2,0%)	(7,9%)	(9,2%)	(15,4%)	(27,9%)	(7,2%)	(6,0%)	(5,1%)	(100%)
Bruttoaufkommen an Soforthilfeabgaben	1 182 664	110 304	329 959	553 635	881 287	2 047 351	319 387	605 144	657 115	6 686 846
	(17,7%)	(1,6%)	(4,9%)	(8,3%)	(13,2%)	(30,6%)	(4,8%)	(9,1%)	(9,8%)	(100%)

Allgemeine Soforthilfeabgabe	4 692 563
Soforthilfesonderabgabe	409 083
Umstellungsgrundschulden	1 585 200
Vermischte Einnahmen	119 100
Zinsen	43 900
Tilgung und sonstiges	39 800
Gesamtaufkommen (einschl. Umstellungsgrundschulden	6 889 646

Quelle: Bundesausgleichsamt

Die Schätzung wurde nach dem Reichsbewertungsgesetz vorgenommen. Da die Soforthilfeabgabe begrifflich zu den Steuern zählte, galten für die Erhebung die Vorschriften der Reichsabgabenordnung und die übrigen bestehenden Gesetze. Das jährliche Aufkommen betrug einschließlich der Umstellungsgrundschulden rund 1,7 bis 1,8 Mrd. DM.

Die aufgebrachten Mittel sollten den am schwersten getroffenen Geschädigten eine erste Hilfe zur Erhaltung bzw. zur Neugründung einer Existenz bringen. Zu diesen Geschädigten zählten:

1. Flüchtlinge,
2. Sachgeschädigte,
3. Währungsgeschädigte,
4. politisch Verfolgte.

Hinzu kamen noch Flüchtlinge, auch wenn sie nach dem 20. Juni 1948 vertrieben worden waren, und Spätheimkehrer.

Der Aufbau der Leistungen im Soforthilfegesetz ist zweiteilig:

1. Leistungen zur Sicherung des Lebensunterhalts der Geschädigten.
2. Leistungen zur Ermöglichung einer dem Nichtgeschädigten annähernd gleichen wirtschaftlichen Startbasis:
   a) durch Eingliederungshilfe,
   b) durch Wohnungshilfe.

Im einzelnen wurden durch die Soforthilfe vergeben: Unterhaltshilfe, Hausrathilfe, Ausbildungshilfe, Aufbauhilfen und Gemeinschaftshilfe für wirtschaftliche Vorhaben. Ein Rechtsanspruch besteht wegen der begrenzten Höhe der zur Verfügung stehenden Mittel nur auf Unterhaltshilfe, alle anderen Hilfen wurden entsprechend den vorhandenen Möglichkeiten verteilt. Um die allgemeine Wirtschafts- und Finanzpolitik des Bundes nicht zu stören, wurden die Vorlagen über die Ausgaben mit dem Bundesfinanzministerium abgestimmt.

Der Soforthilfefonds und die Landesämter für Soforthilfe der französischen Besatzungszone verfügten über

6 889,646 Mio. DM (vgl. Tabelle 38)

und die Länder über 85 % der Grundschulden

1 347,420 Mio. DM.

Im Abschlußbericht über die Durchführung des SHG sind nähere Angaben über Aufkommen und Leistungen des Soforthilfefonds bis zum 31. August 1952 enthalten, diese beziehen sich allerdings nur auf die Bi-Zone.

Tabelle 39

Aufkommen	insgesamt	Leistungen	insgesamt
Allgemeine Abgabe	4156,4	Unterhaltshilfe	2027,6
Sonderabgabe	367,9	Hausratshilfe	500,0
Vermögenseinnahmen	119,1	Wohnbau	918,5
Zinsen	43,9	Wohnbau Fi.-Hilfe	137,0
Umstellungsgrundsch. 15%[4]	136,8	Auseinandersg.	100,0
Tilgung und sonstiges	39,8	§ 46 Heime-Darlehen	53,0
		Dauerarbeitsplätze	142,0
	4863,9	Ausbildungsbeihilfen	116,5
		Lehrlingsbeihilfen	22,5
Von den Leistungen als Darlehen gegeben:		Flüchtlingssiedlungen	210,0
		Existenzaufbau	388,0
Wohnbau	1055,5	Reinsehlen	2,0
Gemeinsch.H. § 46	53,0	Schlüchtern	1,0
Dauerarbeitsplätze	142,0	Unicef	7,5
Flüchtlingssiedlung	210,0	Depfa Gem.-Hilfe	15,0
Existenzaufbau	388,0	Vertriebenenbank	65,0
Reinsehlen	2,0		4705,6
Schlüchtern	1,0		
Depfa Gem. Hilfe	15,0		
Vertr.-Bank -Gem.-Hilfe	65,0		
	1931,5		
		Gesamtaufkommen	4863,9
Aus Umstellungsgrundschuld. d. Länd. f. Wohnb. überlassen	1247,5	Aufkommenüberhang	158,3
		Kontostände	463,0

Ein entsprechender Abschluß der Landesämter der französischen Zone liegt nicht vor. Aus den Angaben des Bundesvertriebenenministeriums läßt sich jedoch folgende Aufstellung errechnen:

Soforthilfeaufkommen der französischen Zone:

Allgemeine Abgabe	536,156 Mio. DM
Sonderabgabe	41,159 „ „
Umstellungsgrundschulden	79,800 „ „
	657,115 Mio. DM

Diese Mittel wurden von den Landesämtern der französischen Zone wie folgt verwendet:

[4]

Umstellungsgrundschulden bis 31. August 1952	1 384,3
./. abgelieferte 15 %	136,8
= Umstellungsgrundschulden der Länder	1 247,5

Tabelle 40

Unterhaltshilfe	125,1 Mio. DM
Ausbildungshilfe	10,7
Hausrathilfe	64,9
Existenzaufbauhilfe	50,6
Gemeinschaftshilfe für Heime	7,1
Gemeinschaftshilfe für Wohnungs- und Siedlungsbau	214,2
Gemeinschaftshilfe aus Umstellungsgrundschulden	24,0
Gemeinschaftshilfe a. Umstellungsgrundschulden 85 % d. Aufk.	1,2
Gemeinschaftshilfe für Heime	14,8
Gemeinschaftshilfe zur Schaffung von Dauerarbeitsplätzen	24,1
Ausgaben im Rahmen des FlüSG	25,1
Leistungen aus § 76 SHG	1,3
Zusammen	563,2 Mio. DM

Die Verteilung dieser Mittel und die erzielten Erfolge wurden im ersten Teil unserer Ausführungen eingehend erläutert.

Eine der letzten Aufgaben des Hauptamtes für Soforthilfe war die Organisation des Verwaltungsapparates, den die Verkündigung des Gesetzes über die Feststellung von Vertreibungs- und Kriegssachschäden (FG) vom 21. April 1952 mit sich brachte. Das Hauptamt für Soforthilfe diente der vorbereitenden Klärung, führte die Organisation der Feststellungsämter, die Schulung des Amtspersonals durch und arbeitete die Antragsformulare und die statistischen Meldeformblätter aus.

Das Feststellungsgesetz soll nach dem Willen des Gesetzgebers der Vorbereitung der Entschädigung dienen, statistische Unterlagen liefern und nicht zuletzt den Vertriebenen eine Urkunde über den verlorenen Besitz in die Hände geben. Diese Verlustbescheinigung ist von nicht zu unterschätzender Bedeutung, sie gibt dem Vertriebenen eine gewisse Zuversicht, daß seine Schäden entsprechend berücksichtigt werden, wenn auch der Gesetzgeber irgendwelche Zusagen in dieser Richtung bewußt vermieden hat.

Die Soforthilfe bildete also eine Brücke zum Lastenausgleich, wobei die Idee des gerechten Ausgleichs vorerst mehr dem Fürsorgegedanken weichen mußte.

Inzwischen ging die Arbeit an dem Gesetzentwurf ununterbrochen weiter. Aber erst drei Jahre, nachdem die Gesetzgebung erstmalig von einem Lastenausgleich gesprochen hatte, konnte der ursprüngliche Regierungsentwurf fertiggestellt werden; er wurde in der ersten Woche nach Pfingsten 1951 dem Bundestag zur ersten Lesung vorgelegt. Die scharfe Kritik und zahlreiche Abänderungsvorschläge zeigten jedoch, daß der Gesetzentwurf keineswegs den allgemeinen Erwartungen entsprach. Erst nach einer elfmonatigen Umarbeitung konnte der Entwurf am 5. Mai 1952 dem Plenum des Bundestages zur zweiten

Lesung vorgelegt werden. Die dritte Lesung wurde kurze Zeit später am 14. Mai begonnen und am 16. Mai beendet. Nach Zustimmung des Kontrollrates trat das Lastenausgleichsgesetz am 20. August 1952 in Kraft. — Aber nicht die Eigenart des Parlamentarismus ist Ursache dieses späten Zeitpunkts, der Grund ist vielmehr darin zu sehen, daß 1952 die wirtschaftliche Entwicklung und mögliche Leistungsfähigkeit der Träger des Lastenausgleichs besser beurteilt werden konnte, als zur Zeit der Währungsumstellung. —

Das Gesetz selbst bringt keine rechtliche Festlegung des Begriffes „Lastenausgleich"; es spricht vielmehr im § 1 nur vom Ziel des Lastenausgleichs. „Die Abgeltung von Schäden und Verlusten, die sich infolge der Vertreibungen und Zerstörungen der Kriegs- und Nachkriegszeit ergeben haben, sowie die Milderung von Härten, die infolge der Neuordnung des Geldwesens im Geltungsbereich des Grundgesetzes einschließlich Berlin (West) eingetreten sind, bestimmt sich nach diesem Gesetz; die erforderlichen Mittel werden nach Maßgabe dieses Gesetzes aufgebracht (Lastenausgleich)." —

Volkmann wendet für seine Untersuchung folgende Definition an, die sich in der letzten Zeit eingebürgert hat und von vielen Autoren übernommen worden ist: „Lastenausgleich ist das Ausgleichen (Einebnen) in den Vermögenslagen der Deutschen, die durch den Krieg oder dessen Folgen ihr Vermögen ganz oder zum wesentlichen Teil verloren und zwischen denen, die nichts oder nicht alles in der Zeit seit dem Kriegsausbruch und bis zur Geldumstellung am 20. Juni 1948 eingebüßt haben, vielleicht gar heute besser stehen als früher. Er sucht also eine Verlagerung der von einzelnen Deutschen erlittenen Schäden auf die Vermögen all derer herbeizuführen, die verhältnismäßig gering von Kriegs- oder Nachkriegsschäden betroffen wurden."[5]

2. Überblick über die Größenordnungen des Lastenausgleichs

Das Lastenausgleichsgesetz ist mit einer Aufbringung von 70 Mrd. DM in 27 Jahren die größte innerdeutsche Finanztransaktion der bisherigen Wirtschaftsgeschichte. Die Gesetzgeber haben versucht, allen Belangen gerecht zu werden und die Möglichkeit offen gelassen, Änderungsgesetze, die sich als notwendig erweisen, durchführen zu können. Wegen des großen Zeitraums, über den sich das Gesetz erstreckt, und wegen der vielseitigen und tiefgreifenden Wirkungen auf das gesamte Wirtschaftsleben, kann ein abschließendes Urteil wohl erst von der nächsten Generation gegeben werden.

Im folgenden soll ein Überblick über die Größenordnungen der Aufbringungs- und Ausgabenseite sowie der zeitlichen Verteilung der an-

[5] Volkmann, Ernst: a. a. O. S. 9.

fallenden Mittel gegeben werden. Die Schwierigkeiten, die sich hierbei ergeben, liegen darin, daß für die gesamten Zahlen zur Zeit nur Schätzwerte angegeben werden können.

Das 375 Paragraphen umfassende Gesetz ist in zwei große Teile gegliedert: Ausgleichsabgaben und Ausgleichsleistungen.

Die Ausgleichsabgaben umfassen:

1. eine einmalige Vermögensabgabe (VA) § 3,
2. eine Sonderabgabe auf Gewinne aus Schulden, für die Grundpfandrechte bestellt worden sind (Hypothekengewinnabgabe) (HGA) § 3,
3. eine Sonderabgabe auf Schuldnergewinne gewerblicher Betriebe (Kreditgewinnabgabe) § 3,
4. die in § 5 genannten Beträge: Säumnis- und sonstige Zuschläge, Geldstrafen, Erträge des Ausgleichsfonds, aus der Wertpapierbereinigung verbleibende Beträge, sonstige dem Ausgleichsfonds zugewiesene Werte,
5. Beiträge der Länder an Stelle der ursprünglich vorgesehenen Vermögenssteuer § 6,
6. ein jährlicher Zuschuß des Bundes und der Länder in Höhe von 410 Mio. DM § 6.

Diese Abgaben fließen dem sogenannten Ausgleichsfonds zu, der unabhängig vom allgemeinen Staatshaushalt verwaltet wird. Dieser Fonds soll dazu dienen, neben den erforderlichen Beträgen für Rentenzahlungen, Kapital befristet für die notwendigen Investitionen, für Errichtung neuer Existenzen, zum Bau von Wohnungen, zur Gründung oder Übernahme von Bauernhöfen und zur Schaffung von Arbeitsplätzen sicherzustellen. Später sollen dann aus den Erträgen der Lastenausgleichsabgabe individuelle Entschädigungen gezahlt werden.

Ferner wurden zum Zweck der Vorfinanzierung 5%ige steuerbegünstigte Anleihen der Lastenausgleichsbank in Gesamthöhe von 600 Mio. DM, die in jedem Jahr mit 200 Mio. DM aufgelegt werden sollten, sowie die Aufnahme von jährlich 150 Mio. DM steuerbegünstigter Darlehen nach der Vorlage des § 7 d Abs. 2 EStG geplant. Es muß jedoch berücksichtigt werden, daß diese Gelder keine echten Einnahmeposten sind, sondern zurückzuzahlende Gelder, die nur aufgenommen werden, um die rasche Wirkung der Ausgleichsleistungen zu vergrößern. Außerdem bestimmt das Gesetz noch über revolvierende Gelder, dies sind Mittel, die als Darlehen ausgegeben werden und nach ihrem Rückfluß wieder erneut ausgeliehen werden können. Hierzu zählen (§ 254 LAG) die Eingliederungsdarlehen für diejenigen, die keinen Anspruch auf eine Hauptentschädigung haben, außerdem Arbeitsplatzdarlehen (§ 258) und die Mittel für Wohnraumhilfe (§§ 299, 348).

Um einen Eindruck von den Größenverhältnissen der aufkommenden Mittel zu erhalten, sei zunächst das geschätzte und tatsächliche Aufkommen für das Rumpfjahr 1952, d. h. vom 1. September 1952 bis zum 31. März 1953, nach Angaben des Bundesausgleichsamtes aufgezeigt:

Tabelle 41

Abgabeart	Geschätztes Aufkommen Mio. DM	tatsächliches Aufkommen Mio. DM	Mehraufkommen bzw. Minderaufkom. gegenüber der Schätzung Mio. DM
Vermögensabgabe	550	771	+251
Kreditg.-Abgabe		30	
Hypothekengewinnabgabe	210	190	— 20
Länderzuschuß in Höhe von 96% des Aufkommens an Vermögenssteuer	90	95	+ 5
Zuschüsse d. Bundes u. d. Länd. § 6,3	235	234	— 1
Rückflüsse, Zinsen und Tilgung	15	56	+ 41
	1100	1376	+276

Nach Angaben des Bundesausgleichsamtes übertrifft der Anteil des finanzstärksten Landes Nordrhein-Westfalen die anderen bei weitem, und zwar beträgt das Aufkommen Nordrhein-Westfalens 31,1 %, das ist das Doppelte des nächstfolgenden Landes, nämlich Bayern, mit 17 %. Besonders die hohen Prozentsätze bei der Kreditgewinnabgabe mit 50,3 % und der Vermögensabgabe mit 34,2 % und ein absoluter Betrag von über 400 Mio. DM für einen Zeitraum von 11 Monaten beweisen, in welchem Maße sich die Vermögenswerte in Nordrhein-Westfalen konzentrieren. Auch hinsichtlich der Länderzuschüsse aus der Vermögenssteuer steht der Westen der Bundesrepublik mit 44,4 % weitaus an der Spitze. — Trotz der durch den Vertriebenenzustrom bedingten schwierigen wirtschaftlichen Lage sind also zwei der Hauptflüchtlingsländer relativ stark am Gesamtaufkommen beteiligt, nämlich Bayern mit 17 % und Niedersachsen mit 12,7 %.[6]

Für die Rechnungsjahre 1953 (1. April 1953 bis 31. März 1954) und 1954 (1. April 1954 bis 31. März 1955) sieht der Wirtschafts- und Finanzplan des Bundesausgleichsamtes auf der Einnahmenseite folgende Posten vor:

[6] Die Ausführungen sind z. T. entnommen aus: Eisenkopf: a. a. O. S. 11 ff.

Tabelle 42

	1953	1954
I. Ordentliche Einnahmen		
1. Vermögensabgabe	1240	1480
2. Hypothekengewinnabgabe	330	390
3. Kreditgewinnabgabe	120	80
4. Länderzuschuß Vermögenssteuer	310	316
5. Zuschuß Bund und Länder	410	339
6. Rückflüsse	80	107
7. Teuerungszuschläge	65	54
II. Einnahmen aus Vorfinanzierung		
1. Darlehen aus § 7 f	150	100
2. aus LA-Bank Anleihe, 2. Tranche	200	200
3. aus LA-Bank Anleihe, 3. Tranche	—	200
unverplanter Bestand	180	—
		3266
Vorgriff auf Einnahmen des Rechnungsjahres 1954		./. 304
Vorgriff auf Einnahmen des Rechnungsjahres 1955		400
Zur Verfügung stehende Summe	3085	3362

1955 werden an die Stelle der Anleihen die Tilgungsraten der im Jahre 1953 gewährten Darlehen aus dem Lastenausgleichsfonds zuzüglich der Zinsen treten.

Betrachtet man die günstige Aufkommensentwicklung allein hinsichtlich der LA-Abgaben und legt für die Bedarfsrechnung das 6-Jahres-Programm der Sonne-Kommission zugrunde, so wäre schon allein das Aufkommen an LA-Abgaben von jährlich annähernd 2 Mrd. DM — unter der Voraussetzung, daß die gesamten Mittel den Vertriebenen zugute kämen — ausreichend, um die Bedingungen des Planes zu erfüllen bzw. die Flüchtlinge in sechs Jahren einzugliedern. Daß der Eingliederungsbedarf der Vertriebenen heute weit höher ist, ergibt sich schon daraus, daß neben dem hohen Aufkommen an LA-Abgaben, das zu einem großen Teil für die Vertriebenen bestimmt ist, noch Millionenbeträge der öffentlichen Hand für die Eingliederung zur Verfügung gestellt werden müssen, um die notwendigsten Maßnahmen durchzuführen. Wie Bundesvertriebenenminister Oberländer ausführt,[7] betragen die Kosten allein für die Eingliederung der jährlich hereinströmenden Sowjetzonenflüchtlinge pro Jahr genau das, was der Lastenausgleich aufbringt. Dabei ist zu bedenken, daß die Lastenausgleichsmittel nicht einmal voll zur produktiven Eingliederung zur Verfügung

[7] Oberländer: Die Überwindung der deutschen Not, S. 27.

stehen, weil ein großer Teil von ihnen für Unterhaltshilfe und andere Unterstützungen bereitgestellt werden muß.

3. Die Ausgleichsabgaben

Die Ausgleichsabgaben sollen im allgemeinen in Geld gezahlt, also dem Ertrag entnommen werden. Das Gesetz schließt aber ebenso wie das frühere Soforthilfegesetz eine Naturalleistung nicht aus (§§ 201, 349, 58, 59 und 264). Die Ausgleichsabgaben sind von den Personen zu zahlen, die ihr Vermögen ganz oder teilweise behalten haben. Empfänger der Ausgleichsleistungen sind die Geschädigten; damit erhalten diese jedoch keinen unmittelbaren Anspruch gegen die Besitzenden. Schuldner der durch das Lastenausgleichsgesetz begründeten Rechtsansprüche ist der Bundesstaat.

1) Die Vermögensabgabe (§§ 16 bis 90 LAG)

Der größte Teil der zu erwartenden Einkünfte wird voraussichtlich aus der einmaligen Vermögensabgabe zufließen; diese belastet das am 21. Juni 1946 im Geltungsbereich des Grundgesetzes und oder in Berlin (West) vorhandene Vermögen unter Berücksichtigung einer Vielzahl von Faktoren, deren Erörterung in diesem Zusammenhang zu weit führen würde.

Grundsätzlich sollen keine Unterschiede zwischen dem privaten Vermögen und dem Vermögen der öffentlichen Hand gemacht werden, es wird jedoch nur das Vermögen der öffentlichen Hand zum Lastenausgleich herangezogen, das im Wettbewerb mit privatem Vermögen steht. Eine Ausnahme bildet der forstwirtschaftliche Besitz der öffentlichen Hand, der von der Abgabe freigestellt wurde. Eßer weist darauf hin, daß diese Ausnahme nicht gerechtfertigt sei, da für die Abgabe in erster Linie die „Konkursmasse des Dritten Reiches" herangezogen werden müßte, d. h. das an wirtschaftlichen Unternehmen noch beteiligte Reichsvermögen; gerade beim Forstbesitz ist der Anteil der öffentlichen Hand besonders hoch, er beträgt etwa 51 %, hinzukommt, daß diese Befreiung die norddeutschen Körperschaften gegenüber den waldreichen Ländern und Gemeinden Süddeutschlands benachteiligt. Das Vermögen der Staatsbürger, die keine oder nur geringe Schäden erlitten haben, soll nach Eßer erst in zweiter Linie beansprucht werden.[8]

Die Vermögensabgabe ist im Verlaufe von 30 Jahren, beginnend am 1. April 1949, bis zum 31. März 1979 zu tilgen und zu verzinsen. Maßgebend für die Abgabe ist der Stand des Vermögens am Währungsstichtag. Bei der Abgabepflicht werden beschränkte und unbeschränkte Abgabepflicht unterschieden. Unbeschränkt abgabepflichtig ist das Ge-

---

[8] Eßer: Gesetz über den Lastenausgleich, S. 31.

samtvermögen solcher Personen, die am Währungsstichtag ihren Wohnsitz oder Aufenthalt oder bei Personenvereinigungen ihre Geschäftsleitung im Gebiet der heutigen Bundesrepublik hatten. Personen, Personenvereinigungen, Vermögensmassen und Körperschaften, für die das nicht zutrifft, sind nur für das in der Bundesrepublik gelegene Vermögen abgabepflichtig. Nicht abgabepflichtig sind die öffentlichen Versorgungsbetriebe, insbesondere: die Deutsche Bundesbahn, die Deutsche Bundespost, Monopolverwaltungen des Bundes, die Bank Deutscher Länder, die Rentenbank, die Landeszentralbanken, Kanalgesellschaften, Vermögen der öffentlichen Wasser- und Energieversorgung, sowie Verkehrsbetriebe, die dem öffentlichen Verkehr dienen, und Versicherungskassen.

Die Besteuerungsgrenze beträgt 5000 DM, d. h. bis zur Höhe von 5000 DM ist das Vermögen abgabefrei; der Freibetrag verringert sich jedoch bei den höheren Vermögen und wird nur bei Werten bis zu 35 000 DM gewährt (§ 29). Von diesen Vermögen ist eine Abgabe von 50 % zu leisten. Im Gegensatz zur Soforthilfe unterliegt nicht das Rohvermögen, sondern das Reinvermögen der Abgabepflicht, d. h. es können Schulden und eigene erlittene Schäden, sowie bereits geleistete Soforthilfeabgaben in Abzug gebracht werden. Als eigene erlittene Schäden können Kriegssachschäden, Vertreibungsschäden und Ostschäden prozentual von der verbleibenden Abgabeschuld abgezogen werden, allerdings auch nur dann, wenn das Stichtagsvermögen den Betrag von 150 000 DM nicht übersteigt.

Die Abgabeschuld errechnet sich nach folgendem Schema:

Vermögen am Währungsstichtag
abzüglich: Freibetrag

---

ergibt: abgabepflichtiges Vermögen;

davon sind zu leisten: 50 %
abzüglich: Ermäßigung wegen Kriegssachschäden, Vertreibungsschäden, Ostschäden und Soforthilfeabgabe

---

ergibt: tatsächlich zu leistende Abgabeschuld.

Von dieser Abgabeschuld werden die Vierteljahressätze berechnet, sie betragen bei Betriebsvermögen 1,5 %, bei gemischt genutzten Grundstücken 1,25 % und bei land- und forstwirtschaftlichem Vermögen sowie bei zum Grundvermögen gehörenden Grundstücken 1 %. Die Laufzeit des Lastenausgleichs begann aber bereits am 1. April 1949. Da für diese drei Jahre die Ausgleichsabgabe nachzuentrichten ist, erhöht sich der Abgabesatz um $^{3}/_{27}$, nach dem Gesetz von 1,5 auf 1,7 %, von 1,25 auf 1,4 % und von 1 auf 1,1 %.

Besondere Vergünstigungen werden mit Rücksicht auf die Familienverhältnisse, Alter und Erwerbsfähigkeit des Abgabepflichtigen und aus sonstigen sozialen Gründen gewährt.

Erwähnenswert erscheint in diesem Zusammenhang noch § 24 Ziff. 2 LAG, da diese Bestimmung im Widerspruch zu vielen anderen positiven wirtschaftspolitischen Bestrebungen steht. Es handelt sich um die Belastung der Aktien, Kuxe, sonstiger Anteile und Genußscheine an Kapitalgesellschaften mit ihrem halben Wert, soweit diese Papiere vor dem 31. Dezember 1948 an der Börse oder in freiem Verkehr gehandelt worden sind. Hierdurch entsteht eine Benachteiligung der Kapitalgesellschaften gegenüber anderen Unternehmen.

Die Kapitalgesellschaften unterliegen zur Zeit einer vierfachen Besteuerung: 1. der Körperschaftssteuer, 2. der Einkommensteuer des Wertpapierinhabers, 3. der Lastenausgleichsabgabe a) Vermögensabgabe der Kapitalgesellschaft, b) Heranziehung der Wertpapiere zur Vermögensabgabe.

Gegen diese Regelung haben die Spitzenverbände der Wirtschaft Einspruch erhoben, mit dem sie auf die ernsten Folgen dieser Entscheidung aufmerksam machen.[9] Denn der Beschluß stellt eine Diskriminierung der Aktie dar und widerspricht allen denjenigen Maßnahmen, die eine Kapitalmarktförderung zum Ziel haben. Eine Überwälzung dieser Steuerlast ist aber nicht möglich; sie bleibt auf dem Aktionär liegen und schwächt den Anreiz zu der so notwendigen Kapitalbildung in der Form des echten Beteiligungskapitals sehr erheblich.

2) Die Währungsgewinnabgaben

Bei der Währungsumstellung entstanden durch die Umwertung der Forderungen Schuldnergewinne, die auf Befehl der Militärregierung zum Lastenausgleich mit herangezogen werden mußten. Eßer lehnt in seiner kritischen Betrachtung der Abgabenseite des Lastenausgleichsgesetzes die Währungsgewinnabgaben als Überbleibsel aus der ersten Konzeption ab, da sie den Grundsatz der gleichmäßigen Besteuerung nicht berücksichtige und wirtschaftlich untragbar sei.[10] Er führt aus, daß die Erhebung der Währungsgewinnabgaben von dem Tatbestand der Bereicherung ausginge, dieser Tatbestand aber schon begrifflich nicht vorliege, da es sich um eine Umwertung handele. Er erhärtet diese Feststellung durch mehrere beispielhafte Tatbestände, bei denen von einer Bereicherung keinesfalls die Rede sein kann. Die Währungsgewinnabgaben sind wirtschaftlich nicht tragbar, weil sie gerade bei anlageintensiven Unternehmen entstanden, die mit hohen Krediten ar-

---

[9] Eßer: a. a. O. S. 50/51.

[10] Eßer: a. a. O. S. 106 ff.

beiten; diese Kredite sind jedoch durch Zerstörungen, Demontagen, Wiederaufbau, Weiterzahlung von Löhnen bei Stillstand und Unterbeschäftigung längst untergegangen und haben sich in Vorräten und Anlagen niedergeschlagen, so daß sie heute aus der Substanz gezahlt werden müssen.

Das Gesetz sieht zwei Währungsgewinnabgaben vor: Die Hypothekengewinnabgabe und die Kreditgewinnabgabe.

a) Die Hypothekengewinnabgabe

Bei dieser Abgabe handelt es sich einmal um Gewinne, die durch die Umstellung von dinglich gesicherten RM-Verbindlichkeiten entstanden sind, zum anderen um Gewinne, die sich bei der Umstellung von forderungslosen Grundpfandrechten bildeten. Voraussetzung für die Abgabe ist die Lage des Grundstücks im Bundesgebiet, maßgebend ist ferner, daß der Gewinn durch die Umstellung entstand und daß es sich um eine Fremdschuld handelt. Die Hypothekengewinnabgabe im LAG ist eine persönliche Abgabeschuld, im Gegensatz zum Hypothekensicherungsgesetz, das durch die Bestimmungen des LAG außer Kraft gesetzt wird. Bestimmend ist weiterhin, daß Schuldner und Grundstückseigentümer identisch sind. Als befreit gelten alle Schuldnergewinne, die der Kreditgewinnabgabe unterliegen, auch Schuldnergewinne aus Verbindlichkeiten des täglichen Lebens werden grundsätzlich nicht zum Lastenausgleich herangezogen.

Die Hypothekengewinnabgabe ist, abgesehen von den Wohn- und Siedlungsunternehmen, in der gewerblichen Wirtschaft nur von den nicht bilanzierenden Gewerbetreibenden und den nicht buchführenden land- und forstwirtschaftlichen Betrieben, soweit sie der Abgabe unterliegen, zu entrichten.

Die Abgabe soll der vollen Höhe des erzielten Schuldnergewinnes entsprechen, und zwar ist der Betrag zu zahlen, der den Unterschied zwischen der RM-Verbindlichkeit und dem DM-Umstellungsbetrag ausmacht; das sind meist neun Zehntel der Gesamtforderung. Es können aber von diesem Betrag Kriegs- und Kriegsfolgeschäden abgezogen werden.

In bestimmten Fällen sind Vergünstigungen vorgesehen, die auch volkswirtschaftlichen Gesichtspunkten Rechnung tragen, z. B. wird nach § 129 die Abgabe bei ungünstiger Ertragslage erlassen oder die Tilgungsdauer verlängert; nach § 104 ist bei Wiederaufbau zerstörter Gebäude in der Zeit vom 21. Juni 1948 bis 31. März 1956 eine Herabsetzung der Abgabeschuld möglich, und zwar kann der Betrag der Abgabeschuld, der durch die Erträgnisse nach Abzug der Kapital- und Bewilligungskosten nicht gedeckt ist, abgezogen werden.

Es läßt sich folgendes Schema aufstellen:

Hypothekarisch gesicherte Verbindlichkeit
./. Gewinne, die der Kreditgewinnabgabe unterliegen
./. Schuldnergewinne aus Verbindlichkeiten des täglichen Lebens

---

= abgabepflichtige Verbindlichkeit
davon $^9/_{10}$

= Abgabeschuld
./. Kriegsschäden
./. Wiederaufbauleistungen

= endgültige Abgabeschuld zum Währungsstichtag.

Das Aufkommen wird auf jährlich 310 Mio. DM geschätzt. Verzinsung und Tilgung dieser Abgabeschuld richten sich nach den Bedingungen der abgeschlossenen Verträge, allerdings wird sich die Summe von 310 Mio. DM im Laufe der Jahre durch die erfolgten Rückzahlungen verringern.

Die Hypothekengewinnabgabe ist als einzige Abgabe zweckgebunden; § 323 Abs. 1 LAG bestimmt: „Für Zwecke der Wohnraumhilfe sind die Erträge aus der Hypothekengewinnabgabe, mindestens jedoch jährlich 300 Mio. DM, bereitzustellen; die Mittel werden den Ländern darlehnsweise zur Verfügung gestellt. In den auf das Rechnungsjahr 1956 folgenden 10 Rechnungsjahren ermäßigt sich der Betrag um jeweils 10 v.H. des nach Satz 1 bereitzustellenden Betrages."

Die Hypothekengewinnabgabe versucht den individuellen Verhältnissen des Steuerpflichtigen gerecht zu werden. Volkmann bezeichnet sie als Werterhaltungssteuer, da sie von der Annahme ausgeht, daß der Grundstückeigentümer die Substanz des Grundbesitzes in die DM-Zeit retten konnte und sich das Verhältnis der Belastung zum Grundstückswert für den Eigentümer vorteilhaft verschoben hat.[11]

b) Die Kreditgewinnabgabe

Der Kreditgewinnabgabe unterliegen solche Schuldnergewinne, die nicht durch die Hypothekengewinnabgabe abgegolten werden.[12] Sie kommt nur für gewerbliche Betriebe in Betracht, die nach dem DM-Bilanzgesetz verpflichtet sind, eine DM-Eröffnungsbilanz aufzustellen. Befreit sind unter anderem Geldinstitute, Bausparkassen und Versicherungsunternehmen, gewerbliche Betriebe des öffentlichen Rechts, sowie Wohnungs- und Siedlungsunternehmen. Bemessungsgrundlage für die Kreditgewinnabgabe ist der Mehrbetrag (Gewinnsaldo) aus den Schuldnergewinnen gegenüber den Gläubigerverlusten und Betriebsverlusten.

---

[11] Volkmann, E.: a. a. O. S. 33.
[12] folgendes nach Eisenkopf: a. a. O.

Wertverluste, die während des Krieges entstanden sind, werden berücksichtigt, und zwar erfolgt die Minderung des Gewinnsaldos durch die sogenannte Rückgangsquote, das heißt um den Betrag, um den der Wert des Unternehmens am 1. Januar 1940 den Wert am Stichtag der DM-Eröffnungsbilanz übersteigt und der in Beziehung zum Wert am 1. Januar 1940 gesetzt wird. Diese Zahl, ausgedrückt in Prozent, wird als Rückgangsquote bezeichnet.

Die Verzinsung der Kreditgewinnabgabe beträgt ab 1. Juli 1948 4 % und die Tilgung ab 1. Juli 1952 jährlich 3 % zuzüglich der ersparten Zinsen. Die für die ersten vier Jahre (1. Juli 1948 bis 1. Juli 1952) aufgelaufenen Zinsen sind vom 1. Juli 1952 bis zum 30. Juni 1960 gleichmäßig zu entrichten, im Gegensatz zur Vermögensabgabe, bei der sich die Zahlung der rückständigen Zinsen (vom 1. April 1949 bis zum 1. April 1952) auf 27 Jahre verteilt. Dadurch erhöht sich aber der Zinssatz der Kreditgewinnabgabe für die ersten 8 Jahre (1952 bis 1960) auf jährlich 9 %, und zwar:

4 % Zinsen + 3 % Tilgung pro Jahr	= 7 %	
Verteilung der 16 % Zinsen von 1948 bis 1952 (4×4 % = 16 %) auf 8 Jahre (bis 1960)	= 2 %	(16 % : 8 Jahre)
Insgesamt	9 %	

Diese Bestimmung ist getroffen worden, um die Einnahmen in den ersten Jahren möglichst zu erhöhen. In den nächsten 8 Jahren wird mit einem Jahresaufkommen von 180 Mio. DM gerechnet, welches sich in den darauffolgenden Jahren um 40 Mio. DM Zinsnachzahlungen vermindert. Die Laufzeit der Kreditgewinnabgabe beträgt 21½ Jahre.

Vermögensabgabe, Hypothekengewinnabgabe und Kreditgewinnabgabe können vorzeitig abgelöst werden. Auch diese Möglichkeiten sind in das Gesetz aufgenommen worden, um in den ersten Jahren hohe Einnahmen zu erzielen. Für die Ablösung ist bis zum 31. Dezember 1954 ein Zinssatz von 10 % vorgesehen. Diese Bestimmung wird von der Wirtschaft jedoch kaum in Anspruch genommen. Eßer weist darauf hin, daß einmal der Zinssatz von 10 % angesichts der heutigen Debetzinsen keinen ausreichenden Anreiz bietet und zum anderen, daß für einen Zeitraum von 27 Jahren keine endgültigen Dispositionen getroffen werden können.[13]

3) Beiträge des Bundes und der Länder an den Aussgleichsfonds

Neben den Leistungen, die aus dem Sachvermögen zu entrichten sind, sieht das Gesetz noch Beiträge der öffentlichen Haushalte, Zuschüsse vom Bund und den Ländern, an den Ausgleichsfonds vor.

[13] Eßer, J.: Gesetz über den Lastenausgleich ... a. a. O. S. 98.

§ 6 LAG bestimmt hinsichtlich der auf 1 % erhöhten Vermögenssteuer (Absatz 1 und 2) und der sonstigen Zuschüsse (Absatz 3), daß die Länder bis zum 31. Dezember 1957 Zuschüsse in Höhe des Vermögenssteueraufkommens an den Lastenausgleichsfonds abzugeben haben (Absatz 1). Diese Zuschüsse sind jedoch von bestimmten Bedingungen abhängig und betragsmäßig begrenzt. Absatz 2 sagt: „Übersteigt das Aufkommen an Vermögensabgabe, Hypothekengewinnabgabe und Kreditgewinnabgabe, auf das Rechnungsjahr bezogen, den Betrag von 1785 Mio. DM, so mindern sich die Zuschüsse nach Absatz 1 um den 1785 Mio. DM übersteigenden Betrag des Aufkommens."

Durch diese Bestimmung liegen die Beiträge der öffentlichen Hand in ihrer absoluten Höhe nicht fest. Vom Bundesausgleichsamt wurden die Einnahmen aus der Vermögens-, Hypothekengewinn- und der Kreditgewinnabgabe mit 1690 Mio. DM errechnet (vgl. Finanzplan des Bundesausgleichsamtes für das Rechnungsjahr 1953, S. 121. Die Zinsnachzahlungen und Rückflüsse aus Soforthilfedarlehen wurden mit 80 Mio. DM veranschlagt. Eßer führt aus, daß diese Schätzungen viel zu niedrig seien. Er rechnet mit einer Steigerung des Aufkommens aus der Vermögensabgabe um 70 %.[14] Somit würde der vorgesehene Zuschuß der Länder in Höhe des Vermögenssteueraufkommens (320 Mio. DM) den Länderhaushalten zuwachsen. Ebenso fließen den Ländern die Nachzahlungen auf die Vermögenssteuer für die Zeit von 1949 bis 1952 zu.

Hierzu ist aus dem Bericht des Bundesausgleichsamtes über das abgelaufene Rechnungsjahr 1953/54 folgendes zu entnehmen: „Gegenüber dem ursprünglichen Ansatz im Finanzplan 1953 ergab die Summe der Vermögens-, Hypothekengewinn- und Kreditgewinnabgabe eine Mehreinnahme von 320 Mio. DM. Dieses Mehraufkommen ist aber für den Ausgleichsfonds insofern nicht von besonderer Bedeutung, als sich die Zuschüsse nach § 6 Abs. 1 LAG um den 1785 Mio. DM übersteigenden Betrag des Aufkommens an den drei oben genannten Abgaben mindern. Die Koppelung der drei Aufkommensarten mit dem Aufkommen an Vermögenssteuer wirkt sich für die einzelnen Leistungsmaßnahmen insofern ungünstig aus, als die Hypothekengewinnabgabe mit ihrem vollen Aufkommen (mindestens 300 Mio. DM) nach § 323 Abs. 1 LAG für Zwecke der Wohnraumhilfe gebunden ist: Je höher das Gesamtaufkommen der drei Ausgleichsabgaben ist, um so höher die Minderung der Vermögenssteuer; je höher die Hypothekengewinnabgabe innerhalb der drei Abgaben, um so kleiner der Anteil, der neben der Wohnraumhilfe für andere Maßnahmen bereitgestellt werden kann.

An Vermögenssteuer sind 549 Mio. DM aufgekommen, gegenüber einem Ansatz von ursprünglich 310 Mio. DM. Allerdings darf nicht

---

[14] Eßer: a. a. O. S. 27.

übersehen werden, daß in dem Betrag von 549 Mio. DM erhebliche Nachzahlungsbeträge enthalten sind.[15] Die Begrenzung der Zuschußpflicht der Länder bei 1785 Mio. DM wäre daher im Interesse einer rascheren Eingliederung der Vertriebenen besser unterblieben. Gerade im Hinblick auf die neu hinzukommenden Sowjetzonenflüchtlinge hätte man den durch das Überschreiten des Limits nunmehr abzugsfähigen Betrag für deren wirtschaftliche Eingliederung verwenden können. Die Folge wäre eine Senkung der Sozialetats in den Länderhaushalten, wodurch der Steuerausfall der Länder in erträglichen Grenzen gehalten und im Laufe der Zeit das Minderaufkommen an Vermögenssteuer durch erhöhte Einnahmen an Einkommen- und Körperschaftssteuer ausgeglichen würde.[16]

Weitere Zuschüsse sind gemäß § 6 Abs. 3 LAG vom Bund (ein Drittel) und den Ländern (zwei Drittel) vorgesehen. Diese betragen bei einem Jahresaufwand für Unterhaltshilfe von mindestens 890 Mio. DM (Grenzbetrag) jährlich 410 Mio. DM. Sie mindern sich in dem Verhältnis, in dem die jährlichen Ausgaben für Unterhaltshilfe den Grenzbetrag unterschreiten. Solange die Aufwendungen für Unterhaltshilfe hinter dem Grenzbetrag zurückbleiben, beträgt der Zuschuß hiernach 41/89 = 46,067 v. H. der Aufwendungen für Unterhaltshilfe. Da der Jahresaufwand für Unterhaltshilfe im Rechnungsjahr 1954 auf 735 Mio. DM veranschlagt worden ist, beträgt die Minderung rund 71 Mio. DM.[17]

4. Die Ausgleichsleistungen

Aus der Übersicht über die Einnahmenseite der Finanzpläne für die Rechnungsjahre 1953 und 1954 auf Seite 121 geht hervor, daß mit einem jährlichen Aufkommen für 1953 von 3085 Mio. DM und für 1954 von 3362 Mio. DM gerechnet wird. Alle Parteien sind sich darüber klar, daß dieser Betrag in Anbetracht der zu ersetzenden Schäden und der notwendigen Hilfsmaßnahmen für die Eingliederung der Heimatvertriebenen kaum ausreichen kann; das Maß der Dinge sind und bleiben jedoch die Einnahmen; so sind die zuständigen Stellen gezwungen, mit diesen gegebenen Mitteln eine möglichst große Zahl von Vertriebenen, wenn nicht alle, in die Bundesrepublik einzugliedern. Um die eigentliche Verteilung dieser knappen Mittel wurden heftige Debatten zwischen den verschiedenen Interessentengruppen geführt.

Von Anfang an standen sich in der Lastenausgleichsdiskussion zwei Auffassungen hinsichtlich der Durchführung der Entschädigung gegen-

[15] Der Wirtschafts- und Finanzplan des Bundesausgleichsamtes für das Jahr 1954/55 von Vizepräsident Dr. Conrad (entnommen: Sparkasse, Heft 13, 1. Juli 1954).

[16] Eisenkopf: a. a. O.

[17] Wirtschafts- und Finanzplan des Bundesausgleichsamtes a. a. O. S. 178.

über. In den Motiven sind folgende Vorbemerkungen zu den Ausgleichsleistungen enthalten: „Die Entscheidung, nach welchen Gesichtspunkten die aufkommenden Mittel auf die Geschädigten verteilt werden sollen, hängt wesentlich von der Beantwortung der Frage ab, worin die eigentliche Aufgabe des Lastenausgleichs zu erblicken ist. Zwei Grundauffassungen stehen sich hier gegenüber. Nach der einen ist das Ziel des Lastenausgleichs eine möglichst gleichmäßige Verlagerung der entstandenen Schäden auf die Schultern aller. Für die Vertreter der anderen Auffassung steht der Gesichtspunkt der Wiedereingliederung der durch die Schäden ihrer wirtschaftlichen Grundlage beraubten Menschen in den Wirtschaftsprozeß und in die soziale Gemeinschaft im Vordergrund. — Auch dem Entwurf liegt die Auffassung zugrunde, daß mit dem Lastenausgleich eine möglichst gleichmäßige Verlagerung der entstandenen Schäden auf die Schultern aller erreicht werden sollte. Er betrachtet aber im Hinblick auf die große Notlage, in der sich zahlreiche Geschädigte noch befinden, als Nahziel die Wiedereingliederung der durch die Schäden ihrer wirtschaftlichen Grundlage beraubten Menschen. Bis zum Erlaß des § 215 LAG vorbehaltenen Gesetzes ist daher nach der Konzeption des Entwurfes die Eingliederungshilfe als Vorauszahlung auf die Hauptentschädigung die wichtigste Entschädigungsform. Der § 215 bestimmt als Grundsatz für die Hauptentschädigung, die nach 15 Gruppen vorläufig in § 224 festgesetzt wurde, „daß diese Grundbeträge endgültig durch ein bis zum 31. Dezember 1956 zu erlassendes Gesetz bestimmt werden", sobald hinreichende Unterlagen über die Höhe der verfügbaren Mittel und der zu berücksichtigenden Schäden vorliegen.[18]

Heftige Diskussionen entstanden um die Frage: individueller oder sozialer Lastenausgleich, quotale Entschädigung oder produktive Verwendung. Die „Quotalisten" verlangten, daß die Entschädigung an das frühere Eigentum anknüpft, es sollte also eine Entschädigung vorgenommen werden, bei der nur materiell und zahlenmäßig nachweisbare Vermögensverluste berücksichtigt wurden. Die Vertreter der anderen Auffassung wollten den Lastenausgleich im Hinblick auf die notwendige Eingliederung ohne Anknüpfung an die früheren Besitzverhältnisse verstanden wissen. Dieser zweiten Auffassung entsprach das Soforthilfegesetz, während sich das Lastenausgleichsgesetz formal für das quotale System entschied, indem es für die Hauptentschädigung den materiellen Verlustnachweis zugrunde legte. Trotz dieser Entscheidung wird das Gesetz auch sozialen Zielsetzungen gerecht. So ist die Entschädigungsquote bei der Hauptentschädigung stark degressiv gestaffelt, so daß der Verlust einer großen Vermögensmasse wesent-

---

[18] Volkmann: a. a. O. S. 79.

lich geringer entschädigt wird als mittlere und kleine Vermögensschäden. Das Gesetz gewährt auch Entschädigungen für nicht materielle Verluste. Diese kommen in Sozialzuschlägen, Familienzuschlägen und in den Eingliederungsdarlehen, die zwar auf die Hauptentschädigung anrechenbar sind, wobei jedoch ein Anspruch auf eine Hauptentschädigung für die Gewährung nicht Voraussetzung ist, zum Ausdruck. Ebenso ist bei allen nicht mit Rechtsanspruch ausgestatteten Ausgleichsleistungen auf Feststellung und Nachweis der erlittenen Verluste verzichtet worden. Mit Rücksicht auf die beschränkt zur Verfügung stehenden Mittel ist die Unterteilung der Ausgleichsleistungen in solche mit Rechtsanspruch und solche ohne Rechtsanspruch gemacht worden.

Das Gesetz sieht drei große Schadensgruppen vor, und zwar Vertreibungsschäden, Kriegsschäden und Ostschäden.

Als Vertreibungsschäden sind Schäden an Vermögen aufzufassen, deren Bewertung auf Grund des Reichsbewertungsgesetzes erfolgte und die östlich der Oder-Neiße-Linie oder durch Vertreibung außerhalb des Reichsgebietes nach dem Stand von 1937 entstanden sind. Diese Schäden, die sich auf Wirtschaftsgüter des land- und forstwirtschaftlichen Vermögens und des Grund- und Betriebsvermögens beziehen, werden vom Bundesfinanzministerium auf etwa 20 Mrd. geschätzt. Zu diesen Sachschäden sind noch die Verluste an Geldvermögen hinzuzurechnen, sie werden auf 5 Mrd. am 1. Januar 1940 eingeschätzt. Der Gesamtschaden dieser Gruppe kann also mit 25 Mrd. DM angesetzt werden.

Neben den Vertreibungsschäden stehen die Ostschäden, als solche werden die Verluste der Existenz, der Erwerbstätigkeit sowie des Hausrates angesehen. Schätzbar sind in dieser Gruppe lediglich die Verluste an Hausrat, die auf 5 Mrd. beziffert werden. Ostschaden und Vertreibungsschaden insgesamt werden auf über 100 Milliarden geschätzt.[19]

Die dritte Schadensgruppe umfaßt die Kriegsschäden, die innerhalb der Bundesrepublik und West-Berlins durch Kriegseinwirkung und Kriegsfolge eingetreten sind.

Im Rahmen der Ausgleichsleistungen gibt es solche mit und solche ohne Rechtsanspruch. Zu den Ausgleichsleistungen *mit* Rechtsanspruch zählt die Hauptentschädigung, also die eigentliche Ausgleichsleistung. Die Festlegung der Höhe dieser Entschädigung in Teilen des erlittenen Schadens erfolgt durch gesetzliche Regelung bis zum 31. März 1957. Zu diesem Zeitpunkt kann die Höhe der anfallenden Mittel übersehen werden. Auf die Hauptentschädigung werden Vorleistungen

[19] Oberländer: a. a. O. S. 17.

in Form der Eingliederungsdarlehen (ohne Rechtsanspruch) und für diejenigen, die nicht mehr in den Wirtschaftprozeß eingegliedert werden können, die Kriegsschadenrente (mit Rechtsanspruch) gewährt, die später von der zu beanspruchenden Hauptentschädigung abgezogen werden. Mit Rechtsanspruch ausgestattet sind außerdem die Hausratentschädigung und die Entschädigung im Währungsausgleich für Sparguthaben Vertriebener. Der Rechtsanspruch gilt als mit dem 1. April 1952 in der Person des Geschädigten entstanden (§ 232 LAG).

Alle übrigen Ausgleichsleistungen werden als Leistungen ohne Rechtsanspruch nach Maßgabe der verfügbaren Mittel gewährt. Zu diesen Ausgleichsleistungen gehören die Eingliederungsdarlehen, die Wohnraumhilfe, die Leistungen aus dem Härtefonds und Leistungen auf Grund sonstiger Förderungsmaßnahmen (Berufsausbildung Jugendlicher usw.). Die genannten Leistungen wurden im ersten Teil eingehend erläutert. Darüber hinaus ist zu den Eingliederungsdarlehen von der Einnahmeseite aus gesehen noch hinzuzufügen, daß es sich nicht um eine Entschädigungsleistung handelt, sondern um ein Darlehen, das dem Geschädigten die Möglichkeit geben soll, sich in den Wirtschaftsprozeß einzugliedern. Sie sind auf die Hauptentschädigung anrechenbar; da jedoch die Hauptentschädigung in den meisten Fällen wesentlich geringer sein wird, ist, wenn die Tilgungsbeträge nicht gestundet werden, mit einem Rückfluß der Beträge ab 1955 in Höhe von schätzungsweise 50 Mio. DM pro Jahr zu rechnen. —

In diesem Zusammenhang ist die Bedeutung des Härtefonds kurz zu erklären.[20] Dem Härtefonds sollen für die Dauer von zehn Jahren jährlich 5 % des Vorjahresaufkommens der Vermögensabgabe und der Vermögenssteuer zugeführt werden, also etwa 650 Mio. DM.

Der Gesetzgeber ging bei der Bildung dieses Fonds von der Überlegung aus, daß gewisse Tatbestände, die denjenigen der eigentlichen Kriegsschäden ähnlich sind, nicht völlig unberücksichtigt bleiben können. Eine große Anzahl von Personen hat z. B. im Gebiet der Bundesrepublik Aufnahme gefunden, die ihren Wohnsitz in der zur Zeit russisch besetzten Zone haben. Der Bundesrepublik steht ein Gesetzgebungsrecht für diese Zone nicht zu, so daß eine Ausdehnung des Gesetzes auf diese Gebiete nicht möglich ist. Eine globale Einbeziehung dieses Personenkreises in den Lastenausgleich ist aber rein materiell deshalb nicht möglich, weil eine Belastung des in der Ostzone belassenen Vermögensbesitzes undurchführbar ist. Aus dem Fonds werden daher Leistungen gezahlt, wenn Tatbestände vorliegen, deren Nichtberücksichtigung im Lastenausgleich zu besonders großen Härten führen würde. Nach § 323 Abs. 3 LAG sind für den Härtefonds und

[20] folgendes nach Conrad, W.: Von der Soforthilfe zum Lastenausgleich. Göttingen, 1951, S. 98.

die oben genannten sonstigen Förderungsmaßnahmen zusammen jährlich 150 Mio. DM bereitzustellen. Diese sind nach den „Richtlinien der Bundesregierung“ vom 21. August 1953 zu rund einem Drittel auf den Härtefonds und zu rund zwei Drittel auf sonstige Förderungsmaßnahmen zu verteilen. Im Hinblick darauf, daß für den Härtefonds am 1. April 1954 noch erhebliche Verplanungsreste bestanden, wurden mit Rücksicht auf den höheren Bedarf bei der Ausbildungsbeihilfe 110 Mio. DM für sonstige Förderungsmaßnahmen und 40 Mio. DM für den Härtefonds bereitgestellt.

Damit nun auch alle vorgesehenen Unterstützungen und Hilfen in jeweils angemessener Höhe den Geschädigten zugute kommen, wurde eine Vertretung der Interessen des Ausgleichsfonds (VIA) aus Personen der verschiedenen Interessengruppen gebildet, die darüber wachen, daß die Mittel des Ausgleichsfonds nicht gesetzwidrig oder mißbräuchlich verwendet werden; die Tätigkeit des VIA kommt demnach nicht zuletzt den Leistungsberechtigten zugute, indem sie dafür sorgt, daß die beschränkten Mittel des Ausgleichsfonds nach den Grundsätzen sozialer Gerechtigkeit unter einer möglichst großen Zahl von Geschädigten verteilt werden.[21] Dieser Aspekt ist besonders bei den Ausgleichsleistungen ohne Rechtsanspruch wichtig, zumal diese Leistungen in erster Linie der Eingliederung der Geschädigten und nicht der ersatzweisen Eigentumsbildung dienen, da sie weniger Entschädigungscharakter haben, sondern die sozialen Gesichtspunkte in den Vordergrund rücken. Für schwierig gelagerte Kreditanträge hat es sich sehr bewährt, wenn der zuständige Vertreter der Interessen des Ausgleichsfonds den Antragsteller zu seinem Antrag selbst hören konnte. Auf diese Weise können viele Unklarheiten beseitigt werden, und der Vertreter des Ausgleichsfonds kann sich ein Urteil über Kreditwürdigkeit, Rentabilität und eventuelle Sicherung des Darlehns bilden.

5. Volkswirtschaftliche und finanzwissenschaftliche Betrachtungen zum Lastenausgleich

Die in den vorangegangenen Ausführungen erläuterte Lastenausgleichsabgabe wird von der Wirtschaft als Steuer angesehen; nicht selten ist sogar von einem substanzverzehrenden Steuereingriff die Rede. Es dürfte daher finanzwissenschaftlich interessant sein, die Lastenausgleichsabgabe auf ihren Steuercharakter hin zu untersuchen. Ist die Lastenausgleichsabgabe wirklich eine Steuer?

---

[21] Deutsche Zeitung, 27. Juli 1954.

§ 1 AO sagt: „Steuern sind einmalige oder laufende Geldleistungen, die nicht eine Gegenleistung für eine besondere Leistung darstellen und von einem öffentlich-rechtlichen Gemeinwesen zur Erzielung von Einkünften allen auferlegt werden, bei denen der Tatbestand zutrifft, an den das Gesetz die Leistungspflicht knüpft..." Die Forderung nach laufenden Geldleistungen ist bei der Lastenausgleichsabgabe erfüllt, auch stellt sie keine Gegenleistung für eine besondere Leistung dar; sie wird von einem öffentlich-rechtlichen Gemeinwesen erhoben, in diesem Falle vom Lastenausgleichsfonds bzw. als untergeordneter Instanz von den örtlichen Finanzämtern,[22] und zwar von allen, bei denen der Tatbestand zutrifft, an den das Gesetz die Leistungspflicht knüpft, in diesem Falle nicht- oder nur teilweise eingetretene Schäden oder Verluste durch Vertreibungen und Zerstörungen in der Kriegs- und Nachkriegszeit. Gemäß der steuerrechtlichen Auffassung ist die Lastenausgleichsabgabe demnach zu den Steuern zu rechnen.

Betrachten wir Steuern unter finanzwissenschaftlichem Aspekt, also als Zwangsabgaben ohne spezielle Entgeltlichkeit,[23] so ist auch nach dieser Definition der Steuercharakter der Lastenausgleichsabgabe nicht abzustreiten. Erwähnt sei noch § 203 LAG, der besagt, daß „die Vorschriften über die Ausgleichsabgaben als Steuergesetz" gelten, folglich finden die Vorschriften der Abgabenordnung, ihrer Nebengesetze und die des Bewertungsgesetzes auf die Ausgleichsabgaben Anwendung.

Eßer bezeichnet die Lastenausgleichsabgabe als eine Zwecksteuer großen Ausmaßes.[24] Volkmann spricht von substanzverzehrenden Steuereingriffen in das Volksvermögen, die nur unter besonders gearteten Voraussetzungen und in ausreichenden Zeitabständen vertretbar sind.[25]

Hätte man den Lastenausgleich nicht in einer marktwirtschaftlich, sondern planwirtschaftlich orientierten Wirtschaftsordnung durchgeführt, so wäre mit einer außerordentlich progressiven Vermögenssteuer und teilweiser Enteignung des Privatbesitzes zu rechnen gewesen. In einer sozialen Marktwirtschaft müssen jedoch soziale Beschränkungen des Privateigentums ihre Grenzen haben.

Da die Einkommen schon einer stark progressiven hohen Besteuerung unterlagen, kam als Steuerobjekt nur das Vermögen in Frage. Das Vermögen ist jedoch in den Produktionsmittel, in Grundstücken usw. festgelegt. Da einem Schaffenden aber nicht sein Handwerkszeug ge-

22 Eisenkopf: a. a. O. S. 17.
23 Schmölders, G.: Allgemeine Steuerlehre, Wien 1951, S. 36.
24 Eßer, J.: a. a. O. S. 15.
25 Volkmann: a. a. O. S. 10.

nommen werden kann, müssen die Abgaben aus den Erträgen gezahlt und erst erarbeitet werden; es handelt sich daher bei der Vermögensabgabe nicht um eine Substanzbesteuerung, sondern nur mehr um eine nominelle Vermögenssteuer, die in Wirklichkeit aus dem Einkommen aufgebracht wird.

Wirtschaftspolitisch wirft die zusätzliche Besteuerung eine Reihe von Problemen auf, wie z. B. die Frage, ob die Grenzbetriebe in der Marktwirtschaft eine zusätzliche Steuer aufbringen können. Da die Übermacht des Verkäufers auf den Märkten mit zunehmender Normalisierung gewichen ist, werden die Grenzbetriebe durch eine zusätzliche Besteuerung aus dem Markt ausgeschieden. Wegen der verminderten Konkurrenz können die anderen Produzenten ihre Preise erhöhen und damit die Steuerlast auf die Konsumenten abwälzen. Die besondere Problematik der Überwälzung der Lastenausgleichsabgabe wollen wir jedoch an späterer Stelle ausführlich behandeln.

Es kann auch der Fall eintreten, daß diejenigen, denen die Mittel zufließen, ihre Produktion und damit das Angebot ausdehnen und deshalb entsprechende Preissenkungen hinnehmen müssen, während die Löhne und die Investitionsgüter in dieser Abwärtsbewegung der Preise mit einem „time-lag" nachhinken. Die Folge davon wäre baldige Illiquidität der Ausgleichsbegünstigten.

Überdies können sich aber auch, und darauf weist besonders Volkmann hin, volkswirtschaftlich erwünschte Besitzverschiebungen ergeben. Diejenigen, die die Last zu tragen haben, werden versuchen, diese Bürde durch gesteigerte Produktivität und Rationalisierung zu mildern. So kann sich nur der Fähige durchsetzen, andernfalls treten an seine Stelle die „besseren Wirte", die mit Leistungswillen erfüllten brachliegenden Kräfte, die durch den Lastenausgleich gefördert werden sollen.[26]

Dieser Vorgang wird in der Finanzwissenschaft als Steuereinholung bezeichnet. Er wurde jedoch früher stark überschätzt, wir können daher Volkmann nicht vorbehaltlos zustimmen; wenn auch Betriebe versucht haben, die Höhe der Lasten durch Steuereinholung zu verringern, so spielt im allgemeinen doch die Überwälzung die größere Rolle.

Die Frage der Überwälzung der Lastenausgleichsabgabe bedarf wegen ihrer Wichtigkeit einer besonderen Betrachtung. Eine unveröffentlichte Untersuchung des Finanzwissenschaftlichen Forschungsinstitutes an der Universität zu Köln hat die Frage der Überwälzung der Lastenausgleichsabgabe zum Inhalt.[27] Die wesentlichen Ergebnisse sollen hier wiedergegeben werden:

---

[26] Volkmann, E.: a. a. O. S. 19.

[27] Spanger, Horst: Die Überwälzung der Lastenausgleichsabgabe. 1953.

„Der Unternehmer wird bestrebt sein, in erster Linie solche Steuern zurückerstattet zu bekommen, die ihn als Gewerbetreibenden unabhängig von seinem Gewinn belasten. Die Lastenausgleichsabgabe gehört somit zu den Steuern, die der Kaufmann am wenigsten gern selbst trägt und die er zu den ‚überwälzungsdringlichsten' zählt. Eine ‚fehlende Rückvergütung' wird er ‚als regulären Verlust betrachten'.[28] Eine Einbeziehung der Lastenausgleichsabgabe in den Verkaufspreis ist deshalb erforderlich, um der Gefahr eines eventuellen Substanzverzehrs zu entgehen."

„Besteuerungsgrundlage bei der Lastenausgleichsabgabe ist das Betriebsvermögen. Dieses bildet die Grundlage der Produktion, und soweit das betriebsnotwendige Vermögen belastet wird, müßte die Lastenausgleichsabgabe ebenso wie die Vermögenssteuer in der Kostenrechnung zu berücksichtigen sein. Sie ist durch den Betrieb bedingt, haftet aber an der Person und legt als Besteuerungsgrundlage das am 21. Juni 1948 vorhanden gewesene Betriebsvermögen ohne Rücksicht auf den heutigen Stand zugrunde. Die Lastenausgleichsabgabe wird damit weitgehend von den derzeitigen betrieblichen Verhältnissen losgelöst. Sie ist zwar durch das Vorhandensein des Betriebes am Tage der Währungsreform verursacht, hängt aber mit dem jetzigen betrieblichen Vermögen nicht mehr unbedingt zusammen. Das Verbot, sie als Kosten zu behandeln, das vorwiegend auf politische und soziale Gründe zurückgeht, ändert nichts daran, daß der Unternehmer sie, gerade weil es sich um konstante Ratenzahlungen handelt, als fixen Kostenbestandteil ansieht und in seine Kalkulation aufnimmt. Warum sollte er auch die auf den Produktionsmitteln liegenden Steuern anders behandeln als die Produktionsmittel selbst?" Wie wir schon an anderer Stelle erörterten,[29] begünstigen gerade die objektivierten Kostensteuern die Überwälzung um so mehr, je weniger sie an die individuellen Ertragsverhältnisse des Unternehmens anknüpfen.

„Alle Unternehmen, in die Einblick genommen werden konnte, haben in der Tat die Soforthilfeabgabe in die Preiskalkulation einbezogen, um sie im Verkaufspreis auf dem Markt ersetzt zu bekommen. Von den meisten befragten Betrieben waren keine Unterlagen erhältlich, aber aus ihren Auskünften geht hervor, daß sie auch die Lastenausgleichsabgabe als Kostenbestandteil behandeln und eine Rückerstattung im Markte erlangen.

---

[28] Mellerowicz, K.: Kosten und Kostenrechnung, I. Band. Berlin 1933, und 2. veränderte Auflage, Berlin 1951, S. 126.

[29] Schmölders, G.: „Um ein rationales Steuersystem", in Finanzarchiv, Bd. 11, Tübingen 1949, S. 492.

Die im folgenden wiedergegebenen Kalkulationsbeispiele dürften somit als klarer Beweis für eine Kalkulation und Fortwälzung der Lastenausgleichsabgabe angesehen werden können, zumal die Marktverhältnisse eine Fortwälzung begünstigen. Die Beispiele stammen aus den verschiedensten Branchen und wurden von den Unternehmen unter der selbstverständlichen Auflage zur Verfügung gestellt, daß sie hier ohne Angabe der Betriebe wiedergegeben werden, denen sie entnommen sind.

Die Soforthilfeabgabe wird von den Betrieben grundsätzlich weder im Betriebsabrechnungsbogen noch in der Kalkulation offen ausgewiesen, sondern wird versteckt angesetzt, da ihre kostenmäßige Behandlung nicht erlaubt ist. Deshalb sind zum näheren Verständnis die einzelnen Kalkulationen erläutert worden."

Zunächst sollen zwei Kalkulationen desselben Erzeugnisses gegenübergestellt werden, deren eine die Soforthilfeabgabe nicht enthält:

Beispiel I

Kalkulation

einer GmbH der eisenerzeugenden und eisenverarbeitenden Industrie

a) Materialaufwendungen	
1. selbst hergestellte Teile u. a. Grauguß u. Stahlblech	DM 160,—
2. zugekaufte Teile, Schrauben, Griffe usw.	DM 22,—
3. 15 % Materialgemeinkosten, Transport, Löhne usw.	DM 27,30
	DM 209,30
b) Bearbeitung	
1. Fertigungslöhne	DM 46,—
2. Gemeinkostenzuschläge der Fertigungsstellen 240 % von b) 1	DM 110,40
3. Ausschußziffer 4½ % von a) und b) 1, 2	DM 16,50
c) Verwaltungskosten 12 % von a) und b), darin u. a. die Soforthilfeabgabe mit 1,5 %	DM 45,90
d) Herstellungskosten	DM 428,10
e) Vertriebskosten 9 % von d), Provisionen, Frachten, Verpackung	DM 38,50
f) Umsatzsteuer 4,16 % von d) und e)	DM 19,40
	DM 486,—

Es handelt sich um ein Unternehmen mit vorwiegend Spezialfabrikation. Der kalkulatorische Gewinn ist aus bestimmten Gründen nicht besonders aufgeführt, sondern in den einzelnen Posten mitenthalten. Wie in der Kalkulation angegeben, steckt in den Verwaltungskosten mit 1,5 % die Soforthilfeabgabe, und zwar innerhalb des Postens Steuern. In dem Gemeinkostenzuschlag der Fertigungsstellen (b, 2) ist die Umlage der allgemeinen Kostenstellen und der Hilfsstellen einbezogen.

Diesem Beispiel soll nun die Kalkulation desselben Stücks aus dem gleichen Betrieb vor Einbeziehung der Soforthilfeabgabe gegenübergestellt werden.

Beispiel II

Kalkulation desselben Stückes vor Einbeziehung der Soforthilfeabgabe

a) Materialaufwendungen	
1. selbst hergestellte Teile	DM 145,—
2. zugekaufte Teile	DM 17,—
3. 12 % Materialgemeinkosten	DM 19,40
b) Bearbeitung	
1. Fertigungslöhne	DM 34,—
2. Gemeinkostenzuschläge der Fertigungsstellen 165 % (b, 1)	DM 86,10
3. Ausschußziffer 4½ % von a) und b) 1, 2	DM 13,60
c) Verwaltungskosten 9,5 % von a) und b)	DM 29,90
d) Herstellungskosten	DM 345,—
e) Vertriebskosten 9 % von d), Provisionen, Frachten, Verpackung	DM 27,50
f) Umsatzsteuer 3,09 % von d) und e)	DM 11,50
	DM 384,10

Die beiden Kalkulationen liegen über zwei Jahre auseinander, so daß sich die Werte und Zuschlagssätze während dieses Zeitraums natürlich erheblich geändert haben. Aus der Gegenüberstellung ist ersichtlich, daß die Soforthilfeabgabe an der Preisveränderung nur einen relativ geringen Anteil hat. Die Preissteigerung wurde im wesentlichen durch die Konjunkturbewegung und damit verbundene Lohnerhöhungen verursacht. — Im folgenden sollen noch zwei Kalkulationen angeführt werden, aus deren Gegenüberstellung gut zu ersehen ist, inwieweit sich der Verkaufspreis durch die Kalkulation der Soforthilfeabgabe verändert hat.

Beispiel III:

Kalkulation einer Gußwalze einer Eisengießerei (Einzelunternehmung) vor Einbeziehung der Soforthilfeabgabe

1. Fertigungslöhne	DM 87,—
(Löhne der direkt an der Herstellung der Walze eingesetzten Arbeiter [Former])	
2. Gemeinkostenzuschlag	DM 210,—
241 % von 1; hierin sind enthalten 135 % Fertigungsgemeinkosten (Hilfsarbeiter, Reparaturen, Strom, Kraftfahrzeug u. dgl.) 106 % Verwaltungsgemeinkosten (Bürokosten, kaufmännische Gehälter, Steuer, Versicherungen, Abschreibungen usw.)	
3. Materialien (flüssiges Eisen)	DM 325,—
hierin: Brennstoffe, Eisen, Schmelzerlöhne, Ofenreparaturen usw.) 1250 kg × DM 26,— %kg	
4. Gewinn	DM 69,—
	DM 691,—

Beispiel IV:

Kalkulation einer Gußwalze desselben Betriebes mit Einbeziehung der Soforthilfeabgabe

1. Fertigungslöhne	DM 87,—
(Löhne der direkt an der Herstellung der Walze eingesetzten Arbeiter)	
2. Gemeinkostenzuschlag 249 % von 1	DM 217,—
hierin enthalten: 135 % Fertigungsgemeinkosten (Hilfsarbeiter, Reparaturen, Strom, Kraftfahrzeug u. dgl.) 114 % Verwaltungsgemeinkosten (Bürokosten, kaufmännische Gehälter, Steuern, Soforthilfeabgabe, Versicherungen, Abschreibungen usw.)	
3. Materialien (flüssiges Eisen)	DM 325,—
hierin: Brennstoffe, Eisen, Schmelzerlöhne, Ofenreparaturen) 1250 kg × DM 26,— %kg	
4. Gewinn	DM 69,—
	DM 698,—

Der Betrieb kalkuliert jeweils auf das Stück. Bei beiden Beispielen sind die Pfennigbeträge auf Mark aufgerundet. Durch die Soforthilfeabgabe ist der Verwaltungsgemeinkostenzuschlag um 8 % erhöht worden. Die Gemeinkostensätze werden durch monatliche Überprüfung der angefallenen Unkosten ermittelt. Da bei beiden Kalkulationen, abgesehen von der Einbeziehung der Soforthilfeabgabe, alle sonstigen Werte gleichgeblieben sind, zeigt ihre Gegenüberstellung deutlich, wo und mit wieviel die Soforthilfeabgabe angesetzt wird. Beide Kalkulationen entstammen zwei aufeinanderfolgenden Zeiträumen. Die Höhe des Postens „Soforthilfeabgabe" innerhalb des Verwaltungsgemeinkostenzuschlags wurde folgendermaßen ermittelt: Die jährlich anfallende Soforthilfeabgabe beträgt etwa 2350,— DM, monatlich also etwa 196,— DM. Bei einem Jahresumsatz von 240 000,— DM ergibt sich ein Monatsumsatz von 20 000,— DM, so daß auf den Umsatzanteil der Walze von 691,— DM etwa 3½ % von 196,— DM = rund 7,— DM Soforthilfeabgabe entfallen.

Spanger zeigt an weiteren Kalkulationsbeispielen, daß die Soforthilfeabgabe überall als Kosten kalkuliert wird, sie ist versteckt in den verschiedensten Posten zu finden, so z. B. innerhalb der Posten „Gewerbesteuer", „Wagnisse", „sonstige Kosten", „kalkulatorischer Unternehmerlohn", „sonstige Steuern" und „verschiedene Gemeinkosten".

Diese aus den verschiedensten Betrieben stammenden Kalkulationen und Auskünfte unterstützen die theoretisch und aus der Marktuntersuchung gewonnenen Einsichten und können als Beweis dafür angesehen werden, daß die Soforthilfeabgabe in der Kostenrechnung erfaßt und in die Preise fortgewälzt wird. Von den Unternehmen wird immer wieder bestätigt, daß die Steuern, die sie zahlen müssen, in die Preise fortgewälzt werden, sofern es nur die Marktlage gestattet.

Die Auffassung, daß die Lastenausgleichsabgaben Kosten sind, beherrscht nicht nur die betriebwirtschaftlich geschulten Kräfte der Großbetriebe, sondern ist auch von den kleineren Betrieben übernommen worden. Dies beweist das Beispiel eines nicht rechtsfähigen Vereins, der sich mit Lohnmosterei befaßt. Während bisher die Mostherstellung für eine Normalflasche 0,25 DM betrug, wurde der Preis auf Grund der Soforthilfeabgabe und der Körperschaftssteuer[30] für Nichtmitglieder auf 0,30 DM erhöht.

Wir können daher feststellen, daß die gewerbliche Wirtschaft, vor allem die Industrie, die von ihr zu zahlende Lastenausgleichsabgabe auf die Konsumenten fortwälzt. Der wirtschaftlich Stärkere schiebt seine Last auf den Schwächeren ab. Der Verbraucher bringt also letzten Endes einen erheblichen Teil der Lastenausgleichsabgabe auf, seine Kaufkraft wird geschmälert, seine Fähigkeit, Ersparnisse zu bilden, wird weiter verringert.

Auf Grund des Verhältnisses zwischen der Elastizität des Angebots und der Nachfrage kann die Lastenausgleichsabgabe am leichtesten

[30] Der Betrieb mußte neuerdings in einen körperschaftssteuerpflichtigen nichtrechtsfähigen Verein umgewandelt werden.

von den Wirtschaftszweigen auf den Verbraucher überwälzt werden, die Güter erzeugen, die durch Flüchtlinge und andere Geschädigte erhöht nachgefragt werden.

Bezahlt werden diese Güter mit Unterstützungsgeldern und Entschädigungen. — In der Hauptsache wird es sich dabei um Güter des notwendigen Bedarfs handeln. — So tritt also der wenig erfreuliche Fall ein, daß die Flüchtlinge einen — wenn auch wohl nur geringen — Teil der an sie gezahlten Entschädigungen und Unterstützungen im Preise der Produkte an die Soforthilfe- und Lastenausgleichsabgabepflichtigen zurückgeben.

Eine Fortwälzung der Soforthilfe- und Lastenausgleichsabgabe in den Verkaufspreis bei Veräußerung des Unternehmens dürfte wegen des nicht immer leicht zu ermittelnden Verkaufswertes des Unternehmens nur schwer festzustellen sein. Die Fortwälzung der Lastenausgleichsabgabe ist jedoch öfters bei Verkauf von Haus- und Grundbesitz festzustellen. Näheres hierüber wird an anderer Stelle erörtert werden.

Soweit einem Unternehmen die Fortwälzung nur teilweise oder gar nicht gelingt, wird es versuchen, sich durch Herabminderung der Preise eingekaufter Rohstoffe, Produktionsmittel, Fertigwaren oder der Löhne zu entlasten, d. h. die Steuer auf den Vormann zurückzuwälzen.

Dieser Versuch, die Einkaufspreise herabzusetzen, erfolgt natürlich nicht nur aus Gründen übermäßiger steuerlicher Belastung, sondern ebensooft um eine günstigere Position im Wettbewerb einzunehmen. In diesem Falle wird dann der billigere Einkaufspreis dazu benutzt, auch den Verkaufspreis zu senken. Mit der Rückwälzung der Lastenausgleichsabgabe dagegen verfolgt der Unternehmer den Zweck, bei gleichen Preisen einen höheren Gewinn zu erzielen.

Eine Rückwälzung findet nur in relativ wenigen Fällen statt, vor allem da, wo das Angebot groß und starr und die Nachfrage sehr elastisch ist. Das gilt besonders für einige Branchen des Handels, wie z. B. für einzelne Waren im Lebensmittelhandel; in diesem Zusammenhang konnte festgestellt werden, daß Handelsbetriebe bisweilen einen Teil der Lastenausgleichsabgabe durch Herabminderung der Einkaufspreise auf ihre Lieferanten zurückwälzen. Solchen Preisnachlässen lag immer eine individuelle Vereinbarung zugrunde, nachdem der Verkäufer erklärt hatte, er müsse so billig wie möglich einkaufen, um seine Lastenausgleichsabgabe herauszuwirtschaften, die zu den hohen Steuern nun noch hinzugekommen sei. Allerdings zeigen die Lieferanten solches Entgegenkommen allgemein nur gegenüber „guten“ Kunden oder unter dem Druck der Konkurrenz.

Das Resultat einer Rückwälzung ist ein erhöhter Gewinn des Abnehmers und ein verminderter oder auch gar keiner auf seiten des Verkäufers.

Beispiel aus dem Lebensmittelgroßhandel:

1. Vor der Rückwälzung der Soforthilfeabgabe auf den Einkaufspreis von Spirituosen	
Einkaufspreis für 1 Liter Korn	DM 4,60
13 % Zuschlag (Handelsspanne)	DM —,60
Verkaufspreis	DM 5,20
2. Rückwälzung der Soforthilfeabgabe auf den Einkaufspreis derselben Warensorte	
Einkaufspreis für 1 Liter Korn	DM 4,45
etwa 17 % Zuschlag (Handelsspanne)	DM —,75
Verkaufspreis	DM 5,20

Um —,15 DM pro Liter ist also der Gewinn nach der Rückwälzung größer oder mit anderen Worten, die Soforthilfeabgabe wurde mit —,15 DM je Liter Korn auf den Verkäufer zurückgewälzt, alle übrigen Daten blieben unverändert. Die Herabminderung des Einkaufspreises wurde durch persönliche Verhandlungen erreicht und bildet für den Lieferanten eine Ausnahme. — Allgemein ist die Steuerentlastung durch Rückwälzung auf die Einkaufspreise für den Unternehmer vorteilhaft, weil sie als solche buch- und kalkulationsmäßig nicht in Erscheinung tritt.

Neben der Überwälzung wurde schon in einem anderen Zusammenhang die Einholung als weitere Entlastungsmöglichkeit erwähnt. Die Lastenausgleichsabgabe bildet als gewinn- und umsatzunabhängige Steuer ein Fixkostenelement, sie ist daher zur Einholung durch Rationalisierung oder persönliche Mehrarbeit besonders geeignet. Vornehmlich bei mittleren und kleineren Betrieben konnte festgestellt werden, wie auf Grund der zu zahlenden Lastenausgleichsabgaben versucht wurde, wenigstens einen Teil der Last durch Herabsetzung der Geschäftsunkosten, durch persönliche Mehrarbeit und Vervollkommnung des technischen Produktionsapparates und der kaufmännischen Betriebsorganisation zu kompensieren. Zur Einholung der Lastenausgleichsabgabe werden auch speziell die Betriebe angespornt, die — besonders kapitalintensiv und mit hohem Betrag abgabepflichtig — langfristige Kapitalgüter produzieren, welche oft nicht die ganze Lastenausgleichsabgabe tragen können.

Besonders auffallend ist die Einholung durch Kostenersparnis. Bei einem Werk der chemischen Industrie, dessen Produkte gut absetzbar sind und zum Teil exportiert werden, wird zwar die Abgabe kalkuliert, aber auf Grund ihrer Belastung ist es gelungen, andere Kosten einzusparen, so daß sie im Preise nicht zum Ausdruck kommt. Auch eine Lederfabrik mit weitgehendem Absatz der Produkte ins Ausland kalkuliert die Abgaben, mußte aber aus Wettbewerbsgründen den alten Preis beibehalten und daher andere Kosten einsparen.

Mit der Fortwälzung der Lastenausgleichsabgabe in die Verkaufspreise tritt das Problem der Steuerhäufung auf. Zur Herstellung eines Produktes sind allgemein — angefangen beim Rohstoff bis zum Fertigerzeugnis — mehrere oder gar eine Vielzahl von Betrieben erforderlich. Fast jeder dieser Betriebe wälzt nun seine Lastenausgleichsabgabe in die Verkaufspreise fort. Mag ihr Anteil am einzelnen Verkaufsgut auch noch so gering sein, ihre Häufung macht im Fertigprodukt beim Einzelhandel doch einen oft nicht unerheblichen Betrag aus. Durch den geschilderten Vorgang verwandelt sich diese ganze, durch die Lawinenwirkung vervielfachte Steuerlast in eine Belastung des Verbrauchers, die ohne Rücksicht auf dessen Leistungsfähigkeit, ja erfahrungsgemäß in umgekehrtem Verhältnis dazu, auf Einkommensschichten liegen bleibt, die für diese steuerliche Erfassung keineswegs prädestiniert sind. Soweit die betrieblichen Steuerlasten als Kosten in das Preisgefüge eingegangen sind, belasten sie damit die endgültigen Steuerträger umgekehrt proportional zu ihrer steuerlichen Leistungsfähigkeit.

Über die Überwälzungsmöglichkeiten der Lastenausgleichabgabe in der Landwirtschaft sagt Spanger folgendes:

Bei der Untersuchung der Fortwälzung der Lastenausgleichsabgabe in die Verkaufspreise ist zu berücksichtigen, daß die Kostenerfassung und -ermittlung allgemein nicht so exakt ist wie in der Industrie. Es ist daher auch besonders schwierig, festzustellen, ob und inwieweit von einer Fortwälzung der Lastenausgleichsabgabe die Rede sein kann. Wird dem Bauern eine neue Last — dazu noch eine konstante, wie es die Lastenausgleichsabgabe ist — auferlegt, so versucht er natürlich, sie in die Preise seiner Erzeugnisse fortzuwälzen. Bei einigen preisgebundenen Erzeugnissen, deren Preise letzthin erhöht worden sind, mag ihm das zu einem Teil durch die Preiserhöhung gelingen. Mangels einer Kostenrechnung läßt sich dies aber schwerlich beweisen. Doch konnte festgestellt werden, daß die Bebauer guter Böden in Niedersachsen schon durch den Verkauf der Zuckerrüben einen Gewinn erzielen, der auch einen Teil der Lastenausgleichsabgabe decken dürfte, mit anderen Worten, der Preis der Zuckerrüben ist so bemessen, daß er bei einem guten Ertrag auch einen Teil der Lastenausgleichsabgabe zu ersetzen scheint. Da aber in der Landwirtschaft die Ertragsunterschiede regional und von Betrieb zu Betrieb oft groß sind, kann man keine generelle Norm aufstellen. Viele Landwirte, vor allem in den weniger ertragreichen Gebieten, sind gezwungen, eine Stundung der

Lastenausgleichsabgabe zu beantragen, oft in der Hoffnung allerdings, der Lastenausgleichsabgabe — wenigstens zunächst — aus dem Wege gehen zu können.

Ebenfalls bei den nicht preisgebundenen agrarischen Produkten besteht eine, wenn auch geringe, Fortwälzungsmöglichkeit. In der Haupterntezeit wird jedoch das bei normaler Ernte große Angebot eine Fortwälzung allgemein verhindern. Aber bei relativ knappen oder bei besonders nachgefragten Gütern ist eine teilweise Fortwälzung der Lastenausgleichsabgabe ohne weiteres möglich. Das gilt z. B. für Eier in den meisten Monaten des Jahres. Doch ist die Entlastung insgesamt recht gering.

Im allgemeinen können die Landwirte mit guten Böden, wie z. B. in vielen Teilen Niedersachsens, bei den derzeitigen Preisrelationen einen Teil der Lastenausgleichsabgabe in die Preise fortwälzen, andererseits wird es aber der überwiegenden Anzahl der bäuerlichen Betriebe kaum möglich sein, abgesehen von einigen preisungebundenen Erzeugnissen, die Lastenausgleichsabgabe fortzuwälzen.

Als Ergebnis der Untersuchung wird folgendes festgestellt:

Das staatliche Verbot der Überwälzung der Lastenausgleichsabgabe ist schwächer als die wirtschaftliche Dynamik. Die Abgabe ist für den Betrieb in erster Linie ein Kostenproblem. Dies um so mehr, als ihre regelmäßige Wiederkehr in gleicher Höhe eine kalkulatorische Behandlung erleichtert, ja geradezu herausfordert. Sie erscheint deshalb zwar immer versteckt in einem anderen Posten enthalten — in der Regel in der Preiskalkulation — und wird, begünstigt durch die Marktverhältnisse, die sich natürlich ändern können, auf den Käufer fortgewälzt. Die Inzidenz der Lastenausgleichsabgabe, soweit sie die gewerbliche Wirtschaft belastet, liegt daher allgemein beim Verbraucher. Soweit aber die Konsumenten, das gilt insbesondere für die Industriearbeiter, in der Lage sind, ihre Löhne dem jeweiligen Preisniveau anzupassen, wälzen sie somit die in den höheren Preisen steckenden Lastenausgleichsabgaben auf den Unternehmer zurück. Kleinbetriebe, vor allem des Handels und Handwerks, denen eine Fortwälzung nur ungenügend gelingt, haben eine weitere Abwehrmöglichkeit in der Rückwälzung auf den Lohn und, hin und wieder, auf den Einkaufspreis. Auch die Einholung, insbesondere durch Kosteneinsparung, trägt zur Entlastung des Betriebes von der Lastenausgleichsabgabe bei.

Wesentlich ungünstiger ist die Lage beim Haus- und Grundbesitz, denn die Inzidenz der Abgabe liegt hier vorwiegend beim abgabepflichtigen Eigentümer. Sowohl die Fortwälzung in der Miete, als auch die Rückwälzung auf den Preis der Reparaturarbeiten ist nicht möglich, und nur die Einholung durch Zurverfügungstellung von möblierten Zimmern und Ausbau von Dachgeschossen kann bisweilen eine teilweise Entlastung bieten. Die einzige Möglichkeit, die Lastenausgleichsabgabe abzuwälzen, besteht im Verkauf des Grundstücks. Hier kann es gelingen, durch Kapitalisierung der Abgabe einen erheblichen Teil oder gar die gesamte Schuld auf den Käufer fortzuwälzen.

Wie die Miete beim Hausbesitz, so ist auch in der Landwirtschaft ein wesentlicher Teil der Erzeugung staatlicher Preisbindung unterworfen. Infolgedessen dürfte die Fortwälzung in den Verkaufspreis der Produkte kaum gelingen; nur die Bebauer fruchtbarer Böden sind in der Lage, bei den derzeitigen Preisverhältnissen einen Teil der Abgabeschuld fortzuwälzen. Auch die Pächter landwirtschaftlicher Betriebe werden vielfach durch Erhöhung der Pachtpreise mit einem Teil der Lastenausgleichsabgabe belastet.

Soweit nun die Abgabe in die Verkaufspreise der Produkte fortgewälzt wird — und das gilt vor allem für die gewerbliche Wirtschaft —, taucht das Problem der Steuerhäufung auf. Durch ihre Fortwälzung auf jeder Wirtschaftsstufe winkt die Lastenausgleichsabgabe wie eine Lawine und erscheint schließlich im Fertigprodukt beim Einzelhandel mit einem nicht unbedeutenden Anteil. Da infolge ihrer Fortwälzung die Verkaufspreise, soweit keine Einholung erfolgt, erhöht werden, wird auch das Aufkommen aus der Umsatzsteuer, die vom Verkaufspreis berechnet wird und damit wiederum den Preis erhöht, vergrößert. Durch diese kumulative Wirkung der Lastenausgleichsabgabe und der „Steuer von der Steuer" erfährt also der Verbraucher ohne Rücksicht auf seine Leistungsfähigkeit eine merkliche Mehrbelastung. Gelingt es ihm nicht, durch Lohnerhöhung einen Ausgleich zu schaffen, so wird seine Kaufkraft geschmälert und die Möglichkeit, Ersparnisse zu bilden, noch geringer.

6. Die Mobilisierung der Lastenausgleichsschuld

Die Ausgleichsleistungen werden sowohl in Rentenform als auch in Gestalt von Kredithilfen zum Wiederaufbau der verlorenen Existenzen gegeben. Es ist selbstverständlich, daß innerhalb einer Volkswirtschaft für die Bedürftigen entsprechend Sorge getragen wird, dies war auch der Gesichtspunkt, unter dem die Soforthilfe durchgeführt wurde. Volkswirtschaftlich muß jedoch das Interesse bestehen, daß die Abgabe, z. B. die Vermögensabgabe, die teilweise durch Verzicht auf eigene Investitionen aufgebracht wird, auf der Entschädigungsseite produktiv eingesetzt wird, denn nur so kann die durch den Lastenausgleich geplante Einkommensumschichtung erfolgreich sein.

Um die produktiven Eingliederungsmaßnahmen zu verstärken, sollen die jährlich zur Verfügung stehenden Mittel durch Vorfinanzierungsmaßnahmen, steuerbegünstigte Darlehen und Aufnahme von Bankkrediten vergrößert werden.

Neben der Vorfinanzierung durch steuerliche Vergünstigungen (§§ 7 a, 7 c, 7 e und 7 f ESTG) und der vorzeitigen Ablösung der Lastenausgleichsabgaben sieht § 7 LAG für die Bundesregierung die Möglichkeit vor, auf dem Wege der Kreditschaffung bis zu 5 Mrd. DM für produktive Zwecke vorzufinanzieren.

Bei der Verabschiedung des Lastenausgleichsgesetzes beschloß der Deutsche Bundestag am 15. Mai 1952, daß die Lastenausgleichsbank in den Jahren 1952, 1953 und 1954 steuerlich begünstigte Anleihen in Höhe von je 200 Mio. DM begeben und weiterhin steuerlich absetzbare Darlehen von 150 Mio. DM jährlich annehmen sollte. Beide Maßnahmen wurden jedoch 1952 wegen der hohen Liquidität des Lastenausgleichsfonds nicht mehr durchgeführt.

Wie aus dem Geschäftsbericht der Lastenausgleichsbank für 1953 zu entnehmen ist, konnte die Bank nach der Verkündung des Gesetzes über die steuerliche Begünstigung von Zuschüssen und Darlehen zur Vorfinanzierung des Lastenausgleichs am 20. Mai 1953 nunmehr die ersten Beträge hereinnehmen. Nach diesem Gesetz konnten Steuerpflichtige unverzinsliche Darlehen an die Lastenausgleichsbank zugunsten des Ausgleichsfonds mit einer Mindestlaufzeit von vier Jahren vom steuerlichen Einkommen des Jahres 1952 absetzen. Bei Rückzahlung gewährt die Bank dem Darlehnsgeber ein jährliches Aufgeld von 1½ %, dieses Aufgeld ist steuerfrei; da jedoch die Rückzahlung von Darlehen der Besteuerung unterliegt, rechnet die Bank damit, daß erhebliche Beträge dem Ausgleichsfonds wesentlich länger als vier Jahre zur Verfügung stehen werden.[31] Die Laufzeit dieses Gesetzes betrug aber nur zwei Monate, trotzdem konnten bis zum 20. Juli 1953 Darlehen im Gesamtbetrag von 156,487 Mio. DM hereingenommen werden.

Durch die kleine Steuerreform vom 25. Juli 1953 wurde die steuerabzugsfähige Hingabe von Darlehen durch den § 7 f in das Einkommensteuergesetz aufgenommen. Die sonstigen Darlehensbedingungen blieben die gleichen, untersagt wurde jedoch die Finanzierung dieser Darlehen mit Fremdmitteln und durch § 7 g die Höhe abzugsfähiger Darlehen an die Lastenausgleichsbank auf 20 % des Gewinns beschränkt; hierdurch verminderte sich das Aufkommen entsprechend. Bis zum 31. Dezember 1953 konnte die Lastenausgleichsbank 7 f Darlehen von insgesamt 80,085 Mio. DM hereinnehmen. — Die Möglichkeit der Hingabe steuerbegünstigter Darlehen zur Vorfinanzierung des Lastenausgleichs endet mit Ablauf des Jahres 1954. Im Hinblick auf den großen Mittelbedarf der Vertriebenen wäre es jedoch wünschenswert, wenn diese Frist weiterhin verlängert würde.

---

[31] Vgl. Geschäftsbericht der Lastenausgleichsbank 1953, S. 13 und 14.

Die Ausnutzung des § 7 f ESTG führt gleichzeitig zu einem Steuerausfall an Ertragssteuern. Eine grobe Schätzung setzt dieses Minderaufkommen mit etwa 90 Mio. DM für 1952 an. Da es sich bei dieser Begünstigung lediglich um eine Verschiebung des steuerlichen Zahlungsaktes auf einen späteren Zeitraum (nämlich bei Rückzahlung des Darlehens frühestens nach vier Jahren), also um eine Steuerstundung handelt, wird ein Teil des in dem begünstigten Jahr entstandenen Steuerausfalls später wieder eingeholt. Dadurch erreicht der Fehlbetrag infolge der Steuervergünstigung auf längere Sicht gesehen doch nicht die zunächst angenommene Höhe, außerdem besteht berechtigte Aussicht, daß der Steuerausfall durch ein erhöhtes Steueraufkommen aus der Eingliederung der Vertriebenen, denen diese steuerbegünstigten Darlehen zum Teil zur Verfügung gestellt werden, kompensiert, u. U. sogar übertroffen wird.

Von den bereits erwähnten Anleihen, die jeweils in Höhe von 200 Mio. DM in den Jahren 1952 bis 1954 aufgelegt werden sollten, deren Emission sich jedoch durch die hohe Liquidität des Ausgleichsfonds verzögerte, wurde im Februar 1954 die erste zur Zeichnung angeboten. Der Kapitalverkehrsausschuß erklärte die Emission als besonders förderungswürdig, so daß der jährliche Zinsertrag von 5 % von Einkommen- und Ertragssteuern befreit wurde. Der Ausgabekurs liegt bei 97 %, und die Laufzeit erstreckt sich auf zehn Jahre. Die zweite und dritte Tranche der Lastenausgleichsanleihe, von denen inzwischen auch die zweite aufgelegt wurde, sind mit insgesamt 400 Mio. DM im Wirtschafts- und Finanzplan des Bundesausgleichsamtes für 1954/55 (vgl. S. 121) als Eingang vorgesehen, außerdem wird mit einem Aufkommen aus 7 f Darlehen von weiteren 100 Mio. DM gerechnet.

7. Die Lastenausgleichsbank

Die Inanspruchnahme echter kommerzieller Kredite, die durch die Banken gegeben werden, war für die Vertriebenen zunächst kaum möglich, da sie weder die üblichen Sicherheiten geben konnten, noch in der Lage waren, eine entsprechende Rentabilitätsrechnung aufzuweisen. Aus dieser Notlage wurde der Flüchtlingskredit geschaffen, der sich durch Zinsverbilligung, Laufzeit und Sonderbedingungen von den normalen Krediten unterscheidet. Für die Kreditinstitute hätte die Verwaltung und Weiterleitung dieser Kredite zusäzliche Arbeit und Betreuungspflicht verlangt. Um diesen Schwierigkeiten zuvorzukommen und um die vom Bund aufgebrachten und als Kredite ausgegebenen Mittel zentral verwalten zu können, wurde am 12. Mai 1950 die Vertriebenenbank gegründet, die im April 1952 in die Bank für Vertriebene und Geschädigte (Lastenausgleichsbank) AG umbenannt wurde und deren Umwandlung in eine Anstalt des öffentlichen Rechts bevor-

Tabelle 43 **Bankenweg der von der LAB**

	Lfd. Nr.	Aktion	Spark. u. Girozentr. Hausbk. Anz.	Hausbk. %	Beträge 1000 DM	Beträge %
I. Kredite a. Mitt. d. ERP-Sondervermögens	1.	Investitionskredite aus Mitteln der II. und III. Tranche	837	38,0	28 581,8	35,0
	2.	Mittelstandsprogramm	34	32,7	511,0	26,9
	3.	Flüchtlingssiedlungskredite der III. Tranche	—	—	—	—
		Summe I.	871	36,1	29 092,8	32,5
II. Betr.-mittelkred. m. Bürgsch. d. LAB (einschl. Sonderbürgsch.)	4.	Bürgschaftsverpflichtungen auf Grund des Garantiefonds	192	47,2	17 358,4	42,3
	5.	Bürgschaftsverpflichtungen auf Grund der Rückbürgschaft des Ausgleichfonds	11	61,1	2 644,2	77,3
		Summe II.	203	47,8	20 002,6	45,0
III. Darlehen nach SHG	6.	Existenzaufbauhilfedarlehen	952	18,6	235 202,0	63,0
	7.	Gemeinschaftshilfedarlehen zur Schaffung von Dauerarbeitsplätzen	344	36,2	44 448,5	33,8
		Summe III.	1296	21,4	279 650,5	55,5
VI. Darlehen nach LAG	8.	Aufbaudarlehen für gewerbliche Wirtschaft und freie Berufe:				
		a) nach § 254 LAG	890	30,5	82 026,0	60,1
		b) Härtefonds	79	53,7	1 090,5	59,0
	9.	Aufbaudarlehen für den Wohnungsbau				
		a) nach § 254 LAG	14	5,0	38 548,5	54,0
		b) Härtefonds	4	80,0	49,0	88,7
	10.	Aufbaudarlehen für die Landwirtschaft:				
		a) nach § 254 LAG	—	—	—	—
		b) Härtefonds	—	—	—	—
	11.	Arbeitsplatzdarlehen	83	36,9	6 049,0	22,5
		Summe IV.	1070	30,0	127 763,0	44,2

steht. Ihre Aufgabe umfaßt die Verwaltung und Weiterleitung der Kredite und die Übernahme von Bürgschaften. Hinzu kommt die Emission der bereits erwähnten Anleihen und die Aufnahme steuerbegünstigter Darlehen. Die umfangreiche Tätigkeit der Bank spiegelt sich in der obigen Tabelle wider.

Das eigentliche Kreditgeschäft der Bank vollzog sich zunächst auf der Grundlage der ERP-Mittel, die der Bank als Refinanzierungsmittel für die einzelnen Kreditaktionen vom Bundesministerium für den Marshallplan als dem Verwalter des ERP-Sondervermögens mit Zu-

verwalteten Kredite und Bürgschaften Stand 31. Dezember 1953

Sonst. öffentl.-rechtl. Inst.				Genossenschaftsbank.				Privatbanken				Insgesamt	
Hausbk.		Beträge		Hausbk.		Beträge		Hausbk.		Beträge		Hbk.	Beträge
Anz.	%	1000DM	%	Anz.	%	1000DM	%	Anz.	%	1000 DM	%	Anz.	1000 DM
174	7,9	7 270,1	8,9	342	15,6	13 684,6	16,8	847	38,5	32 124,1	39,3	2200	[1])81 660,6
26	25,0	437,5	23,1	24	23,1	483,0	25,4	20	19,2	468,0	24,6	104	1 899,5
116	100,0	5 770,3	100,0	—	—	—	—	—	—	—	—	116	5 770,3
316	12,7	13 477,9	15,1	366	15,4	14 167,6	15,9	867	35,8	32 592,1	36,5	2420	89 330,4
8	1,9	1 053,5	2,5	71	17,5	2 751,3	6,7	136	33,4	19 827,8	48,5	407	[2])40 991,0
1	5,6	27,0	0,9	2	11,1	136,9	4,0	4	22,2	641,7	17,8	18	[3])3 422,8
9	2,0	1 080,5	2,5	73	17,2	2 888,2	6,5	140	33,0	20 442,5	46,0	425	44 413,8
24	0,5	9 701,0	2,7	3394	66,5	84 220,3	22,6	732	14,4	43 645,4	11,7	5102	372 768,7
31	3,3	14 183,8	10,8	261	27,4	12 821,6	9,8	315	33,1	60 023,1	45,6	951	131 477,0
55	0,9	23 884,8	4,7	3655	60,4	97 041,9	19,3	1047	17,3	103 668,5	20,5	6053	504 245,7
45	1,5	3 074,0	2,2	1456	50,0	32 700,0	24,0	528	18,0	18 600,0	13,7	2919	136 400,0
2	1,4	15,5	0,8	41	27,9	445,6	24,0	25	17,0	300,3	16,2	147	1 851,9
23	8,3	23 920,0	33,5	173	62,3	3 905,4	5,4	68	24,4	5 125,0	7,1	278	71 498,9
1	20,0	6,2	11,3	—	—	—	—	—	—	—	—	5	55,2
2	100,0	51 971,2	100,0	—	—	—	—	—	—	—	—	2	51 971,2
2	100,0	386,8	100,0	—	—	—	—	—	—	—	—	2	386,8
11	4,9	5 408,0	20,5	52	23,1	2 530,3	9,5	79	35,1	12 608,0	47,5	225	26 595,3
86	2,4	84 781,7	29,4	1722	48,1	39 581,3	13,7	700	19,5	36 633,3	12,7	3578	288 759,3

[1] Von Position I. 1. sind abzusetzen Wertberichtigungen (in 1000 DM) 2 060,0
[2] Von Position II. 4. sind abzusetzen Rückstellungen für Einzelwertberichtigungen 6 836,7
[3] dto. von Position II. 5. 73,8

stimmung der ECA- bzw. MSA-Sondermission zur Verfügung gestellt wurden.[32]

Aus der 2. Tranche des Marshall-Plans wurde ein Gesamtbetrag von 70 Mio. DM der grundsätzlich für Investitionszwecke bestimmten ERP-Mittel der Bank zugeteilt. Davon wurden 3 Mio. DM zur Bildung des

[32] Geschäftsbericht der Lastenausgleichsbank 1951, S. 11.

Grundkapitals und 17 Mio. DM zur Anlage eines sogenannten Garantiefonds verwandt. Gestützt auf diesen Fonds, konnte die Vertriebenenbank Ausfallbürgschaften für Betriebsmittelkredite übernehmen, die von den Hausbanken an Flüchtlingsbetriebe gegeben wurden. Das Schwergewicht der Kredite verlagerte sich jedoch bald von den allgemeinen Etatmitteln des Bundes und dem ERP-Sondervermögen auf die Mittel des Hauptamtes für Soforthilfe, die von der Bank als Treuhandgeschäft für das Hauptamt für Soforthilfe verwaltet und vergeben wurden. Da diese Kredite nicht nur den Heimatvertriebenen, sondern allen Geschädigten zugute kommen sollten, war es notwendig, dieser Erweiterung des Aufgabenbereiches der Bank durch die bereits erwähnte Namensänderung Rechnung zu tragen. Im folgenden Jahre wurden die Aufgaben der Bank durch das Lastenausgleichsgesetz wiederum erweitert. Nach Vereinbarung mit dem Präsidenten des Bundesausgleichsamtes übernimmt die Bank die zentrale Auszahlung und Verwaltung der im Gesetz vorgesehenen Eingliederungskredite (Aufbaudarlehen für die gewerbliche Wirtschaft, freie Berufe, Landwirtschaft und den Wohnungsbau, außerdem die Eingliederungsdarlehen zur Schaffung von Dauerarbeitsplätzen). Wie aus dem Geschäftsbericht für das Jahr 1952 hervorgeht, erfolgt die Einschaltung der Bank bei den Kreditarten, die aus dem Lastenausgleich gewährt werden, in der für eine zentrale Verwaltung und Abrechnung jeweils geeigneten Form, wobei sich die Bank wie bisher des bestehenden Kreditapparates weitmöglichst bedient.

Bei den Aufbaudarlehen für die gewerbliche Wirtschaft, die freien Berufe und bei den Arbeitsplatzdarlehen kann nach Wahl der Darlehnsempfänger jedes Kreditinstitut als vorgeschaltete örtliche Hausbank tätig werden. Bei den Darlehen für die Landwirtschaft gehen die Kredite über die Deutsche Landesrentenbank und die Deutsche Siedlungsbank, wobei die Lastenausgleichsbank nur global durchleitet und abrechnet. Die Aufbaudarlehen für den Wohnungsbau erfahren eine bevorzugte Einschaltung der Kreditinstitute, die in der Lage sind, die erste Hypothek zu geben, also der Hypothekenbanken und der Sparkassen mit ihren Girozentralen. Die Verwaltungsgebühren für die zentrale Auszahlung und Verwaltung der Eingliederungsdarlehen durch die Bank beschränkt sich auf Annuitäten von 0,3 bis 0,375 %, bei den Aufbaudarlehen für die Landwirtschaft arbeitet die Bank ohne Berechnung einer Gebühr.

In Verbindung mit dem Lastenausgleichsgesetz erhielt die Bank die Aufgabe, durch Darlehnsaufnahme Mittel für die Vorfinanzierung des Lastenausgleichs zu beschaffen, und zwar in Form von steuerbegünstigten Anleihen und Darlehen (vgl. S. 145). Durch weitere Mittel des ERP-Sondervermögens ist die Bank in der Lage, die Aufgaben einer

Treuhandgesellschaft der Vertriebenen mbH. in Bonn zu finanzieren. Diese Gesellschaft hat sich inzwischen mit insgesamt 0,93 Mio. DM an 11 Vertriebenenunternehmen beteiligt.

Nachdem es mit Hilfe des Hauptamtes für Soforthilfe gelungen war, für die Betriebsmittelkredite an Heimatvertriebene, die von der Bank auf der Grundlage des mit ERP-Mitteln gebildeten Garantiefonds durchschnittlich mit 90 % verbürgt waren, auch entsprechende Liquiditätskredite den Hausbanken zur Verfügung zu stellen, erklärten sich viele Hausbanken bereit, zusätzliche Betriebsmittelkredite an Flüchtlingsbetriebe zu gewähren.[33]

8. Lastenausgleich und Gesamteingliederungsbedarf

Nachdem wir nun einen kurzen Überblick über den Lastenausgleich gegeben haben, ist es erforderlich, zu untersuchen, inwieweit der Lastenausgleich den Vertriebenen zugute kommt und inwieweit dadurch der Eingliederungsbedarf der Vertriebenen gedeckt wird. Unterstellt sei für die nächsten Jahre ein durchschnittliches jährliches Aufkommen von 3 Mrd. DM. Da wir in der Hauptsache den produktiven Eingliederungsbedarf der Heimatvertriebenen untersuchen, ist zuerst die Summe der konsumtiven Unterstützungen (Unterhalt und Hausrat) von den Gesamtausgaben abzuziehen. Das Ausgleichsamt beziffert den konsumtiven Anteil mit 45 % (dieser Prozentsatz wurde unter Berücksichtigung der Soforthilfe errechnet), es ist jedoch damit zu rechnen, daß die konsumtiven Ausgaben in den nächsten Jahren etwas reduziert werden können. Wir wollen daher für die Ausgleichsleistungen in der Zukunft einen konsumtiven Anteil von 40 % annehmen. Demnach werden 1,8 Mrd. DM für produktive Zwecke ausgegeben, und zwar als Aufbaudarlehen für Gewerbe, Landwirtschaft und Wohnungsbau, als Arbeitsplatzdarlehen, als Ausbildungsbeihilfen oder im Rahmen des Härtefonds. Von diesen 1,8 Mrd. DM kommt nun ein bestimmter Prozentsatz der produktiven Eingliederung der Heimatvertriebenen zugute. Die Bestimmung der Höhe dieses Prozentsatzes stößt wieder auf einige Schwierigkeiten, einmal weil wir als Grundlagen nur Gegenwarts- bzw. Vergangenheitswerte nehmen können, zum anderen, weil der Anteil der Vertriebenen nicht immer der gleiche ist, er liegt z. B. bei den Aufbaudarlehen für die Landwirtschaft bei 98,4 %, für die gewerbliche Wirtschaft und im Wohnungsbau bei rund 60 %, für die Arbeitsplatzdarlehen jedoch nur bei 14,6 %; hier ist jedoch

[33] Geschäftsbericht der Lastenausgleichsbank 1951, S. 15.

zu berücksichtigen, daß in diesem Falle der Unternehmer das Darlehen erhält und die so geschaffenen Arbeitsplätze wiederum zum großen Teil den Vertriebenen zugute kommen. Unterstellen wir daher einen durchschnittlichen Satz von 65 %, so kämen den Vertriebenen aus dem Lastenausgleich jährlich rund 1,2 Mrd. DM zugute.

Den produktiven Eingliederungsbedarf der 10,7 Mio. Heimatvertriebenen in der Bundesrepublik errechneten wir mit mindestens 29 Mrd. DM,[34] den gleichen Bedarf für die Neuflüchtlinge bezifferten wir mit 2,1 Mrd. DM[35] pro Jahr. Demnach kann durch den Lastenausgleich jährlich nur ein gewisser Teil zur Eingliederung beigetragen werden. Ein abschließendes Ergebnis ist jedoch allein auf diesem Wege in den nächsten Jahren nicht zu erreichen. — Angenommen, der Eingliederungsbedarf von 29 Mrd. DM sollte in den nächsten zehn Jahren bereitgestellt werden, so wären dies pro Jahr 2,9 Mrd. DM. Hinzu kommt der Eingliederungsbedarf für die Neuflüchtlinge mit 2,1 Mrd. DM. Der produktive Gesamteingliederungsbedarf würde demnach jährlich 5 Mrd. DM betragen. Davon werden durch den Lastenausgleich gedeckt 1,2 Mrd. DM, es bleibt also ein Fehlbetrag von

3,8 Mrd. DM.

Das angewandte Ermittlungsverfahren ist jedoch problematisch, da wir den Divisor 10 selbst wählen mußten. Bei einer Verzögerung der Eingliederung auf mehr als zehn Jahre würde demzufolge der jährliche Eingliederungsbedarf entsprechend geringer, bei einer Eingliederung innerhalb der nächsten fünf Jahre benötigten wir dagegen einen jährlichen Betrag von insgesamt 7,9 Mrd. DM. Wir führen diese Berechnung lediglich durch, um zu beweisen, daß sich das Problem der Eingliederung durch das Anlaufen des Lastenausgleichs noch lange nicht „von selbst" löst. Im Gegenteil, wie weit wir noch von der Eingliederung entfernt sind, zeigt allein die Tatsache, daß der Anteil des Lastenausgleichs für die Vertriebenen noch nicht dazu ausreicht, den jährlichen Zustrom an Neuflüchtlingen zu 60 % einzugliedern, ganz abgesehen von dem noch bestehenden Eingliederungsbedarf in Höhe von 29 Mrd. DM der schon zum Teil Jahre in der Bundesrepublik lebenden Vertriebenen. —

Wir wollen daher in den nächsten Kapiteln weiter untersuchen, wie es möglich ist und ob es möglich ist, auf anderen Wegen zusätzliche Mittel für die Vertriebenen zu beschaffen.

Sehr im Gegensatz zu den oben genannten Differenzen zwischen Bedarf und verfügbaren Mitteln steht die starke Liquidität des Ausgleichsfonds, die zum Teil durch den Übergang vom Soforthilfe- auf

---

[34] siehe Seite 107.
[35] siehe Seite 108.

das Lastenausgleichsverfahren begründet wird. Betrachtet man in diesem Zusammenhang die Zahl der derzeitig bewilligten Anträge, z. B.

	Gestellte Anträge	Bewilligte Anträge
Hausrathilfe	6 420 000	3 030 300
Härtefonds	114 000	63 900
Aufbaudarlehen für die gewerbliche Wirtschaft	107 600	36 416
Aufbaudarlehen für die Landwirtschaft	24 452	9 200
Wohnungsbaudarlehen	141 675	66 676

so liegt die Vermutung nahe, daß diese Überliquidität bald wieder ausgeglichen ist. Dessenungeachtet hat sich die Kassenlage des Ausgleichsfonds weiter verbessert. Der Kassenbestand erhöhte sich im Rechnungsjahr 1953 um 212 Mio. DM auf 885 Mio. DM. Dieses überraschende Ansteigen wird neben dem Übergang zu einer neuen Abrechnungstechnik auf das unerwartete Ansteigen des Vermögenssteueraufkommens und auf die Einnahmen aus der Vorfinanzierung zurückgeführt. Auch im ersten Quartal des neuen Rechnungsjahres stieg der Kassenbestand wieder um 62 Mio. DM.

Die Ausgaben waren stark rückläufig. Sie betrugen 697 Mio. DM gegenüber 759 Mio. DM Einnahmen. Die gesamten Einnahmen des Ausgleichsfonds einschließlich des Vorjahresvortrags belaufen sich für das Jahr 1953 auf 4,28 Mrd. DM. Demgegenüber stehen Ausgaben von nur 3,4 Mrd. DM. Für 1954 wurden 1,03 Mrd. DM vorgetragen, aus der Vorfinanzierung gingen 658 Mio. DM ein. Immer mehr macht die Wirtschaft von der Ablösung der Lastenausgleichsschuld Gebrauch, und es ist auch in Zukunft mit einem weiteren Steigen der Ablösung zu rechnen.

Die Liquidität des Ausgleichsfonds wird daher aller Wahrscheinlichkeit nach weiter zunehmen, auf der anderen Seite steht der riesige Eingliederungsbedarf der Vertriebenen. Die Liquidität könnte jedoch rasch beseitigt werden, wenn das Bundesausgleichsamt gegenüber den Ansprüchen auf Währungsausgleich für Sparguthaben Vertriebener und auf Hausratentschädigungen, die mehr als dringlich sind, die Schleuse öffnen würde, die Lage könnte sogar leicht ins Gegenteil umschlagen. Es spricht daher für die vorsichtige Haushaltführung des Bundesausgleichsamtes, wenn der Fonds eine gewisse Liquidität aufweist; dennoch läge ein beschleunigtes Genehmigungsverfahren und damit eine normale Liquidität im Interesse einer rascheren Eingliederung der Vertriebenen.

II. Die Finanzierung auf dem Wege der Kreditschöpfung

Ist eine Finanzierung auf dem Kreditwege währungspolitisch vertretbar oder bedeutet sie eine Gefahr für die innere Stabilität? Der Sonne-Plan sah eine Defizitfinanzierung von 7 Mrd. DM vor, wobei auch die Gefahren einer Kreditschöpfung in solcher Höhe, besonders im Hinblick auf zwei vorangegangene Währungszusammenbrüche, in Rechnung gezogen wurden. Sonne glaubt aber sagen zu können, daß die deutsche Bundesrepublik die notwendige Charakterstärke aufweisen würde, alle nur zu erübrigenden Einnahmen und Überschüsse zur Verminderung der Schuldenlast zu verwenden. Diese 7 Mrd. DM, von der Bank Deutscher Länder jährlich in Höhe von 1,5 bis 1,8 Mrd. DM als Darlehen zur Verfügung gestellt, sollten innerhalb von sechs Jahren für Eingliederungsmaßnahmen verausgabt werden.

Wir haben zu diesem Finanzierungsvorschlag schon kurz nach Erscheinen des Sonne-Berichts Stellung genommen. Der Sonne-Plan stützt sich in seiner Argumentation für eine Defizitfinanzierung einmal auf die „Anzeichen der Charakterstärke" der Bundesrepublik und zum anderen auf die Theorie, die besagt, daß eine Kreditschöpfung dann gefahrlos ist, wenn die Mittel produktiv angelegt werden, so daß der Umsatz der in kürzester Frist erstellten Güter die vergrößerte Geldmenge aufnehmen kann. Dieser Tatbestand der produktiven Verwendung von Anleihen erscheint jedem Nationalökonomen selbstverständlich. Wir haben jedoch darauf hingewiesen, daß dieser Tatbestand beim Sonne-Plan insofern nicht gegeben ist, als diese Mittel für Wohnungsbau und ländliche Siedlungen, die die größten Posten einnehmen, verwendet werden sollen.[1] Der Wohnungsbau, dessen Baukosten erst innerhalb einer Generation durch Mietzahlungen abgegolten wird, kann nicht als „produktive" Anlage im Sinne der Voraussetzung für eine gefahrlose Kreditschöpfung angesehen werden. Weiter bleibt zu prüfen, wann grundsätzlich eine Kreditschöpfung ohne Schaden für die Währung durchgeführt werden kann. Die nationalökonomische Theorie und die Erfahrung der Wirtschaftspolitik haben gezeigt, daß eine Defizitfinanzierung nur bei konjunktureller Arbeitslosigkeit, also bei konjunktureller Depression, währungspolitisch vertretbar ist. Es müssen brachliegende Produktionsfaktoren in ausgewogener Menge vorhanden sein, die durch die Kreditspritze wieder produktiv in den Wirtschaftsprozeß eingegliedert werden können. Diese Situation war zur Zeit der Untersuchung der ECA Joint Commission, wie die Engpässe in der Grundstoffindustrie zeigten, keinesfalls gegeben.

---

[1] Schmölders: Die Finanzierung der volkswirtschaftlichen Wiedereingliederung der Vertriebenen. (Stellungnahme zu einem Bericht der Joint Commission der ECA, zum Studium der Vertriebenenfrage.) Juni 1951.

Und wie ist die Situation heute? Von einer konjunkturellen Arbeitslosigkeit kann keine Rede sein, im Gegenteil, unsere Volkswirtschaft hat mit einem Arbeitslosenanteil von 2,7 % die Vollbeschäftigung erreicht. Es fehlen rund 180 000 Arbeitsplätze für Vertriebene, die bereits in der Bundesrepublik leben; hinzu kommen jährlich, entsprechend der Zuwanderung aus dem Osten, 120 000 benötigte Arbeitsstellen, einschließlich der Landwirtschaft. Da wir jedoch an der Forderung nach den ausgewogenen Produktionsfaktoren festhalten, muß darauf hingewiesen werden, daß Boden für nicht landwirtschaftliche Zwecke und Rohstoffe zwar genügend vorhanden ist, der Produktionsfaktor Kapital, also produzierte Produktionsmittel, aber nicht in ausreichendem Maße verfügbar ist, um die benötigten Arbeitsplätze auf dem Wege der Kreditschöpfung bereitzustellen. Solche Maßnahmen würden sich lediglich in erhöhten Preisen niederschlagen. Der Kreditschöpfung steht demnach die nicht ausgewogene Menge brachliegender Produktionsfaktoren (Fehlen des Faktors Kapital), die die Investitionen unerbittlich begrenzt, gegenüber.

Wenn schon die Vorfinanzierung des Lastenausgleichs in Form von Anleihen mit Rücksicht auf die Stabilität der Währung und der Wirtschaft nach oben begrenzt wird, dann dürfte erst recht bei einer Kreditschöpfung die größte Vorsicht geboten sein, um inflationistische Tendenzen zu vermeiden, zumal die Kredite noch zu einem beträchtlichen Teil in den Konsum fließen.

Sollte dieser gefährliche Weg dennoch eingeschlagen werden, so ist eine Bindung der Mittel an eine produktive Verwendung unerläßlich, die seit Jahren zu verfolgende Lohn-Preis-Spirale erfordert besondere Berücksichtigung, ebenfalls der geplante Verteidigungsbeitrag. Die gesetzgebenden Stellen müßten ihrerseits mit allen zur Verfügung stehenden wirtschaftspolitischen Maßnahmen jeder negativen Auswirkung einer solchen Kreditschöpfung entgegentreten.

III. Die Hilfe des Auslands für die deutschen Vertriebenen

1. Die Unterstützung mit finanziellen Mitteln

Das Ausland erkannte, entsprechend der politischen Situation des Jahres 1945, zunächst nur die Angehörigen der Vereinten Nationen, die bei Kriegsende in Deutschland lebten, als Flüchtlinge an. Die Statuten der UNRRA und der IRO unterstützten diese Auffassung und schlossen ausdrücklich die deutschen Vertriebenen von jeder Betreuung aus.[1] Daher war das Ausland nach Einstellung der IRO-Tätigkeit der Auffassung, es gäbe in Zentraleuropa kein Flüchtlingsproblem mehr. Noch

---

[1] Vertriebene, Flüchtlinge, heimatlose Ausländer 1949 bis 1952, Bericht des Bundesvertriebenenministeriums 1953, S. 4.

im Jahre 1948 erklärte General Clay, das Vertriebenenproblem sei eine rein deutsche Angelegenheit. Durch die Aufklärungsarbeit des Bundesvertriebenenministeriums, welches dabei die Unterstützung zahlreicher in- und ausländischer Wohlfahrtsorganisationen, kirchlicher und amtlicher Stellen erhielt, wurde jedoch in den folgenden Jahren die Bedeutung des deutschen Flüchtlingsproblems auch im Ausland mehr und mehr erkannt. Schon die Erklärungen der Außenminister auf der Londoner Konferenz 1950 versprachen ökonomische Hilfen für die deutschen Flüchtlinge.[2] Im September 1951 betonte der UNO-Flüchtlingskommissar, das deutsche Vertriebenenproblem gehe wegen seiner Auswirkungen die gesamte freie Welt an. Dieser Hinweis veranlaßte Königin Juliane der Niederlande kurze Zeit später zu einem Schreiben an den Präsidenten der USA, Truman, mit der Bitte um Hilfe für die deutschen Heimatvertriebenen und zwei Jahre später zu einem Brief gleichen Inhalts an Präsident Eisenhower.

Auch die beratende Versammlung und der Ministerrat des Europarates in Straßburg beschäftigten sich mehrfach mit dem Vertriebenenproblem und erkannten die Notwendigkeit internationaler Hilfe an. Der Ministerrat der OEEC, das Internationale Arbeitsamt und das Zwischenstaatliche Komitee für Auswanderung aus Europa befaßten sich ebenfalls mit dem deutschen Vertriebenenproblem.

Was ist nun bis jetzt seitens des Auslands für die Eingliederung der deutschen Vertriebenen getan worden? Wie Weisser weiter ausführt, stehen der internationalen Hilfe einige Schwierigkeiten entgegen; es fehlt an der Erkenntnis der Leistungen, die Westdeutschland selbst für die Eingliederung aufgebracht hat, auch sehen weite Kreise des Auslands das Problem mehr unter karitativem und sozialpolitischem als unter ökonomischem Aspekt.[3] Die ausländische Hilfe bestand daher zum größten Teil in Naturalleistungen, während die unmittelbare Finanzierung der produktiven Eingliederung überwiegend von der deutschen Volkswirtschaft aufgebracht werden mußte. Weisser betont besonders, wie fruchtbar sich produktive Hilfen des Auslands auswirkten, wenn dadurch den Vertriebenen gewisse Eigenmittel an die Hand gegeben würden, durch die sie kreditwürdig werden könnten.

Eine nähere Erläuterung der ausländischen Naturalleistungen würde über den Rahmen unserer Untersuchung hinausgehen, wir beschränken uns daher auf einige Ausführungen über finanzielle Hilfen seitens des Auslands.

Die wesentlichste Hilfe des Auslands ist in den Mitteln aus den ERP-Programmen zu erblicken; rund 100 Mio. DM aus dem ERP-Sonderver-

---

[2] Weisser: Die Selbsthilfe der Vertriebenen, entnommen: Europa und die deutschen Flüchtlinge, 1952.

[3] Weisser: a. a. O. S. 91.

mögen des Bundes wurden als Investitionshilfen vergeben, 24 Mio. DM für Flüchtlingssiedlung, 6,5 Mio. DM für Kleinkredite an Vertriebene in West-Berlin, 7 Mio. DM im Rahmen des Mittelstandsprogramms, 3 Mio. DM dienten der Bildung des Grundkapitals der Lastenausgleichsbank und 17 Mio. DM der Bildung des Garantiefonds; mit weiteren 3 Mio. DM konnten die Aufgaben der Treuhandgesellschaft mbH. in Bonn finanziert werden. —

Im Herbst 1952 stellte die Ford Foundation dem Hochkommissar der Vereinten Nationen für das Flüchtlingswesen, van Heuven Goedhart, eine Spende in Höhe von 2,9 Mio. Dollar zur Verfügung. Diese Mittel sollten nicht für eine direkte materielle Unterstützung, sondern für die Dauerlösung bestimmter wirtschaftlicher, sozialer und kultureller Flüchtlingsprobleme in Europa verwendet werden. Die westdeutsche Bundesrepublik hat von diesem Fonds rund 1,2 Mio. Dollar erhalten. Der Vertreter des Hochkommissars nahm mit freiwilligen Hilfsorganisationen Fühlung, die die Programme ausarbeiten sollten. So wurden sechs große Vorschlagsgruppen gebildet, und zwar der NCWC (Karitas), die LWF (Luthern World Federation), der WCC (World Council of Churches = Kirchenrat), AFSC (American friends Service Committee = Quäker), AJDC (American Joint Distribution Committee) und der YMCA (Young Men Christian Association). Die Vorschläge, die von diesen Organisationen eingereicht wurden, umfaßten die verschiedensten Projekte; Bücherei und Gemeinschaftshaus im Flüchtlingsdorf Espelkamp, Einrichtung einer Zimmermannschule in Odertal (Niedersachsen), Bunker-Umbauten in Wohnhäuser, Ausrüstung eines Operationssaales und Einrichtung eines Schwesternheimes, in dem Ausbildungskurse für 60 weibliche Flüchtlinge pro Jahr abgehalten werden sollen. Aber auch die Anschaffung von Nähmaschinen für Nähsäle in den Flüchtlingslagern Niedersachsens, in denen die Flüchtlingsfrauen mit gestelltem Leinen Bettkissen, Bettücher usw. herstellen sollen, sieht das Programm vor. So wird einmal der Lagerbestand vergrößert und zum andern finden die Frauen Beschäftigung und können das Lagerleben besser meistern. Daneben sind auch Vorschläge über Stipendien für Schulkinder eingereicht worden, um diesen den Besuch einer höheren Schule, den sie unterbrechen mußten, bis zum Abschluß zu ermöglichen.

Die meisten Projekte sind genehmigt worden und inzwischen angelaufen. Die Ford Foundation bezahlt an eine Agentur in US-Dollar, die mit einem Wechselkurs von einem Dollar zu sieben Sperrmark umwechselt. Mitte bis Ende 1954 sollen die Projekte ausgeführt sein.

Im Juni 1954 wurde von der Regierung der Vereinigten Staaten von Amerika eine Spende von 15 Mio. Dollar (63 Mio. DM) zur Verfügung gestellt, die zur Finanzierung eines zusätzlichen Sonderprogramms zum

Bau von Wohnungen für Sowjetzonenflüchtlinge bestimmt ist; es werden 43 Mio. DM in der Bundesrepublik und 20 Mio. DM in Berlin eingesetzt. Die erstellten Wohnungen sollen der Aufnahme von je vier Personen dienen. Die amerikanischen Mittel werden zur nachstelligen Finanzierung, und zwar bis zu einem Betrag von 6000 DM je Wohnung, eingesetzt werden; die Länder sollen diese Mittel soweit erhöhen, wie es zur vollständigen Finanzierung der Objekte erforderlich ist. Als Hilfe für die Erstfinanzierung werden vom Bundesausgleichsamt Aufbaudarlehen zur Verfügung gestellt.[4]

Es würde nun zu weit führen, alle kleinen und kleinsten Spenden des Auslands hier aufzuführen, ob es sich nun um 13 600 DM der deutschen Gemeinde in Bangkok oder um 750 000 Kronen der dänischen Regierung handelt. Sie alle zeugen davon, daß dem Schicksal der deutschen Flüchtlinge auch im Ausland heute ein menschliches Interesse entgegengebracht wird.

Die Vertriebenen benötigen jedoch für ihre Unternehmungen und ihre Wohnungen nicht Geschenke, sondern Kredite.[5] Inwieweit können wir nun mit ausländischen Krediten zur Eingliederung der Vertriebenen rechnen? Bereits der Sonneplan erkannte die Notwendigkeit von Auslandskrediten an, es wurde in diesem Zusammenhang eine Anleihe von 500 Mio. DM vorgeschlagen. Die Kredite aus dieser Anleihe sollten möglichst den Exportgüterindustrien gewährt werden, da sie in ausländischer Währung zurückzuzahlen sind und eine Verschlechterung der Handelsbilanz vermieden werden muß. Dieser Plan wurde leider bis jetzt noch nicht verwirklicht.

Eine Pressenotiz[6] läßt eine weitere Unterstützung von den USA erhoffen. Danach hat die amerikanische Regierung für die Zwecke des Flüchtlingswohnungsbaus in Westdeutschland eine einmalige Schenkung von 50 Mio. Dollar angeboten, wovon inzwischen 15 Mio. Dollar (vgl. S. 157) ihrem Zweck zugeführt wurden. Weit wichtiger sind jedoch die übrigen Ausführungen, wonach Bestrebungen vorhanden sind, im amerikanischen Senat ein Sondergesetz zu verabschieden, nach dem der im Augenblick flüssige amerikanische Kapitalmarkt für den Flüchtlingswohnungsbau in der Bundesrepublik in Anspruch genommen werden kann, und zwar durch Auflegen einer deutschen Wohnungsbauanleihe. Durch das im außenpolitischen Ausschuß des amerikanischen Senats vorbereitete Gesetz soll die Steuerfreiheit der Anleihe gesichert sein. Nach Auffassung eines der führenden Mitglieder dieses Ausschusses, Senator Langer, darf der Zinssatz einschließlich der Bankspesen für den deutschen Abnehmer nicht mehr als 5 % betragen. Voraussetzung

---

4 Bulletin Juni 1954, Nr. 112.
5 Weisser: a. a. O. S. 91.
6 Deutsche Zeitung Nr. 81 vom 10. Oktober 1953.

für das Zustandekommen der Anleihe ist eine Globalgarantie des Bundes für die Ausleihungen, was aber keinerlei Schwierigkeiten bereiten dürfte. Die Reaktion auf diesen Vorschlag beim Senat, bei den amerikanischen Banken und vor allem auf dem amerikanischen Kapitalmarkt ist nicht bekannt. —

Auch die Bemühungen des „Ständigen Ausschusses für Selbsthilfe" um Auslandskredite aus der Ausgabe von Kleinbonds oder Auslandsspenden für produktive Hilfen dürfen nicht unerwähnt bleiben.[7] Es wird angestrebt, daß diese Beträge von verwandten ausländischen Verbänden und den großen Weltorganisationen der freien Wohlfahrtspflege sowie den Gewerkschaften und Genossenschaften bei ihren Mitgliedern und aus anderen Kreisen aufgebracht werden. Die Mittel sollen sich aus kleinsten Beträgen zusammensetzen; damit können die Kräfte des sozialen Lebens mobilisiert werden, die für sonstige Anleihen nicht aktivierbar sind. In dem genannten Gutachten wird weiterhin betont, daß der Einsatz dieser Kräfte nur eine Frage der richtigen Organisation sei — und leider auch der ausreichenden finanziellen Mittel für die Vorbereitungsarbeiten.

2. Auswanderung als Lösung des Vertriebenenproblems?

Eine weitere Hilfe des Auslands besteht in der Aufnahme von deutschen Vertriebenen. Dieses Problem wurde seit 1945 viel diskutiert. Es ist bekannt, daß uns die Einwandererländer Kontingente zuteilen und daß heute viele meinen, wenn 300 000 aus der Sowjetzone kommen, dann sollte man auch möglichst 300 000 auswandern lassen.[8] Diese Ansicht ist ebenso gefährlich wie falsch. Allerdings kann heute niemand daran gehindert werden, auszuwandern. Es erscheint sogar als logische Notwendigkeit, den Menschenüberfluß, der seit 1945 nach Westdeutschland kam, wieder abwandern zu lassen; es wird aber übersehen, wie sehr in neuerer Zeit die Bevölkerungsdichte eine Funktion des wirtschaftlichen Organisationsvermögens geworden ist und wie abwegig es wäre, die Folgen einer Zwangswanderung durch eine neue Zwangswanderung korrigieren zu wollen. Eine freie Wanderung aber kann niemals die von dieser Seite gewünschte Wirkung haben; ebensowenig wird der entgegengesetzte Standpunkt der Wirklichkeit gerecht, dem eine Auswanderung als gefährlich für das nationale Fortbestehen und als schlechthin unerwünscht erscheint.[9] Wander vertritt daher nicht die absolute Ablehnung der Auswanderung, sondern sieht die Lösung in

[7] Weisser: Gutachten des Instituts für Selbsthilfe ... a. a. O. S. 213.

[8] Oberländer: a. a. O. S. 29.

[9] Wander, Hilde: Die Bedeutung der Auswanderung für die Lösung europäischer Flüchtlings- und Bevölkerungsprobleme, Kiel 1951, S. 1.

einer konstruktiven Wanderungspolitik, die die Bewegung der Kräfte so weit fördert oder auch eindämmt, wie es den Erfordernissen des Wiederaufbaus und des wirtschaftlichen Fortschritts entspricht. Dabei sollte eine Synthese zwischen Freizügigkeit und Lenkung angestrebt werden, die sowohl den ökonomischen Notwendigkeiten als auch der persönlichen Initiative und den privaten Belangen genügend Raum läßt. Notwendig sei die Kenntnis der Ziele der künftigen Wirtschaftspolitik, ob eine engere wirtschaftliche Zusammenarbeit der westeuropäischen Staaten und intensivere Beziehungen mit Übersee angestrebt werden, in diesem Falle wäre eine erhöhte Wanderungstätigkeit zu bejahen. Jede ausschließlich um eine Korrektur der Bevölkerungszahl bemühte Wanderungspolitik würde dagegen die Folgen der Überbevölkerung in Westeuropa eher verschärfen als mildern.[10]

Die Grenzen werden von Bundesvertriebenenminister Oberländer, der bei Auswanderung grundsätzlich eine Wanderung nach Übersee unterstellt, noch enger gezogen durch die Frage: „Haben wir in 10 oder 15 Jahren noch genug arbeitsfähige Menschen, die ein ausreichendes Sozialprodukt erarbeiten, um die Ausbildung der Jugend zu garantieren und den Alten einen gesicherten Lebensabend zu geben?" — Sicher ist, daß wir sie nicht haben.[11]

Wie wir schon in der Einleitung erwähnten, sind es meist junge Menschen, die Deutschland verlassen. Hinzukommt, daß sich die Nachfrage der Überseeländer nicht auf Arbeitskräfte allgemein richtet, sondern vor allem auf Spezialisten, Facharbeiter und andere besonders qualifizierte Kräfte, die wir in Deutschland ebenfalls benötigen. Wander spricht in diesem Zusammenhang von einer „Qualitätsauswanderung".[12]

Darüber hinaus werden von den Aufnahmeländern weitere erschwerende Bestimmungen und Einschränkungen erlassen, die zu erläutern zu weit führen würde.

Aus den veröffentlichten Statistiken geht hervor, in welchem Umfang die einzelnen Altersgruppen an der Auswanderung beteiligt sind. Die 18- bis unter 25- oder die 25- bis unter 30jährigen sind prozentual mehr als doppelt so stark vertreten wie unter der Wohnbevölkerung des Bundesgebietes. In den höheren Altersgruppen verändert sich dieses Bild jedoch immer stärker in das Gegenteil. Die 45- bis unter 65jährigen machen unter der Bevölkerung des Bundesgebietes etwa 25 %, die mehr als 65jährigen etwa 10 % aus, unter den Auswanderern dagegen lediglich 9 bzw. 1 %. Dieser Auswanderung steht allerdings ein erheblicher Zustrom junger Menschen aus Berlin und der sowjetisch besetzten Zone gegenüber, so daß die entstehenden Lücken ausgefüllt werden. Anders

---

[10] Wander: a. a. O. S. 73.
[11] Oberländer: a. a. O. S. 30.
[12] Wander: a. a. O. S. 55.

sieht es allerdings aus, wenn man Deutschland als Einheit betrachtet, zumal es immer die Tüchtigsten sind, die ihre Heimat verlassen.[13]

Die Gesamtzahl der ausgewanderten Deutschen in der Zeit von 1945 bis 1953 ergibt sich aus folgenden zum Teil geschätzten Zahlen des Statistischen Bundesamtes:[14]

Auswanderung von Deutschen aus dem Bundesgebiet nach Übersee 1945 bis 1953

Jahr	Auswanderer
1945	3 000
1946	8 000
1947	9 000
1948	12 000
1949	15 000
1950	35 000
1951	61 000
1952	59 000
1953	61 000
1945 bis 1953 insgesamt	263 000

Der Anteil der Vertriebenen beträgt schätzungsweise 35 %, also rund 90 000. Dies ist noch nicht 1 % der 10,7 Millionen Vertriebenen, die in der Bundesrepublik leben.

Damit wurde der Eingliederungsbedarf um höchstens 800 Mio. DM verringert, eine Summe, die zwar nicht als gering bezeichnet werden kann, die auf der anderen Seite aber nicht fühlbar ins Gewicht fällt. Auch wird diese Mittelersparnis wieder dadurch ausgeglichen, daß die Auswanderer Mittel für die Überfahrt usw. benötigen, die besonders von den Vertriebenen nicht aufgebracht werden können, so daß also wiederum die öffentliche Hand eingreifen muß.

Wir können daher abschließend feststellen, daß eine Auswanderung nach Übersee keine befriedigende Lösung des Vertriebenenproblems herbeiführen könnte, zumal eine Auswanderung in größeren Gruppen nur zu Lasten der Alterspyramide in der Bundesrepublik ginge und keine ins Gewicht fallende Mittelersparnis mit sich brächte. Eine Wanderung innerhalb der europäischen Länder dagegen bezeichnet Bundesvertriebenenminister Oberländer nicht als eine Frage der Auswanderung, sondern als ein Problem europäischer Freizügigkeit.[15]

[13] Wirtschaft und Statistik, Heft 6, Juni 1954, S. 276.
[14] die gleiche Quelle.
[15] Oberländer: a. a. O. S. 30.

Schluß

Betrachtet man zusammenfassend die Eingliederung der Heimatvertriebenen, so können vier Phasen des Eingliederungsprozesses unterschieden werden.[1]

Die erste Phase ist die Einschleusung 1945/46, wobei entscheidende Fehler nicht zu vermeiden waren, da man notgedrungen die Menschen zunächst dorthin bringen mußte, wo Wohnraum vorhanden war. Es kamen daher 70 bis 80 % der Vertriebenen aufs Land.

Die zweite Phase: in der Zeit von 1946 bis 1948 begann man die furchtbaren Verluste des Krieges zu ersetzen. Neue Betriebe wurden gegründet, allerdings nicht immer mit bleibendem Erfolg.

Die dritte Phase: 1948 bis 1953. In dieser Zeit beginnt die echte Eingliederung innerhalb eines Konjunkturaufschwungs. Durch die Soforthilfe wurde viel geleistet, Masseneingliederung und Massenverwaltung wurden durch neue Gesetze, wie BVFG und LAG, abgelöst.

Die vierte Phase: Sie beginnt 1953, ihr Hauptmerkmal ist die Einzeleingliederung. Irgendwie sind die meisten Vertriebenen schon untergebracht. Jetzt erhebt sich die Frage: Werden auch alle Lagerinsassen und alle die, die noch über die Zonengrenze kommen werden, eingegliedert werden können?

Man darf sich aber nicht von diesen Teilerfolgen täuschen lassen und sich nicht darauf verlassen, daß die steigende Konjunktur ständig anhält. Zwar haben die meisten Vertriebenen wieder Wohnung und Arbeit. Die Prozentsätze der Arbeitslosigkeit, des Wohnungsmangels und der niedrigen Lohnstufen sind jedoch bei den Vertriebenen weit höher als bei der übrigen Bevölkerung. Eine gesunde Sozialstruktur ist demnach noch nicht vorhanden; denn was würde aus den Vertriebenenbetrieben mit ihrem geringen Eigenkapital und den heimatvertriebenen Arbeitern bei einem konjunkturellen Rückschlag?

Hinzu kommt, daß gerade zwei Gruppen, die, volkswirtschaftlich gesehen, von besonderer Bedeutung sind, bei der Eingliederung vernachlässigt wurden: die Jugend und die Bauern. Eine andere wichtige Frage ist die: Können überhaupt alle Vertriebenen eingegliedert werden? Bei jeder Lagerauflösung und jedem Weitertransport von Berlin entsteht die Frage nach dem Rest. Betrachten wir doch einmal eine

[1] Oberländer: a. a. O. S. 15.

Lagerauflösung; die erste Hälfte des Lagers läßt sich verhältnismäßig leicht unterbringen, es geht auch noch bei den nächsten 30 %, schwierig wird es, wenn man die nächsten 15 % unterbringen will, und die restlichen 5 % stellen uns vor die Frage, soll man sich nicht einfach damit abfinden, daß sie nicht eingegliedert werden können. Bundesvertriebenenminister Oberländer vertritt die Auffassung, daß auch diese 5 % eingegliedert werden müssen, da sie eines Tages das Dynamit abgeben könnten, das eine ganze Volksordnung sprengt.[2] Diese 5 % sind jedoch im allgemeinen die teuersten. Wie wir im ersten Teil unserer Ausführungen darlegten, wurde viel, sehr viel für die Heimatvertriebenen getan, aber, wie die Statistiken beweisen, noch immer nicht genug. Immer noch sind Millionen ohne entsprechende Wohnungen, Hunderttausende ohne angemessene Arbeit, viele Tausende noch in Lagern, Bauern ohne Land. Je niedriger die Einkommensstufe, um so größer ist der Anteil der Vertriebenen. Und immer noch hält der Flüchtlingsstrom aus dem Osten an.

Wir bemaßen bei unserer Untersuchung, inwieweit durch den Lastenausgleich der Eingliederungsbedarf gedeckt wird, die Frist für die endgültige Eingliederung der Vertriebenen auf höchstens 10 Jahre. Eine längere Frist dürfte aus volkswirtschaftlichen und sozialpolitischen Gründen nicht tragbar sein. Selbst dann ergibt sich immer noch ein jährlicher Fehlbetrag von 3,8 Mrd. DM, der sich bei einer niedrigeren Einwandererzahl entsprechend verringert. Weiterhin stellten wir fest, daß dieser oder auch nur ein geringerer Betrag die Stabilität der Währung in Gefahr bringt, wenn er auf dem Wege der Kreditschöpfung finanziert werden sollte. Auch eine wirksame Hilfe aus dem Ausland ist noch nicht sicher, so daß ausländische Mittel zur Deckung dieses jährlichen Fehlbetrages zunächst nicht in unsere Rechnung einbezogen werden können.

Unberücksichtigt bleiben auf der Ausgabenseite sowohl die konsumtiven Unterstützungen als auch die mittelbaren Flüchtlingslasten. Wir wollen in der abschließenden Untersuchung nur feststellen, ob es möglich ist, den oben genannten Betrag zu decken.

1. Ein Beitrag, der bisher nicht erwähnt wurde, ist die persönliche Leistung der Vertriebenen und ihre eigenen Mittel, die sie zu ihrer Eingliederung beisteuern können. Dieser Beitrag läßt sich schlecht in Zahlen erfassen. Die Vertriebenenwirtschaft hat bis heute mit Hilfe der öffentlichen Hand mehr als 400 000 Arbeitsplätze geschaffen, eine produktive Leistung, die nicht unterschätzt werden darf. Die Summe der finanziellen Mittel, die die Vertriebenen selbst aufbringen können, kann, da es in diesem Falle an jeglichen Unterlagen fehlt, kaum geschätzt werden.

[2] Oberländer: a. a. O. S. 26.

2. Die Eingliederung der Vertriebenen macht es der öffentlichen Hand zur Pflicht, auch ihrerseits Beiträge für diese Maßnahmen aus den allgemeinen Haushaltmitteln zu leisten, und zwar sowohl durch den Bund als auch seitens der Länder und Gemeinden. Die produktive Flüchtlingsfürsorge der öffentlichen Hand, ohne die Mittel des Lastenausgleichs, betrug in den Jahren bis 1952 je 100 Mio. DM. Für das Jahr 1953/54 sind 550 Mio. DM einschließlich der Wohnungsbaumittel für die Unterbringung von Sowjetzonenflüchtlingen geplant. Unterstellen wir, daß dieser Betrag auch in den folgenden Jahren aufgebracht wird, so ergäbe sich eine Verringerung unseres Defizits auf 3,25 Mrd. DM. Einer weiteren Erhöhung dieser Mittel sind jedoch durch andere Aufgaben, wie Verteidigungsbeitrag und Soziallasten, Grenzen gesetzt, die keine Ausdehnung der Etatposten, die den Vertriebenen zugute kommen, erlauben. Eine Steuererhöhung muß aus rein volkswirtschaftlichen und psychologischen Gründen abgelehnt werden. Eine weitere Mobilisierung von Mitteln durch den Bund ist daher nur noch auf zwei Wegen möglich: Einmal durch Einsparungen. Es sei in diesem Zusammenhang nur auf die Vielzahl der Kreditaktionen mit dauernd wechselnden Bedingungen und Auflagen hingewiesen,[3] die zu erheblichen Kreditnebenkosten führen, deren Einsparung den Vertriebenen wiederum zugute kommen könnte. Sparmaßnahmen dieser Art auf allen Gebieten würden nicht unerhebliche Mittel freisetzen.

Der zweite Weg besteht in einer stärkeren Beteiligung der Vertriebenen an den Gegenwertmitteln des Marshallplans. Das ERP-Sondervermögen erreichte am 31. März 1953 eine Höhe von rund 5623 Mio. DM, es erhöht sich laufend durch den Zufluß von DM-Gegenwerten aus weiterer Dollarhilfe sowie durch aus der Gewährung von Investitionskrediten eingehende Zinsen.[4] Bei der Verplanung der Mittel für 1954 ging die Vertriebenenwirtschaft überhaupt leer aus. Mit Hilfe der zuerst genannten Einsparungsmaßnahmen und der Mittel des ERP-Sondervermögens könnte den Vertriebenen jährlich zumindest ein Betrag von 150 Mio. DM zusätzlich zur Verfügung gestellt werden. So würde sich das bestehende jährliche Defizit auf 3,1 Mrd. DM verringern.

3. Eine weitere Möglichkeit ist durch den Natural-Ausgleich gegeben. Auf diese Weise kann die Eingliederung in vielen Fällen beschleunigt werden, ohne den Fonds wesentlich stärker zu belasten. Konstruktive Vorschläge in dieser Richtung wurden in dem Gutachten des Institus für Selbsthilfe in Verbindung mit dem Seminar für Genossenschaftswesen der Universität Köln gemacht. Vorgeschlagen wird die Übertragung

---

[3] Denkschrift zum Vollzugsprogramm der Eingliederung. (Vertretung der heimatvertriebenen Wirtschaft e. V.) Bonn 1954, S. 15.

[4] Allgemeine Vorbemerkungen zum Bundeshaushaltsplan für das Rechnungsjahr 1954, S. 145.

zinstragenden Vermögens und die Einräumung von Positionen, von denen aus Erwerb durch Ausübung beruflicher Tätigkeit möglich ist, Leistungen durch Patenschaften, Teilhaberschaften in Landwirtschaft und Industrie und Flurbereinigung.[5]

Eine Verringerung des jährlichen Defizits um 200 Mio. DM erscheint uns auf diese Weise wohl erreichbar.

4. Weitere Maßnahmen zur Förderung der Eingliederung und damit zur Verminderung des Mittelbedarfs, die jedoch zahlenmäßig nicht fixiert werden können, sehen wir in der bevorzugten Berücksichtigung der Heimatvertriebenen bei der Vergabe von öffentlichen Aufträgen, in Steuervergünstigungen zugunsten der Bildung von Eigenkapital, wodurch der Rückfluß der Darlehen verstärkt und die Kreditnachfrage verringert werden könnte, in Zins- und Kreditverbilligungen und in einer Bevorzugung bei Verpachtung, Vermietung oder Übereignung durch die öffentliche Hand.[6]

Auch bei Durchführung aller vorgenannten Maßnahmen könnte das jährliche Defizit nicht endgültig beseitigt werden, es bleibt ein jährlicher Bedarf von mindestens 2,5 Mrd. DM ungedeckt. Die Vertriebenen erwarten auch nicht, daß dieser Betrag restlos durch die öffentliche Hand aufgebracht wird. Die meisten von ihnen sind bereit, bei entsprechender Unterstützung, durch eigene Arbeit ihren Anteil zu der Eingliederung beizusteuern. Es wird aber bei allem guten Willen der Vertriebenen nicht möglich sein, einen jährlichen Betrag von 2,5 Milliarden DM zu erarbeiten.

Eine letzte Möglichkeit ist daher in der Hilfe des Auslands zu erblicken. Einmal durch Anleihen (vgl. S. 156), zum anderen jedoch in einer Verringerung der Verteidigungs- und Besatzungskosten, die zur Zeit mit über 9 Mrd. DM rund ein Drittel der öffentlichen Einnahmen beanspruchen. Auch dem Ausland dürfte inzwischen klar geworden sein, daß die Eingliederung der Vertriebenen für die Sicherung Europas von entscheidender Bedeutung ist und daß die Milliardenbeträge, die die deutsche Volkswirtschaft jährlich zur Eingliederung ihrer Flüchtlinge aufbringt, einen nicht zu unterschätzenden Verteidigungsbeitrag darstellen. Eine Verringerung der Besatzungs- und Verteidigungslasten würde dazu beitragen, die Heimatvertriebenen rascher und besser einzugliedern, als es uns bis jetzt möglich gewesen ist.

Wir haben uns in der vorliegenden Untersuchung bemüht, die Probleme der Vertriebeneneingliederung im Hinblick auf ihre finanzielle Bedeutung näher zu beleuchten. Wir haben versucht, den noch zu deckenden Eingliederungsbedarf der in der Bundesrepublik lebenden

---

[5] Gutachten des Instituts für Selbsthilfe, a. a. O. S. 179 ff.

[6] Vollzugsprogramm ... a. a. O. S. 26 ff.

Vertriebenen zu schätzen und darüber hinaus eine Gleichung mit zwei Unbekannten zu lösen, indem wir den Bedarf der noch kommenden Flüchtlinge errechneten. Es wurde dargestellt, welche Mittel zur Deckung dieses Bedarfs vorhanden sind und welche Mittel noch mobilisiert werden können. Die Schwierigkeiten, diese Mittel zu beschaffen, sind groß, aber nicht unüberwindlich. Die Eingliederung der Heimatvertriebenen ist daher ein Problem, das sich bei Aufbietung aller Kräfte zumindest in finanzieller Hinsicht lösen läßt, allerdings — bei der derzeitigen Belastung der westdeutschen Haushalte — nicht nur aus der eigenen Kraft der Bundesrepublik.

FSC
www.fsc.org
MIX
Papier | Fördert gute Waldnutzung
FSC® C083411

Kolibri 360 GmbH
Ferdinand-Jühlke-Straße 7
99095 Erfurt, Deutschland
produktsicherheit@kolibri360.de

Druck:
CPI Druckdienstleistungen GmbH
im Auftrag der
Kolibri 360 GmbH
Ferdinand-Jühlke-Str. 7
99095 Erfurt